# 英熟語記憶術
重要5000熟語の体系的征服

## 岩田一男

筑摩書房

本書をコピー、スキャニング等の方法により無許諾で複製することは、法令に規定された場合を除いて禁止されています。請負業者等の第三者によるデジタル化は一切認められていませんので、ご注意ください。

# 英熟語記憶術
重要5000熟語の体系的征服

岩田一男

# まえがき

　熟語とは、2つ以上の単語が集まって、新しい意味をもつもののことである。しかも、その多くは、やさしい単語でできているので、記憶しやすい。abandon「断念する」、represent「表象する」や traverse「横断する」のようなむずかしい単語よりは、give up「あきらめる」、stand for「代表する」や go across「横切る」という熟語のほうが、やさしいし、ふつうに使われるずっと英語らしい表現である。

　それなのに、日本人には、ラフカディオ・ハーンが指摘したように、難語崇拝癖があって、むずかしい単語を使おうとし、やさしい動詞や副詞、前置詞などのコンビでできている熟語を敬遠しがちである。ここに問題がある。むずかしい単語を覚える時間があったら、やさしい熟語を覚えるほうがはるかに楽だ。英語をマスターできるかいなかは、まさに、熟語の征服にかかっていると言ってよい。

　この本は、単語のさまざまな意味を、系統的にとらえ、正確に覚えることによって、そこから派生する熟語を自然に記憶できるようにしたものである。たとえば、enter という単語をとってみよう。enter は、「はいる」というもとの意味から、いろいろに変化する。まず、「加入する」という抽象的な意味に変わる。

enter a club は「クラブに加入する」ことである。さらに、動作・状態に「はいる」ことから、「はじめる」になる。enter into business は「商売をはじめる」。そして、enter は、帳面に「書き入れる」に変わる。enter into a book「帳簿に記入する」のように。このような enter のさまざまな意味を、系統的に深く理解していれば、enter とほかの単語が結合してできた、どんな熟語でも理解できるというわけである。

この本は、偶数ページでこのような単語の意味をわかりやすく解説し、奇数ページで、その単語ではじまる重要な熟語を 20 ずつアルファベット順にならべてある。また、意味の変化のプロセスを示すために、矢印を使ってより理解しやすくしてある。

このような方法によって学ぶと、英語的な感覚ないし発想法をも合わせて身につけることができる。たとえば have blue blood（青い血をもつ→貴族の生まれである）、enjoy cakes and ale（お菓子とビールを楽しむ→人生の快楽を味わう）、take a fox sleep（キツネの眠りをとる→タヌキ寝入りをする）などなど。

やさしい熟語をたくさん覚えて、一日も早く、コチコチ英語から抜け出してください。

　　　昭和 44 年 7 月 10 日

　　　　　　　　　　　　　　　　　　岩田一男

まえがき......5

# 1 動詞ではじまる熟語群......9

open は「開く」。そこで、open one's mind（心を開く）とは、「告白する」ことである。

# 2 前置詞・副詞ではじまる熟語群......321

after は「～のあとに」。そこで、after all（すべてのあとに）とは、「けっきょく」である。

# 3 その他の品詞ではじまる熟語群......469

dry は「かわいた」。そこで、dry party（かわいたパーティ）とは、「酒なしパーティ」である。

本文さし絵・しとうきねお
本文レイアウト・倉地亜紀子

# 1 動詞ではじまる熟語群

## この章の読み方

　動詞の意味は、系統的に変化する。だから、動詞の1つの意味だけならまるで見当のつかない熟語でも、その動詞のさまざまな意味を系統的に把握しておけば、すぐに理解できる。

　たとえば、eat は、もちろん「食う」だが、chateaubriand（シャトーブリアン・ステーキ）、marshmallow kiss（マシュマローキス〈菓子〉）ばかりでなく、スープも、ふつうは、「食べる」である。eat pea-soup のように。そして、動詞は、具体的から、抽象的、比喩的な意味に変わる。I won't eat you.「なにも、とって食やしないよ」という意味であるが、人を食べてしまうわけではない。eat the bread of idleness「怠惰のパンを食う」と言ったら、「毎日遊び暮らしている」どら息子を想像す

る。eat one's heart と言ったって、ほんとに「心臓を食う」のではない。あこがれや、悲しみに「人知れず心を痛める」感情である。副詞や前置詞をともなって、いよいよ活動範囲が広くなる。eat に「すっかり」の意の up がつくと、「ペロリと平らげる」。eat out of a person's hand「人の手から食べる」は飼い犬みたいに「言いなりになる」である。eat away は「食い荒らす」「腐食(ふしょく)する」といったぐあい。他動詞はよく自動詞になる。「食べる」から「食える」「うまい」となる。The muffin eats crisp.「このマフィン、カリカリする。」のように。

　このように、体系的におぼえて、熟語を Eat your fill.「腹いっぱい食べてください」。

# answer = 答える

★ answer は「答える」「返事をする」である。answer a question は「問いに答える」、answer a letter は「手紙の返事をする」。

★ 問題に対して「答える」は、つまり「解く」である。answer a problem「問題の解答をする」のように。

★ むりな注文などに「応じる」などともなる。answer the bell は「とりつぎに出る」。

★ さらに、「責任を負う」。answer the purpose は「目的にかなう」。

★ 注文に応じるから「まにあう」。

## answer the door

・ドアに応じる → ・とりつぎに出る

| | |
|---|---|
| **answer a call** ● 呼ばれたのに答える➡召喚に応じる | |
| **answer a debt** ● 負債に答える➡負債を払う | |
| **answer a person's hope** ● 人の希望に答える➡希望に応じる | |
| **answer a riddle** ● なぞに答える➡なぞを解く | |
| **answer a signal** ● 信号に答える➡応信する | |
| **answer back** ● 答えを返す➡口答えをする；やり直す | |
| **answer blows with blows** ● なぐることになぐって答える➡なぐり返す | |
| **answer for a crime** ● 罪の責任を負う➡刑罰を受ける | |
| **answer for one's honesty** ● 人の正直さに責任を負う➡請けあう | |
| **answer for success** ● 成功の責任を負う➡成功を保証する | |
| **answer for the consequence** ● 結果に責任を負う➡あとの事は責任を負う | |
| **answer one's hope** ● 希望に答える➡望みがかなう | |
| **answer one's prayer** ●（神が）祈りに答える➡（祈りの）効きめがある | |
| **answer one's wishes** ● 希望に答える➡願いをかなえる | |
| **answer the charge** ● 攻撃に答える➡申し開きをする | |
| **answer the description** ● 人相書きに答える➡人相書きに一致する | |
| **answer the door** ● ドアに応じる➡とりつぎに出る | |
| **answer the knock** ● ノックに答える➡とりつぎに出る | |
| **answer the purpose** ● 目的に答える➡目的にかなう | |
| **answer to the name of ~** ● ～という名に答える➡～と呼ばれる | |

14　1　動詞ではじまる熟語群

# ask = たずねる

★道や、時刻や、名まえを「たずねる」のは ask。「質問をする」も ask a question である。

★「たずねる」から「頼む」に変わる。May I ask a favor of you? は「お願いがあるんですが」。

★「頼む」から「求める」。ask a person to dinner は「人を食事に招く」だが、「呼ばれもしないのに押しかける」のは ask oneself である。ask a person for 〜 は「〜をくださいという」で、〜のところへ a book でも、your help でも、お好きなものをどうぞ。

★「(病気はどうですかと病人を) たずねる」から「見舞う」となる。

ask after a person

・人に関してたずねる

・人の安否を問う

**ask a favor of a person** ● 人に好意を求める➡人にお願いをする

**ask a person a question** ● 人に問題をたずねる➡人に質問する

**ask a person about ~** ● 人に~についてたずねる➡人に~をきく

**ask a person for ~** ● 人に~を求める➡~をくださいと言う

**ask a person in** ● 人に中へ入るように求める➡人を呼び入れる

**ask a person into ~** ● 人に~の中に入るよう求める➡人を~に通す

**ask a person to dinner** ● 人を食事によぶ➡人を食事に招く

**ask a person to do** ● 人にすることを求める➡人にしてくれと言う

**ask a price for a thing** ● あるものの値段を求める➡いくらかくれと言う

**ask about ~** ● ~についてたずねる➡~を問い合わせる

**ask after a person** ● 人に関してたずねる➡人の安否を問う

**ask again** ● ふたたびたずねる➡問い返す

**ask for alms** ● ほどこしを求める➡ほどこしを請う

**ask for trouble** ● 災難を求める➡自分から災難を招く

**ask haste** ● 急ぎを求める➡(事が) 急を要する

**ask nothing of a person** ● 人に何物をも求めない➡世話にはならぬ

**ask one's way** ● 道をたずねる➡道をきく

**ask permission of a person** ● 人に許しを請う➡許可を求める

**ask time** ● 時間を求める➡時間を要する

**ask too much** ● 高すぎる値段を要求する➡贅沢を言う

# attend＝出席する

★「出席する」「参列する」。会や、葬式や、学校や、講和会議など、どこでもかまわない。

★「出席する」から「つきそう」「随行する」「（結果などを）伴う」に変わる。be attended by a riot police「機動隊につきそわれる」、Overwork is often attended by illness.「むりするとすぐ病気になる」のように受身に使うか、attend on a patient「病人につきそう」のように on をつける。

★「つきそう」のは「注意する」ことだし、「注意する」のは「注意して聞く」ことが多い。attend to one's business は「自分の商売（または仕事）に精を出す」。

**attend a funeral** ● 葬式に出席する➡会葬する

**attend a lecture** ● 講義に出席する➡講義に出る

**attend a meeting** ● 会に出席する➡会に出る

**attend a patient** ● 患者につきそう➡(看護婦などが) 患者につきそう

**attend a race** ● レースに出席する➡レースを見物する

**attend on a person** ● 人につきそう➡人につかえる；給仕する

**attend on the sick** ● 病人につきそう➡病人を看護 (治療) する

**attend school** ● 学校に出席する➡通学する

**attend the office** ● 会社に出席する➡出勤する

**attend to a customer** ● 客につきそう➡(売子が) 客の用をきく；客を扱う

**attend to a person** ● 人に注意する➡人の言うことに耳を傾けて聞く

**attend to a point** ● 要点を注意する➡念を入れる

**attend to one's business** ● 商売に注意する➡商売に身を入れる

**attend to one's children's education** ● 子どもの教育に身を入れる➡子どもの教育に力を入れる

**attend to one's duties** ● 職務に注意する➡職務を行なう

**attend to one's studies** ● 研究に注意する➡研究に従事する

**attend to one's wishes** ● 人の希望に注意する➡希望にそう

**attend to one's words** ● 人の言葉に注意する➡傾聴する

**attend to one's wounds** ● 人の傷に注意する➡人の傷を治療する

**attend to the subject** ● 問題に注意する➡問題と取り組む

# bear ① ＝ 運ぶ

★ bear a burden「重荷を担う」のように「担う」「運ぶ」「ささえる」の意。carry よりやや抽象的。

★「運ぶ」から「伝える」「手を貸す」となる。bear a gossip は「噂を伝える」のように。

★「ささえる」から「負担する」「(責任などを) 負う」と発展していく。bear the charges「料金を負担する」のように。

★さらに「負う」から「(武器などを) 帯びる」となる。bear arms は「腕を運ぶ」のではない。「武器を帯びる」「武装する」である。have「持つ」に近い。

★心理的には「(愛情などを) いだく」。bear a person a grudge「人に恨みを抱く」のように。

bear testimony
・証言を運ぶ → ・証人台に立つ

| | | |
|---|---|---|
| **bear a bad reputation** ● 悪い評判を担う➡評判が悪い |
| **bear a hand** ● 手を貸す➡手伝う、関係する |
| **bear a heavy load** ● 重い荷を担う➡重荷を担う |
| **bear a meaning** ● 意味を帯びる➡意味がある |
| **bear a part in ~** ● ~の中で部分を持つ➡~に参加(関係)する |
| **bear a title** ● 肩書きを運ぶ➡肩書きを持つ |
| **bear arms against ~** ● ~に対して武器を帯びる➡~にそむく |
| **bear in mind** ● 心の中に運ぶ➡心がける |
| **bear malice** ● 悪意を運ぶ➡悪意をいだく |
| **bear oneself** ● 自分自身を運ぶ➡身を処する |
| **bear resemblance to ~** ● ~への類似を帯びる➡~に似ている |
| **bear responsibility** ● 責任をささえる➡責任を負う |
| **bear sway over ~** ● ~の上に権力をふるう➡~を支配する |
| **bear tales** ● 話を運ぶ➡話を伝える |
| **bear testimony** ● 証言を運ぶ➡証人台に立つ |
| **bear the blame** ● 非難を担う➡責めを負う |
| **bear the brunt** ● 矛先をささえる➡難局にあたる |
| **bear the cost** ● 費用をささえる➡出費を負担する |
| **bear the expense of ~** ● ~の費用をささえる➡~の費用を負担する |
| **bear the whole weight** ● 全体の重さをささえる➡全重量をささえる |

# bear ② = 耐える

★「負担する」から「耐える」「我慢する」の意が生まれる。
I can't bear him.「あの男には我慢がならない」のように。
can't bear the sight「見るに忍びない」、can't bear the idea
「思ってもぞっとする」のように否定といっしょが多い。

★「もたれかかる」から「関係する」「(船などが)方角をとる」となる。bear south は「南に進路をとる」。

★なお、別に「生む」「実を結ぶ」もある。この意味では過去分詞は born。He was born under a lucky star.「幸運の星の下に生まれた」。むかしは星が運命をつかさどると考えた。いまでも蟹座(かに)だサソリ座だと気にする人もいる。

bear hard on 〜
〜の上をひどく押す → 〜を圧迫する

21

**bear against ~** ● ～に対して押す➡～にもたれかかる

**bear and forbear** ● 耐えに耐える➡じっと我慢する

**bear down** ● 下へ押す➡耐えつける；押しつける

**bear due south** ● 真南の方角をとる➡真南に当たる

**bear fruit** ● 果実を生む➡実を結ぶ

**bear hard on ~** ● ～の上をひどく押す➡～を圧迫する

**bear living alone** ● 一人で住むことに耐える➡一人暮らしを我慢する

**bear on ~** ● ～について方角をとる➡～に関係する；～に砲火を向ける

**bear out** ● すっかり耐えきる➡ささえる、実証する

**bear pain well** ● 苦痛をよく耐える➡苦痛をじっと我慢する

**bear ~ interest** ● ～の利子を生む➡～の利子になる

**bear the heat** ● 熱に耐える➡暑さに耐える

**bear the idea** ● その考えに耐える➡考えるに耐える

**bear the sight** ● その眺めに耐える➡見るに耐える

**bear the test** ● 試験に耐える➡試練に耐える

**bear the test of time** ● 時間の試験に耐える➡時の試練に耐える

**bear up a body** ● 耐えて体を上に上げる➡(水などが)物体を浮かす

**bear up for ~** ● ～の方へ進路を向ける➡風下に変わる

**bear up under a misfortune** ● 不運の下で耐えぬく➡不運に屈しない

**bear with ~** ● ～について耐える➡～を我慢する

# beat = たたく

★ beat は「連打する」（strike は 1 発だけ）。beat a drum「太鼓をたたく」のように。

★音楽で手をたたくと「拍子をとる」となる。3beats to a measure は、beat の名詞形で、「1 小節 3 拍子」という意味。

★「太鼓をたたく」から「敵をたたく」（= defeat）に発展する。beat a Soviet player at chess「チェスでソ連選手を負かす」のように。

★自然現象にも使って（日光、雨、風などが）「打ちつける」「照りつける」「吹きつける」ともなる。

★血管の中で打つと「脈打つ」。My heart beats 70 times a minute.「1 分に 70 回脈打つ」。

## beat the air

空気をたたく → むだ骨を折る

| | |
|---|---|
| **beat a path through the snow** ● 雪を通して道をたたく➡雪を踏んで道を造る | |
| **beat a person at a game** ● ゲームで人を負かす | |
| **beat a person hollow** ● 人をたたいてうつろにする➡人をやっつける | |
| **beat a retreat** ● 退却の太鼓をたたく➡退却する | |
| **beat about** ● たたいて回る➡捜し回る | |
| **beat against ~** ● ～に対してたたく➡～に打ち当たる | |
| **beat back** ● 後ろへたたく➡撃退する | |
| **beat down** ● 下へとたたく➡打ち倒す；照りつける；値を引く | |
| **beat in** ● 中へたたく➡たたきつぶす | |
| **beat it** ● それをたたく➡逃げる | |
| **beat off** ● 向こうへとたたく➡撃退する | |
| **beat one's brains** ● 自分の脳をたたく➡脳みそをしぼる | |
| **beat one's breast** ● 自分の胸をたたく➡胸をたたいて悲しむ | |
| **beat out** ● 外へたたき出す➡(火を)もみ消す；(意味を)究明する；たたきのめす | |
| **beat out gold** ● 金を外へたたく➡金を打ち延ばす | |
| **beat the air** ● 空気をたたく➡むだ骨を折る | |
| **beat the bushes** ● やぶをたたく➡やぶをたたいて獲物を捜す | |
| **beat the record** ● 記録をたたく➡記録を破る | |
| **beat ~ to death** ● ～を死へとたたく➡～を打ち殺す | |
| **beat up eggs** ● 卵をさんざんたたく➡卵をかきまぜる | |

# blow＝吹く

★ blow は「吹く」。It (The wind) blows. は「風が吹く」。It is an ill wind that blows nobody good.「だれにも利益を吹きあたえない風は悪い風だ」とは「どんな風が吹いても、だれかの得になる」ということわざ。

★「吹く」から「(吹かれて) 飛ぶ」。A flag is blowing in the wind. は「旗が風になびいている」。

★風だけでなく、「息を吹く」「あえぐ」「汽笛が鳴る」。A whale is blowing.「鯨が潮を吹いている」。

★吹き飛ぶ感じから「パンクする」「ヒューズが飛ぶ」。

★さらに、「ほらを吹く」で日本語と同じ。blow one's own trumpet「自分のラッパを吹く」とは「自慢をする」。

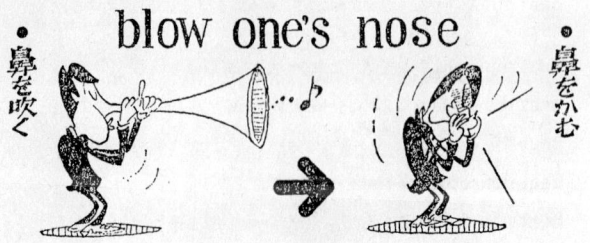

blow one's nose

・鼻を吹く

・鼻をかむ

**blow a gale** ● 風を吹く ➡ 風が吹く

**blow away** ● 向こうへ吹く ➡ 吹きはらう

**blow bubbles** ● 泡を吹く ➡ シャボン玉をつくる

**blow down** ● 吹いて倒す ➡ 吹き倒す；吹き落とす

**blow great guns** ● 大砲を吹く ➡ (大砲の音のように) 大風が吹く

**blow hot and cold** ● 吹く風が暑くなったり寒くなったりする ➡ 心が定まらない

**blow in** ● 中へ吹き込む ➡ ひょっこりやってくる

**blow in through ~** ● ～を通して中へ吹く ➡ ～のすきまから吹き込む

**blow off** ● 吹き飛ばす ➡ しゃべりまくる

**blow one's fingers** ● 指を吹く ➡ こごえた指に息を吹きかける

**blow one's nose** ● 鼻を吹く ➡ 鼻をかむ

**blow one's own trumpet** ● 自分だけのラッパを吹く ➡ 自慢する

**blow out** ● 吹き消す ➡ ふくれる；ヒューズが飛ぶ

**blow out one's brains** ● 自分の頭を吹き飛ばす ➡ 頭を射抜いて自殺する

**blow over** ● すっかり吹いてしまう ➡ 吹きやむ

**blow sky-high** ● 空高く吹く ➡ 論破する

**blow the expenses** ● 費用を吹き飛ばす ➡ 費用を惜しまず使う

**blow the gaff** ● 帆 (の上部) を吹き飛ばす ➡ 秘密をしゃべる

**blow up** ● 吹き起こす ➡ ふくらませる；爆発する；叱りとばす

**blow upon ~** ● ～の上に吹く ➡ ～を不評判にする、～をつまらなくする

# break = 破れる

★ Break, break, break! 荒波が岩に当たって砕ける。こう歌った詩人がいる。バッと「破れる」はげしい感じ。

★ ガラス、沈黙、約束、記録、どれを「破る」のも break だ。

★ break one's heart は「失恋する」、心臓が破れるみたい。

★ break camp は「テントをたたんでキャンプをやめる」こと。敵の陣地になぐりこみではない。

★ "父キトク" と break the news「知らされ」て、break one's journey「(旅行を中止) 途中下車する」人もある。

★ Day breaks.「夜が明ける」、Clouds break.「雲が切れる」。

★ breakfast (朝食) は「fast (断食) を破る」という意味。なるほど、夜中、断食していたわけ。

break one's heart

・心を破る　　・失恋する

**break a person of a habit** ● 人のくせを破る➡人のくせを直す、矯正する

**break away** ● 破り離れる➡脱落する

**break down** ● 破り倒す➡破壊する、とりこわす

**break forth** ● 前に破れ出る➡どっと出てくる、噴出する

**break in** ● 破ってはいる➡押し入る；現われる；(馬などを)ならす

**break in upon** ● 上に破ってはいりこむ➡突然おそう、邪魔をする

**break into** ● 破ってはいる➡闖入する

**break into pieces** ● こわして破片にする➡こなごなにする

**break loose** ● 破って自由となる➡自由になる、脱走する

**break off** ● 折る➡やめる

**break one's word (promise)** ● みずからの言葉を破る➡約束を破る

**break open** ● 破って開く➡さっと開く

**break out** ● 破れて外に出る➡(戦争など)突発する

**break short** ● 短くこわれる➡ポキリと折れる

**break the back of ~** ● ~の背中を破る➡~に背負いきれぬ重荷を負わす

**break the ice** ● 氷を破る➡沈黙を破る、話を始める

**break through** ● 破って通る➡切り抜ける、間から現われる

**break up** ● すっかり解ける➡(学校、会が)解散する、崩壊する

**break upon** ● 上に破れる➡突然現われる；休暇になる；明らかになる

**break with ~** ● ~との関係を破る➡~と縁を切る

# bring = 持ってくる

★ Bring me a chair.「椅子を持っておいで」のように「持ってくる」のは bring（「持っていく」は take。逆にならないように）。

★人間だけでなく、風がよい香りを「運んでくる」。

★努力がよい結果を「生む」など、みんな bring。What has brought you here? は「何がおまえをここへもたらしたか?」つまり「どんな風の吹き回しでここへ来たか?」である。

★ある状態に「持ってくる」から bring 〜 to life「生き返らせる」、bring 〜 to light「明るみに出す」などいろいろ。

## bring up

・上に持ってくる　・育てる

**bring a person into ~** ● 人を〜の中に持ってくる➡する気にさせる

**bring a person to do** ● …するように人を持ってくる➡人に…させる

**bring about** ● あたりに持ってくる➡引き起こす、生じさせる

**bring around** ● 回ってもとへ持ってくる➡蘇生させる、説き伏せる

**bring back** ● もとへ持ってくる➡呼びもどす、思い出させる

**bring down** ● 下に持ってくる➡下落させる；倒す；打ち倒す

**bring down the house** ● 小屋を倒す➡満場の喝采を博する

**bring forth** ● 前に持ってくる➡生じ(させ)る

**bring forward** ● 前方に持ってくる➡申し立てる、進ませる

**bring home to a person** ● 人(の心)に深く運ぶ➡人にしみじみ感じさせる

**bring in** ● 中へ持ってくる➡持ち込む、紹介させる

**bring into being** ● 存在にまで持ってくる➡生じさせる、生む

**bring into practice** ● 実行に持ってくる➡実行する

**bring on** ● 上にもってくる➡引き起こす、生じさせる

**bring out** ● 外へ持ってくる➡公けにする、(本、人などを)世に出す

**bring to** ● もって来る➡正気に返らせる

**bring ~ to pass** ● 〜をなしとげる➡〜を引き起こす

**bring together** ● 持ってきていっしょにする➡集める、招集する

**bring under** ● 下に持ってくる➡屈従させる

**bring up** ● 上に持ってくる➡大きくする、育てる

# call = 呼ぶ

★名まえを、車を、「呼ぶ」のはみんな call。

★ Call me at 6. は「6時に（呼び）起こせ」とも「6時に電話してね」ともなる。

★ call on a friend は「友人を訪問する」。call at his house は「家を訪ねる」で、人と家とでは、前置詞に on と at の違いがある。

★ call for (help) は「（助けを）求める」で、呼ぶは呼ぶでも「求める」感じがつく。

★ He called me names. は名前がいろいろあるのではない。「悪口を言う」である。いかさま師の、ペテン師の、ワンワン鳴けば犬も同然と漱石『坊っちゃん』はたんかを切る。

## call to mind

心に呼び出す → 思い起こす

**call a person names** ● (ブタだのオタンコナスだの) 名を呼ぶ ➡ 悪口を言う

**call a person up** ● 人をこっちへ呼ぶ ➡ 人を呼び出す

**call a person's attention to ~** ● ~に人の注意を呼ぶ ➡ 注意させる

**call after ~** ● ~のあとから呼ぶ ➡ ~にちなんで名づける

**call away** ● 遠く向こうへ呼ぶ ➡ 呼んでよそへ行かせる、注意をそらす

**call back** ● うしろへ呼ぶ ➡ 呼び返す、取り消す

**call for** ● 求めて呼ぶ ➡ 要求する、呼び立てる

**call forth** ● 前に呼ぶ ➡ 呼び起こす、(勇気を) ふるい起こす

**call in** ● 中へ呼び込む ➡ 集める、呼び込む、(通貨を) 回収する

**call into play** ● 活動へと呼ぶ ➡ 活用する

**call off** ● 遠くに呼ぶ ➡ (注意を) そらす、中止を宣告する

**call on a person** ● 人をごめん下さいと言って呼ぶ ➡ (人を) 訪問する、要求する

**call ~ one's own** ● ~を自分のものと呼ぶ ➡ 自由にする

**call out** ● 外へ呼ぶ ➡ 呼び出す、大声で呼ぶ

**call over** ● 上へ呼ぶ ➡ (名を) 呼び上げる、点呼する

**call to mind** ● 心に呼び出す ➡ 思い起こす

**call to order** ● 秩序を呼ぶ ➡ (議長が) 静粛を命じる

**call together** ● 呼び集める ➡ 招集する

**call up** ● こっちへ呼ぶ ➡ 呼び出す

**call upon ~ to do** ● ~に…するように言う ➡ ~に…するよう要求する

# carry =運ぶ

★荷物を赤帽が、煙を風が、ギャングがピストルを、売人がヤクを、「運ぶ」。

★「運ぶ」から「伝える」「通す」。carry one's point は「主張を通す」である。

★carry on となると、on は持続を表わすから、ずっと運ぶ感じから「続行する」。

★carry out は out に完結の感じがあるから、「なしとげる」。

★carry coals to Newcastle「石炭を産地のニューカッスルに運ぶ」とは「よけいなことをする」。

## carry coals to Newcastle

・石炭を産地のニューカッスルに運ぶ

・よけいなことをする

| 英語表現 | 直訳 ➡ 意味 |
|---|---|
| **carry a person off his foot** | 人の足をさらう ➡ 熱中させる |
| **carry all before one** | 前へすべてを運び去る ➡ 破竹の勢いである |
| **carry away** | 運び去る ➡ 押し流す、われを忘れさせる |
| **carry back** | 元へ運ぶ ➡ 運び返す；回想する |
| **carry down** | 持っておりる ➡ 取りおろす、繰り越す |
| **carry into effect** | 実行にまで運ぶ ➡ 実行に移す |
| **carry news** | ニュースを運ぶ ➡ ニュースを伝える |
| **carry off** | 運び去る ➡ 賞(を)さらう；生命を奪う |
| **carry on** | 続けて運ぶ ➡ 続行する、経営する |
| **carry one's bat** | クリケットのバットを終わりまで持つ ➡ がんばり通す |
| **carry one's eyes along ~** | ~にそって目を運ぶ ➡ ~をずうっと見渡す |
| **carry one's head high** | 頭を高く運ぶ ➡ 傲然とする |
| **carry oneself** | 自分を運ぶ ➡ ふるまう |
| **carry out** | すっかり運ぶ ➡ やり通す、実行する |
| **carry the day** | 勝利の日をとってしまう ➡ 勝利を得る |
| **carry through** | 持ち通す ➡ 切り抜けさせる、貫徹する |
| **carry to excess** | 極端な所まで運ぶ ➡ 度を超す |
| **carry ~ to success** | ~を成功にもっていく ➡ ~を成功させる |
| **carry too far** | 遠くまで運びすぎる ➡ やりすぎる、度を超す |
| **carry true** | 正確に運ぶ ➡ みごとにやってのける、的中する |

# catch = 捕える

★ネズミがネコを、警官が泥棒を「捕える」のは catch である。

★catch a bus「バスにまにあう」のように、乗物に「まにあう」のも catch。

★「からみつかせる」も catch。A nail caught her skirt.「釘にスカートがひっかかった」つまり「かぎざきになる」。

★catch up (with ～) となれば「(～の) そばまで行きつく」つまり「(～に) 追いつく」。

★catch fire「火が燃えうつる」、catch measles「ハシカに感染する」なども、みんな「捕える」ことから派生している。

## catch the eye

・目を捕える

・人目をひく

**catch a glimpse of ~** ● 〜の一瞥を捕える➡見る

**catch a person in his (own) words** ● 人の言葉尻を捕える➡あげ足をとる

**catch a person in the act of ~** ● 〜している所を捕える➡現場を押える

**catch a scent** ● 匂いをつかまえる➡匂いをかぎつける

**catch a train** ● 列車をつかまえる➡列車にまにあう

**catch as catch can** ● できるだけ捕える➡しゃにむに組みつく

**catch at ~** ● 〜を捕え(ようとす)る➡(わらを)つかむ

**catch away** ● 捕えて持ち去る➡さらって行く

**catch cold** ● かぜをとる➡かぜをひく

**catch hold of ~** ● 〜をつかみとる➡〜を捕える

**catch it** ● それを捕える➡叱られる

**catch on** ● 上にとりつく➡人気を博する

**catch one's breath** ● 息を捕える➡はっと息をのむ

**catch out** ● 捕え出す➡誤りを見破る

**catch sight of ~** ● 〜の光景を捕える➡〜を見る

**catch the attention** ● 注意を捕える➡注意をひく

**catch the ear** ● 耳を捕える➡聞かせる

**catch the eye** ● 目を捕える➡人目をひく

**catch the meaning** ● 意味を捕える➡意味がわかる

**catch up with ~** ● 〜のそばまで行きつく➡〜に追いつく

## change＝変える

★秋の空、女心、選挙の公約、ネコの目、みんな change しやすい。
★ change yen for dollars「円をドルに変える」のように「両替えする」も change である。だから change は名詞で「おつり」の意味ができる。Keep the change.「つりはとっとけ」。
★ change a bed ベッドの敷布を「取り換える」も、change cars 車を「乗り換える」も、やっぱり change で変わらない。
★ change hands は「手を変える」から「持ち主が変わる」である。

change air
・空気を変える
・転地する

| | | |
|---|---|---|
| **change a bill** ● | 札を両替えする | ➡ 札をくずす |
| **change air** ● | 空気を変える | ➡ 転地する |
| **change before dinner** ● | 夕食のまえに変える | ➡ 晩餐のために正装する |
| **change cars** ● | 車を変える | ➡ 乗り換える |
| **change color** ● | 顔色をかえる | ➡ 怒る |
| **change for the better** ● | よりよいほうに変わる | ➡ 好転する |
| **change front** ● | 攻撃正面を変える | ➡ 戦法を変える |
| **change heart** ● | 心を変える | ➡ 心変わりする |
| **change A into B** ● | AをBに変える | ➡ AをBに取り換える |
| **change money** ● | 金を換える | ➡ くずす |
| **change money order** ● | 郵便為替を取り換える | ➡ 現金に変える |
| **change one's condition** ● | 境遇を変える | ➡ 結婚する |
| **change one's mind** ● | 気を変える | ➡ 思い直す |
| **change one's name** ● | 名を変える | ➡ 改名する |
| **change one's note** ● | 調子を変える | ➡ 態度を変える |
| **change seats with ~** ● | ~と席を換える | ➡ ~と座席を交換する |
| **change sides** ● | 見方を変える | ➡ 主義を変える |
| **change trains at ~** ● | ~で列車を変える | ➡ ~で列車を乗り換える |
| **change up** ● | 上に変える | ➡ ギヤを高速に入れる |
| **change with ~** ● | ~とともに変わる | ➡ ~に応じて変わる |

# charge＝詰める

★ charge a gun (with powder and ball)「大砲に(火薬を)こめる」のように、charge とは「詰める」「こめる」である。
★ charge a battery with electricity は「バッテリーに充電する」。
★「詰める」から「責任・罪を負わせる」「告発する」。charge a person with public indecency「猥褻罪で起訴する」。
★「負わせる」から「申しつける」と変わる。charge a person to keep a secret は「秘密を守れと命令する」。
★金に関しては「請求する」。No admission is charged.「入場無料」。
★「命じる」から「突撃する」。Charge! は「突撃！」。

## charge the stomach with food

・胃袋に食物を詰める

・空腹をみたす

**charge a crime upon a person** ● 人に罪を負わせる➡起訴する

**charge a person a price** ● 人に値段を申しつける➡代金を請求する

**charge a pipe** ● パイプを詰める➡パイプに煙草を詰める

**charge a storage battery** ● 蓄電池に詰める➡蓄電池に充電する

**charge a tax upon income** ● 収入に税を請求する➡所得税をかける

**charge account** ● 勘定を負わせる➡勘定の借方に記入する

**charge against a person** ● 人に対して告発する➡人を告発する

**charge against the enemy** ● 敵に向かうよう命ずる➡突撃する

**charge extra** ● 特別に請求する➡特別料金を取る

**charge high** ● 高く請求する➡高い料金を取る

**charge off** ● なくなるように帳簿に記入する➡損失として控除する

**charge off a mistake to experience** ● 過失も経験とみなす

**charge one's mind with knowledge** ● 知識をつめる➡覚える

**charge on the enemy** ● 敵の上に進撃する➡攻撃する

**charge the air with tear gas** ● 催涙ガスがたちこめる

**charge the jury** ● 陪審員に命じる➡(判事が) 陪審員に説示する

**charge the stomach with food** ● 胃袋に食物を詰める➡空腹を満たす

**charge ~ to my account** ● 勘定に引き受ける

**charge ~ with…** ● ~を…で告発する➡~をとがめる

**charge ~ with a message** ● ~に伝言を負わせる➡人に伝言を託す

# clear＝きれいにする

★もとの意味は、「取り除く」。clear the table は食い荒らした皿などを、テーブルの上から「かたづける」。

★品物などを蔵から取り除くから「蔵払いする」。在庫一掃のための clearance sale など参考に。clear the sidewalk of snow「歩道から雪を取りのける」。

★「(空が) 晴れる」のも、「(疑いなどを) 晴らす」のも clear。雲や疑いを取り除くからだろう。

★「(バー) をきれいに飛び越す」ともなる。

★「借金などをかたづける」のは clear を使って clear a debt。

★「(きれいに) 利益を得る」のも clear。clear a thousand dollars のように使う。

## clear one's throat

・のどをきれいにする → ・せきばらいする

**clear away** ● 向こうへかたづける➡取り除く、かたづける

**clear for action** ● 戦闘のためにかたづける➡戦闘準備をする

**clear goods** ● 荷物をきれいにする➡(関税を払うなどして)荷物を受け取る

**clear land** ● 土地をかたづける➡(木を切り払って) 土地を開く

**clear off a debt** ● 借金をすっかり取り除く➡借金を清算する

**clear off the stock** ● 在庫をすっかりかたづける➡在庫を一掃する

**clear one's reputaion** ● 評判を晴らす➡汚名をそそぐ

**clear one's throat** ● のどをきれいにする➡せきばらいする

**clear oneself** ● 自分自身を晴らす➡身のあかしをたてる

**clear out** ● からにする➡文なしにする

**clear the air** ● 空気をきれいにする➡疑いを一掃する

**clear the land** ● 陸を取り除く➡(船が) 陸を離れて海へ出る

**clear the port** ● 港をからにする➡出港する

**clear the sea of pirates** ● 海を海賊から取り除く➡海から海賊を一掃する

**clear the sky from clouds** ● 空を雲から取り除く➡空から雲を吹き払う

**clear the track** ● 進路をかたづける➡通路をあける

**clear the way** ● 道をかたづける➡準備する

**clear up** ● すっかりきれいにする➡晴れあがる

**clear up a mystery** ● 神秘をすっかりきれいにする➡疑問をとく

**clear up a room** ● 部屋をきれいにしつくす➡部屋を掃除する

# close＝閉じる

★目、本、ドア、口などを「閉じる」で、shut より文語的。closed today は「本日休業」。
★close a knife なら「ナイフをたたむ」。
★close a hole なら「穴をふさぐ」。
★closed-shop クローズドショップは労組員以外のものには門戸を閉ざして雇わないところから。
★「閉じる」はしばしば「終わる」となる。His speech was closed with 'pease!'「彼の演説は"ピース！"で終わった」。
★空間的に使うと、「接近する」。

## close down

ぴしゃっと閉める → 閉鎖する

閉鎖

**close a debate** ● 討論を閉じる➡討論を打ち切る

**close a discussion** ● 議論を閉じる➡(議長などが) 討論を終わらせる

**close a person's eyes** ● 人の目を閉じる➡(ぶって・はれて) 人の目をふさがらせる

**close an account** ● 勘定を閉じる➡取引きをやめる

**close about ~** ● ~のまわりを閉じる➡~の周囲をかこむ、せまる

**close down** ● ぴしゃっと閉める➡閉鎖する

**close in upon a person** ● 人の上に近づいてくる➡人にせまってくる

**close off** ● やめる➡(勘定を) 打ち切る

**close one's days** ● (生きる) 日々を終える➡死ぬ

**close one's hand on ~** ● ~の上に手をふさぐ➡~をつかむ、握る

**close one's purse to ~** ● ~に対してサイフを閉じる➡~に金を出すのを拒む

**close out** ● すっかり閉じる➡(品物を) 処分する、売り払う

**close over** ● 上をふさぐ➡四方からおおう

**close round** ● ~のまわりを閉じる➡~の周囲をかこむ

**close the books** ● 帳簿を閉じる➡決算する

**close the door on ~** ● ~に対してドアを閉じる➡~を受け入れない

**close the eyes to ~** ● ~に目を閉じる➡~をわざと見ない

**close the ranks** ● 列を密集させる➡列の間をつめる；陣営をかためる

**close up** ● 完全に閉める➡ふさぐ、終演する、閉鎖する、寄る

**close with ~** ● ~に近づく➡~と取り組む、商談する、~に応じる

## come ① = 来る

★まず「来る」という意味。Come along.「こっちへおいで」。もし「ご飯ですよ」と呼ばれたら I'm coming down right now.「いま行きます」などと答える。「行く」なら go だろうなどと言うべからず。相手の立場で考えるから come である。

★ Money will come and go.「金は天下のまわりもの」(will は習性)。

★「来る」から「現われる」「めぐってくる」。the world to come「来たるべき世界」。My birthday will come round next Friday.「私の誕生日はつぎの金曜日に来る」。

★「これこれ」など、たしなめる come もある。Come, come, don't talk nonsense.「これこれ、馬鹿言うな」。

### come out

- 出て来る
- 現われる

**come across** ● 横切る➡偶然出会う

**come after ~** ● ～のあとに来る➡～を継ぐ、～のつぎに来る

**come along** ● 沿って来る➡やって来る

**come away** ● 向こうへ行く➡離れる、切れる

**come down on ~** ● ～の上に降りる➡～を急襲する、雷を落とす

**come face to face with ~** ● ～とともに顔をつき合わす➡～に直面する

**come for ~** ● ～を求めて来る➡～を取りに来る、迎えに来る

**come in** ● はいる➡当選する；結婚する

**come in first** ● 最初に中に来る➡一着にはいる

**come in for ~** ● ～を受け取る➡～の割りまえを受ける

**come into ~** ● ～にはいる➡～に加入する、賛成する

**come near ~** ● ～に近く来る➡～に劣らぬ、匹敵する

**come off** ● すっかり来てしまう➡成功する

**come out** ● 出て来る➡現われる

**come over** ● 越えて来る➡はるばる来る

**come to earth** ● 地上に来る➡着陸する

**come to the fore** ● 前面に来る➡頭角を現わす

**come under ~** ● ～の下に来る➡～の項にはいる

**come up with ~** ● ～のそばに来る➡～に追いつく

**come upon** ● 上に来る➡襲う、出会う

## come ② = 生じる

★「来る」から「起こ(って来)る」となる。come what may とか whatever may come「どんなことが起ころうとも」などおなじみのはず。

★「(気持ちなどが)生まれる」ことにもなる。A good idea came to me.「名案が胸に来た→浮かんだ」。Love will come in time.「時がたてば愛情も湧こう」(見合い結婚のなぐさめ)。

★「結果として生じる」。come of drinking。Nothing will come of nothing.「無からは何も生じまい」。

★「来る」から「〜の出である」。The bride comes of a royal family.「花嫁は王家の出」。Where do you come from? は「どこから来る?」ではなく「どこのお生まれ?」。

- 自分自身に来る
- come to oneself
- われにかえる

**come about** ● まわりに来る➡起こる

**come across the mind** ● 心に渡って来る➡ふと思い浮かぶ

**come back** ● 帰って来る➡返り咲く

**come home to ~** ● ～に深く来る➡～が胸にこたえる、～がぐっとくる

**come in handy** ● 手近にはいる➡便利だ

**come into effect** ● 効力の中に来る➡効力を生ずる、実施される

**come into existence** ● 存在の中に来る➡存在する、生ずる

**come into one's head** ● 頭の中に来る➡思い浮かぶ

**come into sight** ● 視界の中に来る➡見えてくる

**come into use** ● 使用の中に来る➡用いられるようになる

**come into vogue** ● 流行に来る➡はやる

**come out of ~** ● ～から出てくる➡～から生まれる

**come to distinctions** ● 偉い地位に来る➡偉くなる

**come to life** ● 生命に来る➡生き返る

**come to light** ● 光明に来る➡生まれる

**come to much** ● 多大に来る➡たいした結果になる

**come to no good** ● だめに来る➡うまくゆかない

**come to nothing** ● 無に来る➡なんにもならない

**come to one's notice** ● 注目に来る➡気づく

**come to oneself** ● 自分自身に来る➡われにかえる

# come ③ = ～になる

★ become の中にあるくらいだから、「なって来る」「～になる」の意もある。The dream came true. は「夢は本当になった」すなわち、「正夢だった」。

★ なるはなるでも、「(～の額、結果に) なる」にもなる。Your bill comes to just 10 dollars.「お勘定はちょうど10ドルになります」。It comes to this ～「それはこういうことになる、つまり～」は説明するときのきまり文句。

★ come to +不定詞は「～するようになる」(become では不可)。How did you come to know him?「どうして知るようになったか?」つまり「知合いになったか?」。How come? は「どうして」Why? の意味によく使う。

## come to a nice pass

・かなりの峠に来る → ・難関にさしかかる

**come down with ~** ● ～で倒れる➡～の病気になる

**come forth** ● 出てくる➡公けになる

**come short of ~** ● ～が短くなる➡～に不足する

**come to a climax** ● クライマックスに来る➡絶頂に達する

**come to a deadlock** ● 行きづまりに来る➡行きづまる

**come to a head** ● 極点に来る➡(機が)熟す、(おできが)うむ

**come to a nice pass** ● かなりの峠に来る➡難関にさしかかる

**come to a standstill** ● 行きどまりに来る➡にっちもさっちもゆかなくなる

**come to an end** ● 終わりに来る➡終わる

**come to an undersanding** ● 理解に来る➡了解に達する

**come to blows** ● 打撃に来る➡なぐりあう

**come to grief** ● 悲しみに来る➡悲しむ

**come to harm** ● 危害に来る➡危害を受ける

**come to pass** ● 起こる➡発生する

**come to realization** ● さとりに来る➡さとる

**come to ruin** ● 荒廃に来る➡荒廃する

**come to stay** ● とどまるようになる➡永久的なものになる、長続きする

**come to terms with ~** ● ～と条件に来る➡～と話し合いがつく

**come to the point** ● 要点に来る➡ずばり言う

**come true** ● 本当になる➡当たる

# count＝数える

★もういくつ寝ると…と子どもが日を、養鶏家がトリの数を、キーロックになったレスラーをレフェリーが、音楽家が拍子を「数える」。みんな count だ。

★「数える」からたぶんこうこうだろうと「考える」「当てにする」に発展する。We count on you for help.「あんたの援助、当てにしてまっせ」。

★数にはいるから「重要である」。Money counts for little.「金などたいしたことではない」。

★レスリングで count ten されればノックアウトを宣告される。これ count out なり。シーッ！ ロケット発射 10 秒前。10、9、8、7、……3、2、1、zero こういうように「逆に数える」のは count down である。

・count without one's host

主人をのぞいて勘定する → 大事な点を見落とす

**count a person as ~** ● 人を〜として数える➡〜とみなす

**count a person to a guilty** ● 人に罪があると数える➡人のせいにする

**count for little** ● 少しだと数える➡ものの数にはいらない

**count for much** ● たいしたこととして勘定に入れる➡重要視する

**count for nothing** ● 勘定にはいらぬ➡重要視しない

**count in** ● 数えこむ➡勘定に入れる

**count off** ● (数えて) 分ける➡(金などを) 数えて出す

**count on ~** ● 〜について数える➡〜を当てにする

**count on charge** ● 告発に数える➡告発する

**count on one's fingers** ● 自分の指の上で数える➡指折り数える

**count one's chickens before they are hatched** ● ひよこがかえるまえにその数を数える➡取らぬ狸の皮算用をする

**count out** ● 勘定の外におく➡除外する、省く

**count out the money** ● 金を数えつくす➡お札を数える

**count over** ● くり返して数える➡数えなおす、数えあげる

**count the cost** ● コストを勘定する➡まえもって損失を見積もる

**count the house** ● 入場者を数える➡入場者数を調べる

**count up** ● 数えあげる➡総計する

**count upon seeing a person** ● 人に会うのを当てにする➡人を当てにする

**count without one's host** ● 主人を除いて勘定する➡大事な点を見落とす

# cover = おおう

★ cover a dish「皿をおおう」、a mountain covered with snow「雪でおおわれた山」のように cover は「おおう」。

★ものをおおうから「かくす」。cover one's confusion は「狼狽を押しかくす」。

★「(範囲に) 及ぶ、含む」ともなる。cover a large area「広い範囲にわたる」のように。

★「(野球で) 後方を守る」のも cover。発音も「カバウ」に似ている。

★損失などなら「償う」。

★「(雄が雌に) かかる」のも cover。

★後ろから行く感じで「尾行する」の意にもなる。

★「(事件などを) 報道する」場合も cover を使う。

## cover oneself

自分をおおい隠す → 隠れる

| | | |
|---|---|---|
| **cover a person with a revolver** | ● | 人を拳銃でおおう➡人に拳銃をつきつける |
| **cover a wide field** | ● | 広範囲をおおう➡広い分野にわたる |
| **cover an accident** | ● | 事故をおおう➡事故の記事をとる、報道する |
| **cover in** | ● | (穴などを)ふさぐ➡埋める |
| **cover into ~** | ● | ~の中へ保護する➡(金を銀行など)に移す |
| **cover one's mistake** | ● | 間違いをかくす➡誤りをごまかす |
| **cover one's shame** | ● | 恥ずかしさをおおう➡恥ずかしさをかくす |
| **cover one's trail** | ● | 足跡をかくす➡居所を秘密にする |
| **cover oneself** | ● | 自分をおおい隠す➡隠れる |
| **cover oneself behind ~** | ● | ~の後ろに自分を隠す➡~に隠れる |
| **cover over** | ● | 全面をおおう➡包み隠す |
| **cover the base** | ● | 塁を守る➡守備する |
| **cover the distance** | ● | 距離をおおう➡距離を行く |
| **cover the ground** | ● | 地面をおおう➡進む；分野を扱う |
| **cover the landing** | ● | (軍の)上陸の後方を守る➡上陸の援護射撃をする |
| **cover the loss** | ● | 損害を償う➡保険をかける |
| **cover the table** | ● | 食卓におおいをかける➡食事の用意をする |
| **cover up** | ● | すっかりおおってしまう➡おおいかくす |
| **cover up an affair** | ● | 事件をおおいかくす➡事件をうやむやに葬る |
| **cover 6000 words** | ● | 6000語をおおう➡6000語はいっている |

# cry = 叫ぶ

★ cry は「叫ぶ」である。
★ 声を立てて泣くのも、涙を流して泣くのも cry。
★ knock down が、なぐり倒すだから、cry down は「やじり倒す」。
★ cry for company は、「会社のために泣く」のではない。つき合いで泣く、つまり「もらい泣き」。
★ cry for ～ は「～をほしがる」。cry for the moon はセンチメンタルなメソメソ泣きではない。「得られそうもないものをほしがって泣く」である。しかしこの表現はもう古い。だってまもなく月世界観光旅行という時代だから。

### cry for the moon

- 月をほしがる
- 得られそうもないものをほしがって泣く

| | |
|---|---|
| **cry against ~** ● ~に反対して叫ぶ➡~に反対を叫ぶ、~の非を鳴らす |
| **cry back** ● 叫んで戻す➡呼び戻す、(猟師などが)後戻りする、引き返す |
| **cry down** ● 叫び倒す➡やじり倒す |
| **cry for ~** ● ~を求めて叫ぶ➡~をおおいに必要とする |
| **cry for the moon** ● 月をほしがる➡得られそうもないものをほしがって泣く |
| **cry halves** ● 半分を要求する➡山分けを要求する |
| **cry off** ● 叫んでなくす➡(約束などを)取り消す |
| **cry one's eyes out** ● 目が飛び出るほど泣く➡目を泣きはらす |
| **cry one's heart out** ● 心をこわすほど泣く➡胸もはりさけんばかりに泣く |
| **cry oneself blind** ● 泣いて見えない➡目を泣きつぶす |
| **cry oneself to sleep** ● 眠りへ泣く➡泣きながら寝入る |
| **cry out** ● 大声で叫ぶ➡どなる |
| **cry over ~** ● ~について泣く➡~を(不幸などを)嘆く |
| **cry over spilt milk** ● こぼした牛乳の事を泣く➡後悔する |
| **cry quarter** ● 慈悲を叫ぶ➡命乞いをする |
| **cry shame upon ~** ● ~について恥を叫ぶ➡~をののしる、~を責める |
| **cry stinking fish** ● 臭い魚をどなる➡けなす |
| **cry to ~** ● ~に叫ぶ➡~に向かって叫ぶ、~に助けを求める |
| **cry up** ● 叫び上げる➡ほめちぎる |
| **cry wolf** ● 狼だと叫ぶ➡大変だとデマを言う(『イソップ物語』より) |

## cut = 切る

★紙、髪、木、肉、などを「刃物で切る」のはみな cut。逆は uncut で「切ってない」。

★ cut to the quick は、爪の下の肉まで切るので「痛いところをつく」となる。

★「草を刈る」のも「岩石を切りあける」のも cut。

★「費用を切りつめる」のも cut である。

★ cut a tooth は「歯を切りとる」のではなく「歯が生える」。

★ He cut me in the street. は「彼は私を切り殺した」ではない。死者がしゃべれるわけはない。「通りで会って、知らん顔をして行った」である。

★ cut the lesson も授業中にゲバ棒もって乗り込むのでなく、逆に「サボる」のである。

★「切る」から「刻む」意にもなる。

### cut in

・中へ切りこむ → ・割りこむ

**cut a dash** ● 元気さを刻む➔みえを張る

**cut a figure** ● 姿を刻む➔…の姿で目立つ、重きをなす、有名である

**cut a person dead** ● 人を切り殺す➔知らん顔してすれちがう

**cut a person to the heart** ● 人を心へ刻み込む➔しゃくにさわる

**cut an appearance** ● 出現を刻み込む➔異彩を放つ、頭角を現わす

**cut and run** ● 切って走る➔大急ぎで逃げ出す

**cut down** ● 切り倒す➔切りつめる、削減する

**cut in** ● 中へ切りこむ➔突然はいってくる、さえぎる、割りこむ

**cut it fine** ● こまかく切る➔(時間、金)を切りつめる

**cut loose** ● 切り放す➔関係を絶つ

**cut off** ● 切ってはなす➔切り取る、妨害する

**cut one's coat according to one's cloth** ● 布に従って服を仕立てる➔身分相応に暮らす

**cut one's eye-teeth** ● 犬歯が生える➔おとなになる

**cut one's own throat** ● 自分ののどを切る➔自滅をはかる

**cut one's stick** ● 自分の杖を刻む➔去る、逃亡する

**cut one's wisdom-teeth** ● 親知らずが生える➔分別がつく

**cut out** ● 切り出す➔切り抜く、取り除く、だしぬく、予定する

**cut out for ~** ● ~のために切り抜かれた➔~に適任の

**cut short** ● 短く切る➔切り詰める、突然さえぎる、中断する

**cut up** ● 切りつくす➔切り裂く、苦しめる、酷評する

# die＝死ぬ

★飢え、渇き、病気、失恋、戦争と、原因はいろいろでも die に変わりはない。die a dog's death は、「犬死にする」とはすこし違って「みじめな死に方をする」である。
★植物が「枯れる」のも、インカ帝国などが「滅びる」のも die。
★死んだらいなくなるので、「消えうせる」という意味にも使う。
★「死ぬほどほしい」のも die（の進行形）を使う。I'm dying to see you. は「あなたに会いたくて、会いたくて…」。I'm dying to appear on TV. は「ああ、テレビに出たい」。
★ Never say die.「死ぬなどと言うな」とは「元気を出せ」ということ。

## die in one's boots

・靴をはいたまま死ぬ
・不慮の事故で死ぬ

| | |
|---|---|
| **die a beggar** ● 乞食で死ぬ➡のたれ死にをする |
| **die a glorious death** ● 華麗な死に方をする➡はなばなしく死ぬ |
| **die a hero's death** ● 英雄的な死に方をする➡悲壮な死をとげる |
| **die a natural death** ● 自然死をする➡立ち消えになる |
| **die a violent death** ●（暴力によって）死ぬ➡非業の死をとげる |
| **die at one's post** ● 自分の持ち場で死ぬ➡殉職する |
| **die away** ● 消え去る➡（風、音響、光などが）静まる、かすかになる、うすらぐ |
| **die by the sword** ● 剣で（突かれて）死ぬ➡剣にたおれる |
| **die down** ● 死んで倒れる➡しだいに消えうせる、枯れ朽ちる |
| **die for ~** ● ～のために死ぬ➡～のために殉死する |
| **die from wounds** ● けがが原因で死ぬ➡けがで死ぬ |
| **die game** ● 勇敢に死ぬ➡勇敢に戦って死ぬ、最後まで奮闘する |
| **die hard** ● 死ぬのがむずかしい➡なかなか死なない、なかなか消えない |
| **die in harness** ● 馬具をつけて死ぬ➡死ぬまで仕事をする |
| **die in one's bed** ● 自分のベッドで死ぬ➡病床で死ぬ、畳の上で死ぬ |
| **die in one's boots** ● 靴をはいたまま死ぬ➡不慮の事故で死ぬ |
| **die off** ● 死んでなくなる➡（一家が）死に絶える |
| **die on one's feet** ● 歩いていて死ぬ➡急死する |
| **die out** ● すっかり消える➡（人種、植物、慣習などが）絶える、滅びる |
| **die young** ● 若いままで死ぬ➡若死にする |

# do ① = なす

★仕事、業務、最善などを「なす」のは do。What can I do for you? は、「何をさしあげましょうか」だし、Now you've done it! は「そら、とちった」で天晴れ天晴れとほめるのではない。

★「なす」から「人に…してやる」となる。do a person a kindness は「人に親切をつくしてやる」。Do me a favor, will you? は「お願いがあるんだけど」。

★「なす」から「用がたりる」ともなる。That will do. は「それでよろしい」。

★ do without alcohol は「アルコールなしですます」。

★ Have done! は「やってしまった」ではなく「やめろ!」

## do 〜 by halves

〜を半分ほどする → 〜を中途半端にする

**do a kindness** ● 親切をしてやる➡親切をつくす

**do a person a favor** ● 人に好意をなす➡人に恩恵をあたえる

**do a person a good turn** ● 人によい事をする➡人のためになる事をする

**do a person credit** ● 人に名誉となるようにしてやる➡人の名誉となる

**do a person good** ● 人に善をなす➡人に得をさせる

**do a person harm** ● 人に害をなす➡人に害をあたえる

**do a person wrong** ● 人に悪をなす➡人に悪い事をする

**do away** ● 向こうへやってしまう➡除く、廃止する

**do away with ~** ● ~を向こうへやってしまう➡~を除く、~をやめる

**do ~ by halves** ● ~を半分ほどする➡~を中途半端にする

**do for ~** ● ~の代わりにする➡~の代役をする

**do in** ● 破滅させる➡だます；殺す

**do much for ~** ● ~のために多くをなす➡~に貢献する

**do one's best** ● 最善をなす➡全力をつくす

**do one's bit** ● 少量をなす➡義務をつくす

**do one's share** ● 分担をなす➡自分の分の仕事をする

**do one's utmost** ● 最大限をなす➡全力をつくす

**do over** ● 余分になす➡やり直す、(壁の)上塗りをする

**do with ~** ● ~でする➡~を処置する；~でやってゆく

**do without ~** ● ~なしでする➡~なしでやってゆく、~なしですます

# do ② = ～する

★もとは「なす」だが目的語しだいでいろいろな意味になる。do (up) one's hair「髪をとかす(結う)」、hairdo は髪結い。do one's lessons は「勉強(予・復習)をする」。

★do flowers「花をいける」。do one's room「部屋を掃除する」etc.

★see の意味に使われることもある。do the sights は「見物する」。

★料理の場合には「焼く」。do meat brown「こんがり肉を焼く」。ステーキをよく焼いたのは well-done, やわらかくてうまいのは under-done (rare ともいう)。中間派は medium。

do meat brown

肉を茶色にする → 肉をこんがり焼く

| | |
|---|---|
| **do a copy** ● | 写しをする➡コピーをとる |
| **do a movie** ● | 映画をする➡映画を製作する |
| **do a museum** ● | 博物館をする➡博物館を見学する |
| **do a portrait** ● | 肖像画をする➡肖像画を描く |
| **do a sum** ● | 計算をする➡計算(合計)する |
| **do dishes** ● | 皿をする➡皿を洗う |
| **do evil** ● | 悪をする➡悪事をなす |
| **do flowers** ● | 花をする➡花をいける |
| **do good** ● | 善をする➡善を行なう |
| **do homage to ~** ● | ~に臣下の誓いの儀礼をする➡~に臣下の誓いをする |
| **do honor to ~** ● | ~に敬意をする➡~に敬意を表する |
| **do justice to ~** ● | ~に正義を行なう➡~に対して正当な取り扱いをする |
| **do meat brown** ● | 肉を茶色にする➡肉をこんがり焼く |
| **do one's correspondence** ● | 文通をする➡手紙(の返事)を書く |
| **do (up) one's hair** ● | 髪をする➡髪をとかす、髪を結う |
| **do one's lessons** ● | 勉強する➡予習復習をする |
| **do one's room** ● | 部屋をする➡部屋をそうじする |
| **do the dirty on ~** ● | ~の上に不潔を行なう➡~に卑劣な事をする |
| **do the sights** ● | 名所をする➡名所見物をする |
| **do 20 miles** ● | 20マイルする➡20マイル出す |

# do ③ = ふるまう

★「なす」から「行なう」「ふるまう」となる。do the ghost は「幽霊の役をやる」、do the host だと「主人役をつとめる」となる。

★「ふるまう」から「もてなす」に変わる。do a person well だと「人をよくもてなす」だが、do oneself well だと自分に対してだから「ぜいたくする」となる。

★それならいいが「だます」にもなってしまう。I've been done.「やられた」とは「だまされた」ということ。

★そんな悪いことをするやつは、刑務所で何年もつとめることになる。She is doing 3 years. は「彼女は3年の刑をつとめている」というぐあいに。

## do oneself well

・自分をよくもてなす → ・ぜいたくする

| | | |
|---|---|---|
| **do a person out of ~** | ● | 人を〜の外へ行なう➡人から〜をだまし取る |
| **do a person well** | ● | 人によくふるまう➡人をよくもてなす |
| **do a term of punishment** | ● | 刑期を行なう➡刑期をつとめる |
| **do by ~** | ● | 〜に対してふるまう➡〜をもてなす、〜に対してつくす |
| **do for oneself** | ● | 自分自身で行なう➡独立する |
| **do Hamlet** | ● | ハムレットを行なう➡ハムレットを演ずる |
| **do ~ justice** | ● | 〜に正当さをふるまう➡〜に対して正当な扱いをする |
| **do one's part** | ● | 役をつとめる➡役割を演じる |
| **do oneself proud** | ● | 自分自身に誇らしくする➡ぜいたくする |
| **do oneself well** | ● | 自分をよくもてなす➡ぜいたくする |
| **do right** | ● | 正しく行なう➡正しくふるまう |
| **do the amiable** | ● | 愛嬌をふるまう➡愛嬌たっぷりにふるまう |
| **do the agreeable** | ● | 感じよさをふるまう➡あいそよくふるまう |
| **do the host** | ● | 主人を行なう➡主人役をつとめる |
| **do the polite** | ● | 丁寧をふるまう➡丁重にもてなす |
| **do to death** | ● | 死へとふるまう➡死ぬ |
| **do well** | ● | よくふるまう➡りっぱにふるまう |
| **do well by ~** | ● | 〜に対してよくもてなす➡〜を特別待遇する |
| **do well to ~** | ● | 〜するのによくふるまう➡〜するがよい |
| **do wrong** | ● | 悪くふるまう➡悪事をする |

# draw = 引く

★綱を、弓を、リアカーを、くじを、注意を「引く」のは draw。draw a chair aside は「椅子をそばに引っぱり寄せる」。draw a line は「線を引く」。だから drawers は「引出し」にもなれば、上げたり下げたりするから「ズロース」にもなる。

★「(試合を) 引き分けにする」のも draw。drawn game はドロンと消えるからではない。

★draw a face は顔を苦痛で引きゆがめること。

★「引く」から「引き抜く」「引き出す」。draw a tooth「歯を抜く」、draw water「水をくむ」、draw a sword「剣を抜く」etc.

★「引く」と近くにくるから「近づく」。

## draw down the curtain

カーテンを引きおろす → 終わりにする

**draw a blank** ● 空（くじ）を引く➡失敗する

**draw a person's teeth** ● 人の歯を抜く➡不平（悩み）の原因を除く

**draw bit** ● 手綱を引く➡速力をゆるめる、ひかえめにする

**draw down** ● 下に引く➡(カーテンなどを) 引きおろす

**draw down the curtain** ● カーテンを引きおろす➡終わりにする

**draw in** ● 中に引く➡引き入れる；縮める、短くなる

**draw in one's horns** ● 角を引っこめる➡こそこそ引っこむ、弱音を吐く

**draw level with ~** ● ~と同じレベルになる➡対等になる

**draw near to ~** ● ~の近くに近づく➡~に近づく

**draw on ~** ● ~を引いて身につける➡(手袋) をはめる、(靴) をはく

**draw oneself up** ● 身を引き上げる➡居ずまいを正す

**draw out** ● 外に引き出す➡引き出す、引き伸ばす、(日が) 長くなる

**draw rein** ● 手綱を引く➡速力をゆるめる、ひかえめにする

**draw the curtain over ~** ● ~の上にカーテンをおろす➡~をかくす

**draw the line** ● 線を引く➡(公私などの) 区別をつける

**draw the long bow** ● 長い弓を引く➡誇張して言う、ほらを吹く

**draw to a close** ● 終わりのほうに引っぱる➡終わりに近づく

**draw to a head** ●(できものが) 頭に近づく➡うむ；熟する

**draw toward conclusion** ● 結末のほうに引っぱる➡結末に近づく

**draw up** ● 上に引く➡引き上げる；整列させる；文書を作成する；とめる

## drink＝飲む

★ drink は「飲む」である。I could drink the sea dry. は「海でも飲みほしてしまえるほど、のどがかわいている」。

★飲むといえば酒。drink like a fish なら、「大酒を飲む」。He drank himself drunk.「飲んで酔っぱらった」。

★ drink one's health は薬を飲むのでなく、「健康を祈ってカンパイする」。drink の代わりに toast ともいう。「きょうの宴会には toast があります」と大使館員に言われて、「それじゃ、たくさん食べとかにゃいかんな」と言った政治家がいた。

★「(飲んで) 味がする」の意にもなる。This wine drinks hot. は「飲むとカアッとなる」である。ウォッカなどであろう。

### drink like a fish

・魚のように飲む → ・大酒を飲む

| | | |
|---|---|---|
| **drink a person under the table** | ● | 人を飲み倒させる➡酔いつぶす |
| **drink a toast to ~** | ● | ~の成功を祈って乾杯する➡祝杯をあげる |
| **drink away** | ● | 飲みはてる➡飲酒のために（理性、財産などを）失う |
| **drink deep** | ● | 深く飲む➡おおいに飲む |
| **drink down** | ● | 飲んで下ろす➡（憂慮、心配などを）酒で忘れる |
| **drink hard** | ● | 熱心に飲む➡暴飲する |
| **drink in** | ● | 飲み入れる➡吸収する、深く感じる、見とれる |
| **drink it** | ● | それを飲む➡おおいに飲む |
| **drink like a sponge** | ● | 海綿のように飲む➡大酒を飲む |
| **drink of ~** | ● | ~（の一部分を）を飲む➡（飲み物の）少量をとる |
| **drink off** | ● | すっかり飲む➡飲みほす |
| **drink one's health** | ● | 健康のために飲む➡人の健康を祈って乾杯する |
| **drink oneself drunk** | ● | 自分が酔うまで飲む➡飲みすぎて酔っぱらう |
| **drink oneself ill** | ● | 病気になるまで飲む➡飲みすぎて病気になる |
| **drink oneself to death** | ● | 自分が死に至るまで飲む➡飲みすぎて死ぬ |
| **drink the cup of pain** | ● | 苦痛の杯を飲む➡苦杯をなめる |
| **drink to ~** | ● | ~に対し飲む➡乾杯する |
| **drink to excess** | ● | 過度にまで飲む➡飲みすぎ |
| **drink to memory of ~** | ● | ~の思い出に飲む➡~をしのんで酒を飲む |
| **drink up** | ● | すっかり飲んでしまう➡飲みつくす |

# drive = 運転する

★むかしは「馬を御す」だったが今は車になった。drive a car「車を運転する」。

★drive home なら「車で家に帰る」だが、drive a person home は「車で人を家まで送る」である。

★drive in は「車を乗り入れる」。そうして乗ったまま映画を見たり食事をしたりする所が a drive-in.

★「運転する」から「追う」。drive out は「追い出す」。

★人間を drive する場合もある。「(人を) 駆って〜させる」。She drove him to drink.「彼女はむりに彼に酒を飲ませた」。Thinner drove them crazy.「シンナーで気が狂った」。

★「人を〜に駆る」から「打ちこむ」意にもなる。drive a nail「釘を打ちこむ」。

**drive a nail in one's coffin**

・棺桶に釘を打ちこむ → ・寿命をちぢめる

**drive a good bargain** ● よい取引きを営む➡うまく掛け合う

**drive a good business** ● よい商売をする➡商売を繁盛させる

**drive a hard bargain** ● きびしい買物をする➡ひどく値切る

**drive a nail in one's coffin** ● 棺おけに釘を打ちこむ➡寿命を縮める

**drive a person into a passion** ● 人を激情の中へ追いこむ➡怒らす

**drive a person mad** ● 人を駆って狂気にする➡発狂させる

**drive a person to despair** ● 人を絶望へ駆る➡絶望させる

**drive a roaring trade** ● 活発な取引きを営む➡商売を繁盛させる

**drive along** ● 前方へ駆っていく➡ずんずん進む、(風が)吹きまくる

**drive at ~** ● ~を追う➡~を意図する、もくろむ、意味する

**drive away** ● 向こうへ追う➡追いやる、追いはらう、車を御して去る

**drive away at ~** ● ~をすっかり追いつくす➡~を一心にやる

**drive back** ● 後へ追う➡追い返す

**drive hard** ● きびしく駆りたてる➡酷使する

**drive home** ● 急所を突くように打ちこむ➡(釘を)深く打ちこむ;納得させる、痛感させる

**drive into a corner** ● すみに追いこむ➡窮地に追いつめる

**drive it to the last moment** ● 最後まで追う➡ぎりぎりまで延ばす

**drive ~ like sheep** ● ~を羊のように追う➡~を追い散らす

**drive under** ● 下へ追う➡押えつける、抑圧する

**drive up** ● 上へ追う➡(値を)釣り上げる

# drop = 落とす

★ drop は「落とす」。drop a handkerchief「ハンカチを落とす」は 19 世紀の恋愛のきっかけ。

★ drop one's voice「声を落とす」や Drop me at Tokyo Tower.「東京タワーで降ろして」のように人間にも使う。

★「落とす」から「落ちる」になる。You might hear a pin drop. は「ピン一本落ちても聞こえそう」なほど「静かである」。

★ drop behind はマラソンなどで「後ろに落ちる」つまり「落後する」。

★「落とす」から「やめる」。Let's drop that subject. は「その話はやめよう」。drop a friend だと「友人とつき合わなくなる」。

## drop the knee

ひざを落とす → ひざまずく

**drop a curtsy** ● おじぎを落とす➡（婦人がひざを曲げて）おじぎする

**drop a hint** ● ヒントを落とす➡それとなく暗示をあたえる

**drop a person a line** ● 人に一行（短信）を落とす➡人に一筆書き送る

**drop a person from ~** ● ~から人を落とす➡人を~から除名する

**drop a sigh** ● ため息を落とす➡ため息をつく

**drop anchor** ● イカリを落とす➡イカリを降ろす

**drop asleep** ● 眠りに落ちる➡居眠りする、寝入る

**drop away** ● 落ちて離れてゆく➡（ひとりひとり）いつとはなく立ち去る

**drop behind** ● 後ろに落ちる➡落後する

**drop dead** ● 倒れて死ぬ➡ばったり倒れて死ぬ

**drop down** ● 倒れ落ちる➡倒れる、（風などが）急にやむ、落ちる

**drop in at one's house** ● ~の家の中へ落ちる➡~の家に立ち寄る

**drop in on a person** ● ~のところで落ちる➡~をちょっと訪問する

**drop into ~** ● ~の中へくずれ落ちる➡~に陥る、~を始める

**drop off** ●（ひとりずつ）立ち去る➡見えなくなる；寝入る

**drop one's eyes** ● 目を落とす➡伏目になる

**drop out** ● 落ち去る➡離れ去る、退去する、なくなる、消失する

**drop short** ● 短く落ちる➡(~に)不足する、ばったり死ぬ

**drop the knee** ● ひざを落とす➡ひざまずく

**drop through** ● すっかり落ちてしまう➡全くだめになる

# eat＝食う

★「食う」。もう少し上品には have や take を使う。I can eat a horse.「馬でも食う」。歯が丈夫というのではない。「腹ペコ」のこと。I'll eat my hat if ～「もし～なら帽子を食ってみせる」は、「～のようなことはできっこない」ということ。

★スープもふつう eat である。豆スープなど thick（こい）だから、drink という感じはしない。

★ be good to eat は「食べられる」（うまいかどうかは別）。

★「食う」から「(食べると) 味がする」。This muffin eats crisp. は「このマフィンはカリカリする」。

★人間が食うだけでなく、「虫が食う」も「予算に食いこむ」も eat。

### eat crow

・カラスを食う → ・降参する

**eat away** ● どんどん食う➡食い荒らす、腐食する

**eat crow** ●(いやな) カラスを食う➡降参する、恥をしのぶ

**eat dirt** ● ごみを食う➡屈辱をしのぶ

**eat dog** ●(犬が) 犬を食う➡同族あいはむ

**eat humble pie** ●(狩猟の従者がもらった)鹿の臓物のパイを食う➡屈辱を甘受する

**eat in** ● 食い入る➡腐食する

**eat into ~** ● ～の中に食い込む➡腐食する、(財産を)食い潰す

**eat off** ● すっかり食う➡食い潰す

**eat one's corn in the blade** ● 収穫してないトウモロコシを食う➡収入をあてにぜいたくする

**eat one's fill** ● 腹一杯食う➡十分に食う

**eat one's head off** ● 頭をすっかり食ってしまう➡飼主を食い倒す

**eat one's heart out** ● 心を食いつくす➡人知れず心を痛める

**eat one's words** ● 言葉を食べる➡前言を取り消す

**eat out** ● 食いつくす➡食い荒らす、侵食する

**eat out of a person's hand** ● 人の手から食う➡人に屈従する

**eat out of house and home** ● 家や家庭を食いつくす➡(人を) 食い潰す

**eat the dust** ● ちりあくたを食う➡屈辱をしのぶ

**eat to excess** ● 過度にまで食う➡食いすぎる

**eat up** ● すっかり食う➡食いつくす、使い果たす；夢中になる

**eat well** ● おいしく食べられる➡よい味がする、おいしい

# enter = はいる

★ enter the campus「(大学の) 構内にはいる」のように、ある場所にはいるのがもとの意味。enter a country「入国する」、enter a college「大学に入学する」。

★「はいる」から「加入する」意になる。enter army「陸軍軍人になる」、enter the art club「絵画部員になる」、enter a horse for the Derby「馬をダービー競馬に出場させる」。

★「はいる」から「始める」。enter into conversation なら「会話を始める」、enter into business「商売を始める」。

★帳面に書き入れる、から「記入する」。enter an event in a diary「できごとを日記に記入する」、この意味の名詞は entrance でなく entry。

### enter the Church

・教会へはいる → ・牧師になる

**enter a club** ● クラブにはいる➡クラブに加入する

**enter a person's head** ● 頭にはいる➡(考えが) 頭に浮かぶ

**enter a school** ● 学校にはいる➡学校に入学する

**enter an action against ~** ● ~に反対の手段をこうじる➡~を訴える

**enter an appearance** ● 出現を始める➡出頭する；顔を出す

**enter business** ● 実業にはいる➡実業界にはいる

**enter by ~** ● ~からはいる➡~から不法に (こっそり) 侵入する

**enter for a race** ● 競技のためにはいる➡競技に参加する

**enter into ~** ● ~の中へはいる➡始める、はいる、加入する

**enter ~ into a book** ● ~を帳面に書き入れる➡~を帳簿に記入する

**enter into a matter** ● ものごとの中へはいる➡深入りする

**enter into details** ● 細部へはいる➡詳細にわたる

**enter into one's feelings** ● 人の感情の中へはいる➡人の気持ちをくみとる

**enter one's head** ● 頭にはいる➡(考えなどが) 頭に浮かぶ

**enter port** ● 港にはいる➡入港する

**enter the Church** ● 教会へはいる➡(英国国教会の) 牧師になる

**enter the list against ~** ● ~に対抗して試合場へはいる➡~に応戦する

**enter the practice** ● 業務を始める➡開業する

**enter up** ● 完全に記入する➡(帳簿に) 全部記入する

**enter upon ~** ● ~を始める➡(新事業、新人生、新職務などを) 開始する

# fall ① = 落ちる

★ London bridge is falling down.「ロンドン橋が落ちる」のように fall は「落ちる」である。「秋」は木の葉が落ちる季節だから fall という。

★ 雨や雪が「降る」のも、fall。「降雨」は rainfall。

★「落ちる」から「温度が下がる」のも「値段が下がる」のも fall である。

★ The curtain falls. は「芝居の幕がおりる」こと。

★「落ちる」から、「(ある状態に) 陥る」「堕落する」ことも fall である。fall in love with her なら「彼女にほれる」だが、She was tempted and fell. なら「誘惑されて堕落した」。a fallen angel は「(天国を追われた) 堕落天使」ということだ。

### fall head foremost

・頭をまっさきに落とす → まっさかさまに落ちる

**fall a victim to ~** ● ～への犠牲に落ちる➡～のえじきになる

**fall asleep** ● 眠って落ちる➡眠る

**fall away** ● 向こうへ落ちる➡(友などが)離れ去る；やせ衰える

**fall back** ● 後ろへ落ちる➡退去する、逃げる

**fall back on ~** ● さがって～の上に落ちる➡～に頼る

**fall behind** ● 後ろへ落ちる➡遅れる；地歩を失う

**fall dumb** ● 口がきけない➡ものが言えなくなる

**fall head foremost** ● 頭をまっさきに落とす➡まっさかさまに落ちる

**fall ill** ● 病気に落ちる➡病気になる

**fall in** ● 中へ落ちる➡め込む、沈下する

**fall in love with ~** ● ～への愛に陥る➡～にほれる

**fall in with ~** ● ～に対して中へ落ちる➡～と偶然出会う、～と一致する

**fall into ~** ● ～の中へ陥る➡～(の状態)になる

**fall into a habit** ● 習慣に陥る➡習慣になる

**fall off** ● 外へ落ちる➡減少する、(友達などが)遠ざかる

**fall on ~** ● ～の上に落ちる➡～に降りかかる、襲いかかる

**fall on one's feet** ● 足の上に落ちる➡難局を切り抜ける、運がよい

**fall short of ~** ● ～に不足して落ちる➡～まで届かない、～に不足する

**fall through** ● 通して落ちる➡こぼれ落ちる、失敗する

**fall to ~** ● ～に落ちる➡～に襲いかかる、～を始める

# fall ② = 倒れる

★「倒れる」「ころぶ」の意味もある。Cherry trees fell in the storm.「桜の木が嵐で倒れた」のように。プロレスで両肩をつけられてカウントスリーだと負けになる、あの fall もこれ。

★「倒れる」から「死ぬ」にもなる。勇者サムソンが死んだとき、そのなげきは How are the mighty fallen!「ああ、ますらおは倒れたるかな！」という歌となった。

★ fall at one's feet だと「足もとにひれ伏す」ことだし、The fortress fell. なら「城が敵の手におちた」。The 13th falls on Friday. だと「13 日がたまたま金曜日になる」。ダブル不吉である。

**fall on one's face**

・顔の上に転ぶ → うつぶせに倒れる

| | |
|---|---|
| **fall against ~** ● ～に対して倒れる➡～に倒れかかる | |
| **fall dead** ● 死んで倒れる➡倒れ死ぬ | |
| **fall down** ● 下へころぶ➡倒れる；平伏する | |
| **fall down one's feet** ● 人の足の下へ倒れる➡人の足もとにひれ伏す | |
| **fall down upon one's knees** ● ひざの上にころぶ➡ひざまずく | |
| **fall fighting** ● 戦って倒れる➡戦死する | |
| **fall flat** ● ばったり倒れる➡まったく失敗する、反応がない | |
| **fall for ~** ● ～のほうへ倒れる➡～にほれる | |
| **fall forward** ● 前方へ倒れる➡つんのめる | |
| **fall on all fours** ● 四つの手足の上でころぶ➡よつんばいになる | |
| **fall on one's back** ● 背中の上にころぶ➡あおむけに倒れる | |
| **fall on one's face** ● 顔の上にころぶ➡うつぶせに倒れる | |
| **fall on one's knees** ● ひざの上にころぶ➡ひざまずく | |
| **fall on one's sword** ● 自分の剣の上に倒れる➡剣で自殺する | |
| **fall over** ● 上に倒れる➡(高いもの) 倒れる | |
| **fall over a stone** ● 石の上でころぶ➡石につまずいてころぶ | |
| **fall over one another** ● 互いに上に倒れる➡先を争う | |
| **fall prostrate** ● 倒れて平伏する➡ひれ伏す | |
| **fall to the ground** ● 地に倒れる➡失敗に帰する | |
| **fall under the sword** ● 剣の下で倒れる➡剣で殺される | |

# feel＝感じる

★ feel cold「寒く感じる」、feel pain in the stomach「胃に痛みを感じる」、feel pity「憐(あわれ)みを感じる」のように。肉体的にも精神的にも「感じる」。

★「感じる」から「気分である」。How do you feel today?「きょうはご気分はいかがですか」。

★「感じる」が、肉体上の感覚になると、「さわる」である。なるほど feeler といえば「虫の触角」である。feel one's pulse は「人の脈を見る」、feel one's way だと暗闇の中など「手さぐりで進んで行く」こと。

★なお、feel like 〜 ing だと「〜したいように感じる」。She felt like crying. は恋人の死などで「彼女は泣きたいようだった」である。

### feel the draft

・すきま風を感じる　→　・ふところが寒い

**feel a person out** ● 人 (の意見態度など) から感じる➡人をさぐる

**feel after ~** ● ~を求めて触れる➡~にさぐりを入れる

**feel at ease** ● 気楽に感じる➡くつろぐ

**feel at home** ● 在宅しているように感じる➡くつろぐ

**feel badly about ~** ● ~について悪く感じる➡~で気を悪くする

**feel for ~** ● ~のために感じる➡~に同情する

**feel inclined to ~** ● ~へ傾くように感じる➡~してみたい気がする

**feel interest in ~** ● ~の中に興味を感じる➡~に興味を持つ

**feel of ~** ● ~について触れる➡~をさわる

**feel one's feet** ● 自分の足を感じる➡足が地についている

**feel one's legs** ●(自分の) 足 (があるの) を感じる➡腰がすわる、自信がつく

**feel one's oats** ● オート麦を食べ元気を感じる➡元気づく、尊大ぶる

**feel one's way** ● 道を (ふれて) 感じる➡手さぐりで進んで行く

**feel one's wings** ● 自分の翼があるのを感じる➡自信を持つ

**feel oneself** ● 自分を感じる➡われに返った気がする

**feel oneself guilty** ● 自分が罪があると感じる➡気がひける

**feel strange** ● 奇妙に感じる➡きまりが悪い、小気味が悪い

**feel the draft** ● すきま風を感じる➡ふところが寒い、おおいに困る

**feel the pulse of ~** ● ~の脈を見る➡~の意向を打診する

**feel up to ~** ● ~に対してしっかりと感じる➡~に耐えられそうな気がする

# fight = 戦う

★ fight は「戦う」である。敵と、闘牛と、荒波と、公害と、睡魔と、裏切り者と、貧乏と etc. 戦う相手はふえるばかり。
★ fight with an enemy は「敵を相手に戦う」ので、「敵と同盟して戦う」のではない。with は against の意である。アイルランドのキルケニーのけんかネコの戦いは猛烈で、尻尾だけになるまで戦うという。だから fight like Kilkenny cats といえば「とことんまで戦う」。
★「戦わせる」。fight cocks は「闘鶏を戦わせる」シャモのけり合い。闘犬なら fight dogs。

## fight windmills

・風車とけんかする → ・仮想の敵と闘う

**fight a gun** ● 大砲を戦う➡砲撃を指揮する

**fight a prize** ● 賞を戦う➡賞を争う

**fight against ~** ● ~を敵として戦う➡~と戦う

**fight back** ● 戦って後退させる➡くいとめる、抵抗する

**fight down** ● 戦って倒す➡したがわせる

**fight every inch of the way** ● 道の1インチずつ戦う➡一歩一歩奮闘して進む

**fight for ~** ● ~のために戦う➡~に味方する

**fight for one's own hand** ● 自分の手のために戦う➡自利を図る

**fight hand to hand** ● 手と手で戦う➡接戦する

**fight it out** ● 終わりまで戦う➡とことんまで戦う

**fight off** ● 戦って向こうへやる➡撃退する

**fight one's way** ● 自分の道を戦いとる➡奮闘しつつ進む、進路を切り開く

**fight shy of ~** ● 臆病に~と戦う➡~を避ける、~から遠ざかる

**fight the glove off** ● 手袋なしで戦う➡本気でけんかする

**fight to the last (finish)** ● 最後まで戦う➡死ぬまで戦う

**fight to the last man** ● 最後の人まで戦う➡最後の一人まで戦う

**fight tooth and nail** ● 歯と爪で戦う➡あくまで戦う

**fight up against ~** ● ~としっかり戦う➡~と力戦奮闘する

**fight with one's own shadow** ● 自分の影と戦う➡居もせぬ敵と戦う

**fight windmills** ● 風車とけんかする➡仮想の敵と戦う

# fill = 満たす

★とにかく full「いっぱいの」と親類の動詞であるから、fill the glass「グラスを満たす」「つぐ」のように「満たす」「いっぱいにする」、with water とか with wine とかつける。

★ fill the blank は「空所を満たす」、入試でおなじみ、穴うめ問題を連想されるでしょう。fill up an application blank といえば、申込書、入学願書その他の書き込むようになっているブランクへ書き込むこと。

★「満たす」から「(地位を) 占める」。fill a position「地位を占める」のように。

★なお、名詞になって drink one's fill なら「思うぞんぶん飲む」だし、weep one's fill なら「思うぞんぶん泣く」である。

## fill up

- いっぱいに満たす
- 満員になる

**fill a bucket with water** ● バケツを水で満たす➡バケツに水をいっぱいにする

**fill a hungry man** ● 空腹の男を満たす➡空腹を満たす

**fill a person a glass of wine** ● 人に一杯の酒をつぐ➡人に一杯つぐ

**fill a post** ● 地位を満たす➡役をつとめる

**fill a prescription** ● 処方を満たす➡処方に応じて調剤する

**fill a purse with bills** ● 財布をお札で満たす➡財布をお札でいっぱいにする

**fill a tooth** ● 歯を満たす➡歯に金などを詰める

**fill a vacant place** ● あいている場所を満たす➡あいている地位につける

**fill an order** ● 注文を満たす➡注文に応じる

**fill away** ● いっぱいにして去る➡(船が帆に)風をいっぱい受けて走り去る

**fill in one's name** ● 名前を満たす➡名前を書き込む

**fill in the time** ● 時間を満たす➡時間をつぶす、退屈をまぎらす

**fill one's heart with joy** ● 心を喜びで満たす➡喜びで心がふくらむ

**fill one's place** ● 人の場所を満たす➡人に代わる

**fill oneself a bumper** ● 自分自身に満杯につぐ➡ついで飲む

**fill out** ● すっかり満たす➡ふくらませる、なみなみとつぐ

**fill the bill** ● 勘定書きを満たす➡必要を満たす、要求に応じる

**fill the hour** ● 時間を満たす➡時間をふさぐ

**fill the vacancy** ● 空席を満たす➡空席をふさぐ

**fill up** ● いっぱいに満たす➡満員になる

# find = 発見する

★ホテル、金主、無人島、捜し物、恋人、質札、他人のあら、じつにいろんなものが find できる。

★be found は「見つかる」だが、つまり「(動物などが)いる」である。Lions are not found in Japan.「ライオンは日本にいない」(ただし、動物園は除く)。

★find one's feet は、なくした義足を見つけるのではない。子どもや病人が「ひとりで立って歩けるようになる」。find one's tongue だったら、「舌がほどけてしゃべれるようになる」。

★「見つける」から「わかる」となる。find oneself in hospital なら「(気がついたら) 病院にいた」である。How do you find yourself?「ご気分はいかが?」

### find one's feet

・自分の足を見つける → ・ひとり立ちする

**find a mare's nest** ● 鬼の巣を見つける➡たいした事をしたと思う

**find a market** ● 市場を見つける➡(に) 販路を開拓する

**find a person to be ~** ● 人が~であると見つける➡人が~だとわかる

**find Christ** ● キリストを発見する➡キリスト教徒になる

**find difficulty in ~** ● ~の中に困難を見つける➡~するのがむずかしい

**find expression** ● 表現を発見する➡言い表わす

**find fault with ~** ● ~の欠点を見つける➡~を非難する、あらを捜す

**find favor with ~** ● ~の好意を見つける➡~の好意を得る

**find it in one's heart to do** ● 心の中に~することを見つける➡したい気になる

**find mercy** ● 恩恵を見つける➡情けを受ける

**find money for** ● ~のための金を見つける➡~の金策をする

**find one's account in ~** ● ~に自分の勘定を見つける➡~によって利益を得る

**find one's feet** ● 自分の足を見つける➡ひとり立ちする

**find one's way in ~** ● ~への道を見つける➡~に苦心してはいる

**find one's way out ~** ● ~から出る道を見つける➡苦労してぬけ出す

**find one's way to ~** ● ~への道を見つける➡~に進む

**find oneself** ● 自分を見つける➡感じる、心地がする、適所を得る

**find out** ● 見つけ出す➡発見する、捜し出す、(なぞを) 解く

**find shelter** ● 避難所を見つける➡避難する、かくれる

**find time ~ing** ● ~する時間を見つける➡~するひまがある

# finish = 終わる

★ finish は「終える」「終わる」である。finish a picture なら「絵を描き終える」。

★「(食物を) たいらげる」に変化する。finish three turkeys and twenty eggs a day などという大食漢のプロレスラーがいる。

★ そんなにたくさんの餌は常人なら「参ってしまう」ことになり、これも finish でかたづく。

★「(競争で) 決勝点 (ゴール) にはいる」。finish first なら「1等でゴールインする」である。

★ finish の反対は begin「始まる」「始める」。begin life「人生を始める」、begin to wear beard「髭をはやし始める」。

**begin again** ● ふたたび始める➡初めからやりなおす

**begin at ~** ● ～で始める➡～から始める

**begin at the beginning** ● 初めから始める➡初めからやる

**begin at the wrong end** ● 誤った端から始める➡第一歩を誤る

**begin life** ● 人生を始める➡人生の振り出しをする

**begin on ~** ● ～について始める➡～に着手する

**begin with ~** ● ～で始める➡手初めに～する

**finish a bottle of wine** ● 1本のブドウ酒を終える➡びんをあける

**finish a person** ● 人を終わらせる➡人をへとへとにさせる

**finish by ~ing** ● ～することで終わる➡しまいには～する

**finish first** ● 1番で終える➡1着になる

**finish last** ● 最後に終える➡ビリでゴールインする

**finish off** ● すっかり終える➡なしとげる、かたづける

**finish one's life** ● 自分の一生を終える➡死ぬ

**finish one's school** ● 学校を終える➡学校を卒業する

**finish turkey** ● 七面鳥を終える➡七面鳥をたいらげる

**finish up** ● すっかり終える➡(食物を)たいらげる、仕上げる

**finish up with ~** ● ～ですっかり終わる➡～で終わりとなる

**finish with ~** ● ～で終わりにする➡～で切りあげる

**finish with a country** ● ある国について終える➡見物をする

# fit = 適する

★ The coat fits (me) to a T.「上着は(私に)ぴったり合う」のように fit は「適する」の意。T は T 定規のこと。T 定規を当てたように「ぴったりと」である。

★「適させる」ともなる。fit one's plans to suit others「自分の計画を他の人びとのつごうに合わせる」のように。fit oneself to ～ は「～の準備をする」。

★「体に合わせる」から「仮縫いをさせる」。fit a new suit「新しい服の仮縫いをする」。

★「適合させる」から「取りつける」。fit a library with shelves「書庫に本棚を取りつける」のように。

### fit to a T

・T定規を当てたように適合する

・きちんと合う

| | |
|---|---|
| **fit a coat on a person** ● 服を人に適合させる➡体に合わす |
| **fit a person for the post** ● 地位に人を適合させる➡適任者にする |
| **fit a person with a coat** ● 人に上着をつけさせる |
| **fit a word into a sentence** ● 文中に語を適合させる➡語を文にはめる |
| **fit an arrow to the string** ● 弓のつるへ矢をつける➡弓に矢をつがえる |
| **fit badly** ● 悪く合う➡よく合わない |
| **fit in** ● 中へ適合させる➡うまく適合させる |
| **fit like a glove** ● 手袋のように合う➡ぴったり合う |
| **fit on** ● 着て適合させる➡仮縫いして着てみる |
| **fit oneself for ~** ● ~のために自分自身を適合させる➡~の準備をする |
| **fit oneself to ~** ● ~へと自分自身を適合させる➡~の状況に適応する |
| **fit out** ● 適合しつくす➡装備する、調達する |
| **fit out a person for a journey** ● 旅のために人を適合させる➡旅行の支度をする |
| **fit out a ship for sea** ● 海のために船を適合させる➡船の艤装をする |
| **fit the cap on ~** ● ~に帽子を適合させる➡(あてつけ)を自分のことと思う |
| **fit the case** ● その場合に適合する➡その場合に当てはまる |
| **fit the key to the lock** ● 鍵を錠前に合わす➡当てがう |
| **fit to a nicety** ● 正確に適合する➡きちんと合う |
| **fit to a T** ● T定規に当てたように適合する➡きちんと合う |
| **fit up ~** ● ~に適合させる➡~に設備する |

# fly＝飛ぶ

★鳥がつばさで飛ぶのも、jumbo-jet がものすごい速さで飛ぶのも fly。We flew to Hongkong.「香港へ飛行機で行った」(fled なら高飛びした)。

★「飛ぶ」から「飛ばす」ともなる。fly a toy plane「おもちゃの飛行機を飛ばす」。fly a kite「たこをあげる」。fly a flag「旗をひらひらさせる」。

★時間が経過するのにも fly を使う。Time flies. は「時はすぎゆく」(like an arrow をつけるのは中国の「光陰矢の如し」の諺(ことわざ)の訳。英語の諺ではない)。

★fly high「高く飛ぶ」とは「志(こころざし)を高く持つ」。

★fly into a passion「激情のなかに飛びこむ」とは「カッとなる」こと。精神衛生によくない。

## fly the black flag

・黒い旗をあげる　→　・海賊となる

**fly about** ● 回りを飛ぶ➡飛び回る、飛び散る

**fly apart** ● 離れるように飛ぶ➡飛び離れる

**fly around** ● ぐるぐる回りを飛ぶ➡忙しそうに飛び回る

**fly asunder** ● ばらばらに飛ぶ➡飛び散る

**fly at ~** ● ~へ飛びつく➡~に飛びかかる、~にくってかかる

**fly back** ● 後ろへ飛ぶ➡飛び戻る

**fly blind** ● 盲目で飛ぶ➡(計器だけに頼って)盲目飛行をする

**fly from ~** ● ~から飛ぶ➡~から逃げる、~から避ける

**fly high** ● 高く飛ぶ➡空高く飛ぶ、大望をいだく

**fly in the face of ~** ● ~の面前へ飛ぶ➡~に反抗する

**fly into a passion** ● 激情へと飛びこむ➡カッとおこりだす

**fly into one's arms** ● 腕の中へ飛びこむ➡抱きつく

**fly into raptures** ● 有頂天へと飛びこむ➡有頂天になる

**fly low** ● 低く飛ぶ➡高望みをしない、表だつことをさける

**fly off at a target** ● 目的からそれるように飛ぶ➡(話などが)急に脱線する

**fly off the handle** ● ハンドルを向こうへ飛ばす➡(カッとなって)自制心を失う

**fly out** ● 外へ飛ぶ➡急に飛び出す、急にどなり出す

**fly round** ● ぐるぐる飛ぶ➡(輪などが)急激に回転する

**fly the black flag** ● 黒い旗をあげる➡海賊となる、海賊行為をする

**fly upon ~** ● ~の上に飛びつく➡~に飛びかかる

# follow＝ついてゆく

★ follow a guide「案内人についてゆく」のように follow は「～についてゆく」「従う」。

★そこから「道などについてゆく」と変わる。follow the road.

★「従う」から「(忠告や先例などに) ならう」。follow one's direction「指図に従う」。

★「従う」から「職業に従事する」。follow the stage は「俳優を業とする」である。

★言葉、意味などに関しては「人の言うことについてゆく」「わかる」。I can't follow you. Please speak more slowly.「聞きとれない。もっとゆっくり願います」。

★結果を表わして「とうぜんの結果～になる」となる。It follows that ～「～ということになる」。

## follow one's nose

・自分の鼻に従う

・まっすぐに行く

**follow a lane** ● 道についてゆく➡道をたどる

**follow a lead** ● 指導に従う➡最初の人のとおり札を出す

**follow a person in his step** ● 人の後ろについてゆく➡人の例にならう

**follow a person to ~** ● ~へ人についてゆく➡人について~へ行く

**follow a person's gaze** ● 人の視線についてゆく➡人の視線をたどる

**follow a speaker's words** ● 話し手の言葉についてゆく➡話し手の言葉がわかる

**follow a trade** ● 職業に従う➡職業に従事する

**follow after ~** ● ~の後をついてゆく➡~を追う、~を求める

**follow an argument** ● 議論についてゆく➡議論を理解する

**follow an example** ● 例についてゆく➡例にならう

**follow in the wake of ~** ● ~の船跡をたどる➡~にならう

**follow on** ● 続いてついてゆく➡すぐ後から続く

**follow one's advice** ● 人の忠告についてゆく➡人の忠告に従う

**follow one's nose** ● 自分の鼻に従う➡まっすぐに行く

**follow out** ● 最後までついてゆく➡やり通す

**follow the beaten track** ● 踏みならされた道を行く➡常道を行く

**follow the plow** ● 鋤(すき)に従事する➡農業を営む

**follow the sea** ● 海に従事する➡船乗りを業とする

**follow through** ● 最初から最後までついてゆく➡最後までやる

**follow up** ● どこまでもついてゆく➡どこまでも追求する

**follow with eager eyes** ● 熱心な目でついてゆく➡熱心に見守る

# gain＝得る

★「(望む物) を得る」「もうける」(反対は lose「失う」)。gain the whole world and lose one's soul「全世界を得て自己の魂を失う」すなわち、「かえって大事なものを失う」。

★「得る」から「達する」となる。gain the summit は「山頂に達する」、gain one's purpose は「目的をとげる」。

★「得る」から変化して「時計が進む」。This watch gains 3 minutes a day.「この時計は日に 3 分進む」。おくれるは lose.

★目方など gain すれば「ふとる」。

★名詞複数形で「もうけ」「利益金」。No pains, no gains.「苦労なければ、もうけなし」。

## gain time

・時間を得る → ・時をかせぐ

**gain a battle** ● 戦いを勝ち取る➡戦いに勝つ

**gain a hearing** ● 聴取を得る➡意見を聞いてもらう

**gain a person over** ● 人をすっかり勝ち取る➡人を味方にする、人を説得する

**gain a victory over ~** ● ～の上に勝利を得る➡～に勝つ

**gain by comparison** ● 比較により利益を得る➡比較していっそう引きたつ

**gain ground** ● 地を得る➡地歩を得る、勢力を増す

**gain ground upon ~** ● ～に関して地歩を得る➡(追求した人物)に接近する

**gain headway** ● 前進を得る➡前進する

**gain in beauty** ● 美の点で得る➡美しくなる

**gain on ~** ● ～にだんだん達する➡～に追い迫る、(海水が)浸食する

**gain one's confidence** ● 人の信頼を得る➡人に打ち明けさせる

**gain one's end** ● 自分の目的を得る➡目的物を得る、目的を達する

**gain one's favor** ● 人の好意を得る➡人に気に入られる

**gain one's point** ● 自分の主張を勝ち取る➡自分の意見を通す

**gain strength** ● 強さを得る➡(病後)力がつく

**gain the day** ●(勝利の)日を得る➡戦いに勝つ

**gain the ear of ~** ● ～の耳を得る➡～に聞いてもらう

**gain the upper hand** ● 上手を得る➡優勢になる；勝つ

**gain time** ● 時間を得る➡時間に余裕ができる；時をかせぐ

**gain upon one's heart** ● 人の心にだんだん達する➡人に取り入る

# get ① = 得る

★ have や do とともにレパートリーのもっとも広い動詞。get full mark「満点をとる」、get much「かせぎが多い」、その他、教育、電報から、病気、処罰のような悪いものまで、get「得る」ものは多い。

★「得る」から、「(得た結果、)持っている」ともなる。口語では、I have got は形は現在完了だが、意味は get ( = have) と同じ。I've got only one dollar.「たった1ドルしかない」。

★金を使って「得る」と、「買う」( = buy) になる。get a jalopy は「ポンコツ車を買う」である。

★「得る」が電波に使われると「キャッチする」。I'm just getting Hanoi. は「ハノイ放送が聞こえてきた」。

## get the sack

袋をもらう → クビになる

**get a bad fall** ● わるい転倒を得る➡ひどくころぶ

**get a bite** ● 魚の一かみを得る➡(針に)魚がかかる

**get a footing** ● 足場を得る➡地歩を占める

**get a free hand** ● 自由な手を得る➡行動の自由を得る

**get a glance** ● 一目を得る➡ちらっと見る

**get a good start** ● よい出発を得る➡幸先よく世の中へ出る

**get a scolding** ● 叱責を得る➡お目玉を食う

**get ahead** ● 前方へと得る➡進歩する

**get credit for ~** ● ~のために名誉を得る➡~で面目を立てる

**get hold of** ● ~の把握を得る➡~をつかむ、~を捕える

**get ideas into head** ● 頭の中に考えを得る➡空想する、高望みする

**get one's goat** ● 人のヤギを得る➡怒らせる、悩ます

**get one's living** ● 自分の生活を得る➡生計をたてる

**get religion** ● 信仰を得る➡信者になる

**get the better of ~** ● ~よりよいことを得る➡~に勝つ

**get the hang** ● 趣旨を得る➡コツをつかまえる

**get the mitten** ●(女性の) 手袋を得る➡ひじてつを食う；クビになる

**get the sack** ● 袋をもらう➡解雇される、クビになる

**get the start of ~** ● ~の先手を得る➡~に先んじる

**get wind** ● 風を得る➡うわさになる；知れ渡る

102    1　動詞ではじまる熟語群

# get ② = ～させる

★ get には、get a person to confess「人に白状させる」のように、「人に～させる」「される」という使役・受身の意味がある。get a car washed は「車を洗ってもらう」、get one's arm broken は「腕を折られる」。おもに、人の場合は to 不定詞、物の場合は過去分詞がくることはご存じの通り。

★ そのほか、get a child to bed「子どもを寝かしつける」、get breakfast ready「朝食を用意させる」のように、他の品詞もくる。

## get a thing off one's chest

・胸から物を取り出す

→

・言ってさっぱりする

| | | |
|---|---|---|
| **get a car into a garage** | ● | 車を車庫へ入れさせる➡車をしまわせる |
| **get a key into the hole** | ● | 鍵を穴へともっていく➡鍵を穴に入れる |
| **get a notion out of one's head** | ● | 考えを頭の外に出す➡忘れさせる |
| **get a person home** | ● | 人を家へともっていく➡人を家へつれ帰る |
| **get a person into trouble** | ● | 人を迷惑に引き入れる➡迷惑をかける |
| **get a person off a horse** | ● | 人を馬から離す➡馬からおろしてやる |
| **get a person to confess** | ● | 人を白状へともっていく➡白状させる |
| **get a point across** | ● | 要点を渡らせる➡要点をわからせる |
| **get a riot under** | ● | 暴動を下へともっていく➡暴動をしずめる |
| **get a ship under way** | ● | 船を道につかせる➡出航準備させる |
| **get a stone out of the way** | ● | 石を道から除く➡石をどける |
| **get a thing off one's chest** | ● | 胸から物を取り出す➡言ってさっぱりする |
| **get a woman with child** | ● | 女性に子どもをもたせる➡女性を妊娠させる |
| **get laws obeyed** | ● | 法則に服従させる➡法則に従わせる |
| **get one's coat caught in a nail** | ● | 服を釘へ引掛ける➡鉤裂きする |
| **get one's coat rent on a nail** | ● | 服を釘で引き裂く➡服を鉤裂きする |
| **get one's feet wet** | ● | 自分の足をぬれさせる➡足をぬらす |
| **get one's money back** | ● | 自分の金をもとへ戻させる➡金をとり戻す |
| **get oneself up** | ● | 自分自身をめかし立てる➡しゃれる |
| **get things done** | ● | 物事をなされた状態にする➡物事をかたづける |

# get ③ = 行く

★ get は副詞や副詞句とのコンビになったとき「行く」という意味になる場合がある。

★ get away は「遠くへ行く」で「去る」となる。だから、get-away というと、「(犯人などの) 逃走」や「(競馬などの) スタート」である。a get-away car とは「(犯行後の) 逃走用の自動車」という意味になる。

★ get over はまず「越えて達する」だから、「(困難などを) 乗り越える」ことにも、「大目に見る」になることも想像がつこう。

## get on one's way

・自分の道をずっと行く → ・進む

**get about** ● 周囲を行く➡歩き回る

**get across** ● 横切って行く➡渡る

**get afoot** ● 足をつける➡(計画が) 始まる

**get ahead** ● 前方へ行く➡進む

**get along** ● 前方へ行く➡進む、(仲よく) 暮らす

**get around** ● 歩き回る➡知れ渡る；だます；へつらう

**get away** ● 遠くへ行く➡離れる、去る；送り出す；免れる

**get back** ● 後ろへ行く➡戻る；取り戻す

**get behind** ● 後ろになる➡遅れる；内幕を見る

**get by** ● そばを行く➡通りすぎる；切り抜ける

**get down** ● 下に行く➡おりる；疲れさせる

**get in** ● 中に行く➡はいる、入れる、取り入れる

**get nowhere** ● どこにもつかない➡なんにもならない

**get on** ● 行き続ける➡やっていく

**get on one's way** ● 自分の道をずっと行く➡進む

**get over** ● 越えて行く➡越す

**get there** ● そこに達する➡目的を達する；成功する

**get through** ● 通って到着する➡通過する、通り抜ける

**get together** ● いっしょにする➡集める

**get up** ● 上へと行く➡起きる

# get ④ = 来る

★③からさらに前置詞や副詞をともなってより発展した「来る」感じに変わる。

★get down「おりる」に to がプラスされると、「(落ち着いて) 〜の研究などに取りかかる」になる。get down on 〜 は「〜がきらいになる」である。

★get through は「終える」だが、get through with 〜 は「〜を終える」。

★get off だけなら、「降りる」「ぬぐ」だが、get off に with がつくと、fall in love with 〜「〜と恋におちる」の意味。

## get through with 〜

〜に関して終わりまで来る → 〜を仕上げる

| | | |
|---|---|---|
| **get ahead of ~** | ● ~に先立つ | ➡ ~にまさる |
| **get among ~** | ● ~の間にはいる | ➡ ~の仲間入りをする |
| **get around to ~** | ● ~へぐるりと達する | ➡ ~まで手がとどく |
| **get at ~** | ● ~に来る | ➡ ~に達する；~を理解する |
| **get away with ~** | ● ~をもって離れる | ➡ ~をもち逃げる；~をやりおおせる |
| **get down on ~** | ● ~においておりる | ➡ ~をきらうようになる |
| **get down to ~** | ● ~へと降りてくる | ➡ 落ち着いて~にとりかかる |
| **get in with ~** | ● ~と近くなる | ➡ ~と親しくなる |
| **get into ~** | ● ~の中へはいる | ➡ ~にはいりこむ |
| **get off on ~** | ● ~の上におりる | ➡ ~に足をふみ出す |
| **get off with ~** | ● ~といっしょになる | ➡ (異性)と親しくなる |
| **get on for ~** | ● ~に対して近くにくる | ➡ ~に近づく |
| **get on to ~** | ● ~へと近づいてくる | ➡ ~がわかってくる |
| **get on well with ~** | ● ~とうまく行く | ➡ ~と仲よく暮らす |
| **get on with ~** | ● ~とともに行く | ➡ ~を続ける |
| **get out from under ~** | ● ~の下から出る | ➡ ~を免れる |
| **get out of ~** | ● ~から外へ出る | ➡ (車)をおりる、~を避ける |
| **get round to ~** | ● ~へ回ってくる | ➡ ~に行きつく |
| **get through with ~** | ● ~に関して終わりまで来る | ➡ ~を仕上げる |
| **get up to** | ● ~までくる | ➡ ~に到達する、~に追いつく |

## get ⑤ = ～になる

★ get には「～になる」という意味もある。become や grow とだいたい同義。get tired「疲れる」(be tired は「疲れている」)。get well は「(病気が) よくなる」、get better のほうが「以前よりよくなる」で回復がおそい。競技の Get set!「用意!」はご存じのはず。

★過去分詞といっしょで「～される」。get kidnapped「誘拐される」。She and I got caught in a storm. 嵐の中で犯人がつかまったのではない、「二人は嵐に遭った」。

★ get + to +不定詞、get + ～ ing だと「～するようになる」。get to know Princess in Paris「王女とパリで知り合う」。We got chatting.「しゃべり始めた」。

get left

・残される

・おくれをとる

| | |
|---|---|
| **get bored** ● | 退屈になる➡退屈する |
| **get busy** ● | 忙しくなる➡仕事を始める |
| **get clear of ~** ● | ~を離れる➡~を脱する |
| **get dead tired** ● | 死ぬほど疲れた状態になる➡ひどく疲れる |
| **get drunk** ● | 酔った状態になる➡酔っ払う |
| **get dry** ● | ドライになる➡乾く |
| **get even with ~** ● | ~と五分五分になる➡~に仕返しをする |
| **get going** ● | 出かける➡仕事にとりかかる |
| **get left** ● | 残される➡おくれをとる、当てがはずれる |
| **get loose** ● | ゆるくなる➡ほどける、はがれる、逃げる |
| **get married** ● | 結婚した状態になる➡結婚する |
| **get off the air** ● | 空中から離れる➡放送されなくなる |
| **get old** ● | 古くなる➡年をとる |
| **get ready** ● | 用意する➡したくする |
| **get rid of ~** ● | ~を除く➡~から脱する；やめる；殺す |
| **get set right** ● | よくしてもらう➡病気を治してもらう |
| **get used to ~** ● | ~に慣れた状態になる➡~に慣れる |
| **get well** ● | よくなる➡回復する |
| **get wet** ● | ぬれた状態になる➡ぬれる |
| **get wise to ~** ● | ~に対して分別あるようになる➡~に感づく |

# give ① = あたえる

★ give a kiss「(母が子などに) キスをあたえる」のように、give は「あたえる」である。give-and-take は「やったりとったり」で「持ちつ持たれつ」。give ears は耳をほんとにやるのではなく、「言うことを聞く」である。

★「あたえる」から「払う」。What did you give for this car?「この車いくらだった?」。

★「あたえる」から「提供する」「催す」。give a play「劇を上演する」、give a party「パーティを開く」など。

★「提供する」から「生産する」。Cows give us milk.「牝牛から牛乳がとれる」。

★「あたえる」から「病気をうつす」。She gave me her cold.「彼女は私にかぜをうつした」。

**give ground**

地をあたえる → 退却する

**give a person a free hand** ● 人に自由な手をあたえる➡勝手にさせる

**give a person a hearing** ● 人の言い分を聞く➡弁解させる

**give a person notice** ● 前もって人に通告をあたえる➡正式に断わる

**give as good as a person gets** ● 得ただけあたえる➡やり返す

**give birth to ~** ● ~に誕生をあたえる➡~を生む

**give effect to ~** ● ~に効力をあたえる➡~を実施する

**give full scope to ~** ● ~に十分な機会をあたえる➡~に活動の自由を許す

**give ground** ● 地をあたえる➡退却する

**give heed to ~** ● ~に注意をあたえる➡~に注意をはらう

**give in charge** ● ~を保管の中にあたえる➡~をまかせる

**give mind to ~** ● ~に心をあたえる➡~に心をくだく

**give offense to a person** ● 人に立腹をあたえる➡人を怒らせる

**give one's ear for ~** ● ~のために耳をあたえる➡~がとてもほしい

**give oneself airs** ● 自分に気取りをあたえる➡気取る

**give oneself to ~** ● ~に自分自身をあたえる➡~に身をささげる

**give place to ~** ● ~に場所をやる➡~と交代する

**give the devil his due** ● 悪魔に当然の物をやる➡悪者でもよい事はほめてやる

**give the horse his head** ● 馬に頭をあたえる➡馬を自由な方向に行かせる

**give vent to ~** ● ~にはけ口をやる➡~をもらす、発散する

**give way ~** ● ~に道をあたえる➡~に譲歩する、負ける

# give ② = 発する

★ give は「(声などを) 発する」「出す」となる。give a nasty smell は「いやな匂いを出す」。

★「発する」は発するでも報道、意見などを発する場合もある。おなじみの give one's best regards to 〜「〜によろしく」の give もこの中にはいる。

★ 命令形「〜をあたえよ」から「〜のほうがいい」(= prefer)。Give me the group sound. は「GS のほうがいい」。

★「出す」から「示す」。give an example は「例をあげる」。

★「(圧力で) つぶれる」。My knees gave.「ひざが立たなくなった」。

★ そして、「消える」。The frost gave. は「霜がとけた」。

### give out

・外へ出す ・発表する

**give a cough** ● せきを発する➡せきをする

**give a cry** ● 叫びを発する➡叫ぶ

**give a loud laugh** ● 大きな笑い声を発する➡大笑いする

**give a person one's word for ~** ● 人に~のために言葉を発する➡人に~を保証する

**give back** ● 後ろへ出す➡戻す、返す、退く

**give chase to ~** ● ~に対して追跡を出す➡~を追跡する

**give forth ~** ● 前へと出す➡(噂などを) 言いふらす、(光などを) 出す

**give in** ● 中へ出す➡(書類などを) 提出する、降参する

**give news** ● ニュースを出す➡報道する

**give off** ● 外へ出す➡(枝・匂いなどを) 出す

**give one's opinion** ● 意見を出す➡意見を述べる

**give one's regards to ~** ● ~に対して自分の尊敬を出す➡~によろしくと言う

**give one's word** ● 言葉を発する➡誓う

**give out** ● 外へ出す➡発表する、言いふらす、分配する

**give over** ● すっかり出してしまう➡よす、あきらめる、引き渡す

**give signs of an illness** ● 病気の徴候を発する➡病気の徴候を示す

**give the time of day** ● 時刻の言葉を発する➡朝晩のあいさつをする

**give three cheers** ● 3回の歓呼を発する➡万歳を三唱する

**give ~ to the world** ● ~を世界へ出す➡~を発表する

**give up** ● すっかり出してしまう➡やめる、あきらめる、捨てる

# go ① = 行く

★ go to Vietnam「ベトナムへ行く」のように、go は「(ある場所に)行く」、「進む」である。

★「行く」から、見ることを目的として行くとなると「見に行く」ことになる。go to the movie は「映画を見に行く」である。

★ go のあとすぐに〜 ing がくると、「〜しに行く」となる。go boy-hunting「ボーイハントに行く」、go bird-nesting「小鳥の巣を取りに行く」のように。

★ある場所から「行く」ことから、「出かける」、「去る」の意に変わる。time to go「出発の時刻」、One, two, three, go!「一、二、三、それ!」(競技の開始合図)のように。

## go to a better world

・よりよい世界へ行く ・あの世へ行く

**go and do** ● (わざわざ) 行って…する➡愚かにも…してしまう

**go by air** ● 空路を行く➡飛行機で行く

**go by sea** ● 海路を行く➡船で行く

**go for** ● 向かって行く➡攻撃する；ほしがる

**go for a doctor** ● 医者を求めて行く➡医者をよびに行く

**go for a swim** ● 泳ぎのために行く➡泳ぎに行く

**go for a walk** ● 歩きに行く➡散歩に行く

**go for the bathe** ● 水浴のために行く➡水浴びに行く

**go for the ride** ● 乗りに行く➡ドライブに行く

**go on a fool's errand** ● ばかの使いで行く➡行ってばかをみる

**go on a visit** ● 訪問という用件で行く➡泊まりがけでたずねる

**go on all fours** ● 四つ足で行く➡よつんばいになる

**go on foot** ● 足で行く➡徒歩で行く

**go on the street** ● 街の上を行く➡街娼になる

**go out of one's way** ● 道からはずれる➡回り道をする

**go to a ball** ● 舞踏会に行く➡踊りに行く

**go to a better world** ● よりよい世界へ行く➡あの世へ行く

**go to a person for advice** ● 忠告を求めて人の所へ行く➡人に相談に行く

**go to a theater** ● 劇場へ行く➡観劇する

**go to bed** ● ベッドへ行く➡寝る

# go ② = 行動する

★ go にいろいろな副詞がついて、「行動する」に関する、こまかい意味や比喩(ひゆ)的意味を表わす。ここでは、一語の副詞がついた場合を考える。

★ about は「回りで」であるから、go about で「歩き回る」。そこから The rumor went about. は「うわさがひろまった」。

★ go round は赤い風車などが「回る」、カクテルなどが「行きわたる」ともなる。go round and round は「ぐるぐる回る」。

★副詞のもとの意味を考えると見当がつくことが多い。もちろん、だんだん発展した意味をもっているから、注意が肝心だが。

go far

● 遠くまで行く　→　● 成功する

| | |
|---|---|
| **go about** ● ぐるぐる回って行く➡歩き回る | |
| **go ahead** ● 前へ行く➡前進する | |
| **go along** ● 前方へ行く➡進んで行く | |
| **go away** ● 向こうへ行く➡去る、逃げる | |
| **go back** ● 後ろへ行く➡帰る、戻る | |
| **go before** ● 先に行く➡先んじる、案内する | |
| **go by** ● そばを行く➡過ぎ去る；ちょっと訪問する | |
| **go down** ● 下へ行く➡下がる、沈む；(後世に)伝わる | |
| **go far** ● 遠くまで行く➡効果がある；成功する | |
| **go forth** ● 前へ行く➡(命令などが)発せられる | |
| **go home** ● 家へ行く➡帰宅する、帰国する | |
| **go in** ● 中へ行く➡はいる、(日が)かげる、参加する | |
| **go off** ● 向こうへ行く➡去る、逃げる、爆発する | |
| **go on** ● どんどん行く➡進んで行く、続ける | |
| **go out** ● 外へ行く➡出て行く | |
| **go over** ● 越えて行く➡渡る；調べる、復習する；裏切る | |
| **go round** ● 回って行く➡回る、ゆきわたる | |
| **go through** ● 通って行く➡通り抜ける | |
| **go under** ● 下へ行く➡沈む | |
| **go up** ● 上へ行く➡上がる；破裂する | |

## go ③ = 進む

★やや長いもの、とくにそれだけで完結せず、後ろに前置詞をとると、go on のように「進む」感じの動作を示す場合がある。go-ahead-activeness という俗語がある。進取の気性という意味。

★この単語からわかるように、go ahead は「前進する」。これから、go ahead of others となれば、「他人より先に進む」だし、go ahead with one's work だと「仕事をどんどん続ける」。

★ go through ～ は、「～を通りぬける」だが go through with work は「仕事を終わりまでやり通す」。

## go down before～

・～の前へおりて行く

・～に屈服する

**go a long way toward ~** ● ～に向かって長い道を行く➡～におおいに役立つ

**go after ~** ● ～の後を追って行く➡～を求める

**go against ~** ● ～に対して行く➡～に反する、逆らう

**go along with ~** ● ～とともに前方へ行く➡～とともに進む

**go at ~** ● ～に対して行く➡～に襲いかかる

**go away with ~** ● ～を持って向こうへ行く➡～を持ち逃げする

**go back of ~** ● ～について（前だけでなく）後ろまで行く➡～をよく調べる

**go back upon ~** ● ～について後ろへ行く➡～をとり消す、～を裏切る

**go between ~** ● ～の間にはいる➡～の仲介をする

**go down before ~** ● ～の前へおりて行く➡～に屈服する

**go down to ~** ● ～に対して中心から遠くへ行く➡～に伝える

**go in at ~** ● ～に対して中へ行く➡～を攻撃する

**go in for ~** ● ～に向かって中へ行く➡～に賛成する；～を求める；～に参加する

**go in with ~** ● ～について中へ行く➡～に加わる

**go near to ~ing** ● ～するまで近くへ行く➡あぶなく～しそうになる

**go on for ~** ● ～に向かってどんどん行く➡～に近づく

**go so far as to ~** ● ～ほど遠くまで行く➡～までする

**go through with ~** ● ～について初めから終わりまで行く➡～をやり通す

**go with ~** ● ～とともに行く➡～と同行する；つり合う

**go without ~** ● ～なしに行く➡～なしですます

# go ④ = ～する

★ go には、go to harem「ハレムに行く」というような、ふつうの「行く」から、抽象的な「～する」という意味もある。そこから、いろいろおもしろい比喩的な表現ができる。

★ go to sea は「海へ行く」ではなく、「船乗りになる」。go to war も「軍人になってベトナム戦線へ行く」のではなく、「戦争に訴える」ということ。このさい、冠詞のあるなしも判断の一つの手がかりにはなる。しかし、いつもないわけではない。

★ go to the wall は、むかし城壁のそばを歩く場合に、弱い者が城壁のほうへ押しつけられたところから、「片方へ押しつける」ことになった。

go to sea

・海へと進む → ・船乗りになる

| | | |
|---|---|---|
| **go to extremes** ● | 極端に行く | ➡最後の手段をとる |
| **go to grass** ● | (老朽馬が)飼い放される | ➡隠居する |
| **go to law** ● | 法へと進む | ➡法律に訴える |
| **go to pie** ● | ごたまぜに進む | ➡めちゃめちゃにする |
| **go to rack and ruin** ● | 破壊と破滅へと進む | ➡(家などが)壊れてしまう |
| **go to sea** ● | 海へと進む | ➡船乗りになる |
| **go to the bad** ● | 悪へと進む | ➡堕落する |
| **go to the bar** ● | 法廷へ進む | ➡弁護士になる |
| **go to the bottom** ● | 底へ行く | ➡(船が)沈んでしまう |
| **go to the bow-wows** ● | ワンワンのところへ行く | ➡破滅する |
| **go to the devil** ● | 悪魔のところへ行く | ➡破滅する、おじゃんになる |
| **go to the dogs** ● | 犬のところへ行く | ➡破滅する |
| **go to the end of the world** ● | 世界のはてまで行く | ➡どこまでも復讐する |
| **go to the expense of ~** ● | ~の費用にまで行く | ➡金を使って~まですれる |
| **go to the ground** ● | 地面に行く | ➡(望みが)絶える |
| **go to the length of ~** ● | ~の長さまで行く | ➡~とまで言う |
| **go to the rescue** ● | 救いに行く | ➡応援する |
| **go to the trouble of ~** ● | ~するめんどうに進む | ➡わざわざ~する |
| **go to war** ● | 戦争へと進む | ➡戦争に訴える |
| **go to winds** ● | 風へと進む | ➡(決心などが)すっ飛んでしまう |

# go ⑤ ＝いつも〜である

★ go hungry は「いつも腹をすかせている」で、「腹をすかせて行く」ではない。go は「(つねに) 〜だ」という状態を示す。go with child は「子どもと行く」のではなく、「妊娠している」である。

★ 同じ形で「ある」から「なる」になる。go mad は「気が狂って暴れる」のではなく、たんに「気が狂う」。形容詞 (とくに色彩の) が続くことが多い。go red in the face (with anger)「(怒りで) 顔が真赤になる」。

★「行く」から「進行する」。go wrong は「まず行く(なる)」。How goes it? は How do you do? のくだけた言い方で「気分はどうだい?」ということになる。

go dry

・乾いている → ・酒抜きでやる

**go armed** ● つねに武装した状態でいる➡武装している

**go bad** ● 悪くなる➡腐る

**go better than was expected** ● 予想されたよりよく進行する➡予想された以上にうまくゆく

**go black in the face** ● 顔が黒くなる➡顔面が紫色になる

**go blind** ● つねに盲目の状態でいる➡盲目になる

**go blind with love** ● 恋で盲目になる➡恋に目がくらむ

**go cold all over** ● すっかり寒くなる➡全身ぞっとなる

**go Conservative** ● つねに保守党である➡保守党員になる

**go crazy** ● つねに気が狂った状態でいる➡気が狂う、夢中である

**go dry** ● 乾いている➡酒抜きでやる

**go hot and cold** ● 暑くなったり寒くなったりする➡(発熱で) ぞくぞくする

**go in rags** ● ぼろの中にいる➡ぼろを着ている

**go naked** ● つねに裸でいる➡裸である

**go steady** ● 決まった異性と交際する➡恋人である

**go thirsty** ● つねにのどのかわいた状態でいる➡のどがかわいている

**go three months** ● 3カ月である➡妊娠3カ月である

**go to pieces** ● ばらばらになる➡さんざんなありさまになる

**go unharmed** ● 危害を受けない➡無事でいる

**go unrewarded** ● 報われないでいる➡不遇である

**go with young** ● 子どもをもっている➡はらんでいる

# grow＝成長する

★ The egg-plant grows well here.「ここではナスがよくできる」のように「発育する」「成長する」。grown-ups は「おとなたち」となる。let no grass grow under one's feet「（せっせと働いて）足もとに草を生やさない」つまり「休みなく働く」。

★「成長する」から「大きくなる」「増す」。Difficulties grew.「困難がふえた」。

★髪の毛などが成長すると「生える」、「生やす」。My hair has grown.「髪がのびた」。He grows goatee.「ヤギひげを生やしている」。

★さらに「しだいに～となる」。It grows nice and warm. は「ぽかぽか暖かくなる」である。

grow up

・上に成長する

・おとなになる

**grow angry** ● 怒りへと成長する➡怒る

**grow deadly pale** ● 死んだように青さへと成長する➡真青になる

**grow down** ● 下へ成長する➡低くなる、短くなる、減る

**grow in ~** ● ~の中で成長する➡(経験、知恵など)が増す

**grow into a habit** ● 習慣へと成長する➡習慣になる

**grow into one** ● 一つになる➡結合する

**grow on ~** ● ~について成長する➡~に強くなる

**grow on a person** ● 人の上に成長する➡だんだん気持ちがつのる

**grow on trees** ● 木になる➡たやすく手にはいる

**grow out** ● 外へ成長する➡芽生える、(じゃがいもが)芽を出す

**grow out of ~** ● ~から成長する➡~から生じる、~から脱する

**grow over ~** ● ~の上に生える➡~いっぱいに(草が)生える

**grow ripe** ● 熟しへと成長する➡熟す

**grow tame** ● 慣れへと成長する➡慣れる

**grow tired of ~** ● ~に対して退屈が増す➡~にあきてくる

**grow to ~** ● 成長して~するようになる➡だんだん~するようになる

**grow together** ● 合わせて成長する➡(傷が)癒合する

**grow up** ● 上に成長する➡おとなになる

**grow upon one's hand** ● 手の上に成長する➡(事業などが)手におえなくなる

**grow weary of ~** ● ~に対して疲れが増す➡~にあきてくる

# hang＝掛ける

★壁には絵を、帽子掛けには帽子を、くびにはペンダントを、「掛ける」「ぶら下げる」は hang。「えもん掛け」は hanger。

★hang over も酒の気がまだ「上にひっかかっている」から「二日酔いである」。

★「掛ける」のだから「ぶらぶらする」。

★さらに、「宙にぶら下がって、決まらない」。The jury were hung. は審判員が絞首刑になったのではない。黒か白か「決めかねた」。

★「絞首刑になった」なら were hanged。このときだけは規則動詞である。I'll be hanged if I know. は「知っていたら首をやる」でつまり「わいは絶対知らん」という意味である。

### hang over

●上にひっかかっている → ●ふつか酔いである

**hang about** ● そばにぶらつく➡うろつき回る、まつわりつく

**hang back** ● 後方でぶらぶらする➡ためらう、しりごみする

**hang behind** ● 遅れてぶらつく➡遅れる

**hang by a thread** ● 一本の糸でぶら下がる➡風前の灯である

**hang down** ● 下へぶら下がる➡たれ下がる

**hang fire** ●（火器が）遅発する➡決断がつかない、手間どる

**hang heavy** ● 重くぶら下がる➡退屈する、もてあます

**hang in doubt** ● 疑いの中でぶらぶらしている➡未決定である

**Hang it!** ● 絞首刑にしろ！➡ちくしょう！

**hang off** ● 放す➡しりごみする

**hang on** ● ぶら下がり続ける➡たゆまずやる、がんばる

**hang on to ~** ● ～にすがる➡～にかじりつく

**hang out** ● 外に掛ける➡戸外に掲げる、体をのり出す、住む

**hang over** ● 上にひっかかっている➡突き出している、ふつか酔いである

**hang round** ● まわりをぶらつく➡うろつく

**hang the head down** ● 頭を下に下げる➡頭をたれる

**hang together** ● ともに下げる➡一致団結する、つじつまが合う

**hang up** ● 上にぶら下げる➡つるす、（受話器を掛けて）電話を切る

**hang up a bill** ● 勘定書を滞らせる➡にぎりつぶす

**hang up one's hat in another's house** ● 人の家に帽子を掛ける➡長逗留する

# have ① = 持つ

★ have a jackknife in one's hand「ジャックナイフを手に持っている」のように、have は「持つ」がもとの意味である。
★持つは持つでも、肉体的または精神的に持つ場合がある。have six toes「足の指が6本ある」、have a poor memory「記憶力が悪い」のようになる。
★「持つ」から「病気にかかる」。have a cold「風邪をひいている」、have a whipslap「むちうち症にかかっている」。
★手だけでなく、他の肉体部分で「持つ」すなわち、「身につける」。have a hat on は「帽子をかぶっている」である。

## have loose bowels

・ゆるんだ腹を持つ

・下痢をする

**have a baby** ● 赤ん坊を持つ➡赤ん坊を生む

**have a bright head** ● りこうな頭を持つ➡頭がいい

**have a cold** ● 風邪を持つ➡風邪をひいている

**have a cold heart** ● 冷たい心を持つ➡心が冷たい

**have a flu** ● 流感を持つ➡流感にかかっている

**have a good memory** ● よい記憶力を持つ➡記憶力がいい

**have a good nose** ● よい鼻を持つ➡鼻がいい

**have a large family** ● 大きい家庭を持つ➡家族が多い

**have a nervous complaint** ● 神経の病気を持つ➡神経の病気で悩む

**have a pain** ● 痛みを持つ➡痛む

**have a poor appetite** ● 貧しい食欲を持つ➡食欲がない

**have a severe headache** ● はげしい頭痛を持つ➡ひどく頭痛がする

**have a thing to oneself** ● 物をひとり占めする➡物を自由にする

**have an attack of rheumatism** ● リューマチの攻撃を持つ➡リューマチにかかっている

**have eyesore** ● 目の痛みを持つ➡目を病む

**have loose bowels** ● ゆるんだ腹を持つ➡下痢をする

**have measles** ● ハシカを持つ➡ハシカにかかる

**have nothing to do with ~** ● ~と関係が少しもない➡~には用がない

**have stiff shoulders** ● こわばった肩を持つ➡肩がこる

**have sweet teeth** ● 甘い歯を持つ➡甘党である

# have ② = いだく

★「持つ」から「心にいだく」、「考える」と変わる。have an idea は「考えがある」である。have a mind to do なら「する気がある」。have no mind to do なら「さっぱりない」だし、have half a mind to do なら半分くらい、つまり「してもいいな」くらいのところ。

★ have the kindness to do だと「…する親切を持つ」から「親切にも…する」となる。似た形はずいぶんある。たとえば、He had the cheek to kiss her. は「キスするほおを持つ」ではなく、「ずうずうしくもキスした」である（cheek とは impudence「ずうずうしさ」）。

## have a rosy future

・バラ色の未来を持つ → 将来有望である

**have a great many cares** ● 多くの心配ごとを持つ➡心配が多い

**have a high opinion of ~** ● ~に高い意見を持つ➡~を高く評価する

**have a mind to ~** ● ~する気持ちを持つ➡~する気がする

**have a passion for ~** ● ~に情熱を持つ➡~が大好きである

**have a plan** ● 計画を持つ➡案がある

**have a rosy future** ● バラ色の未来を持つ➡将来有望である

**have a way with ~** ● ~を扱う方法を持つ➡~の扱い方を心得ている

**have a world before one** ● 自分の前に世界がある➡前途洋々である

**have an objection** ● 反対意見を持つ➡異議がある

**have English** ● 英語(の知識)を持つ➡英語を知っている

**have every reason to ~** ● ~にあらゆる理由を持つ➡どう考えても~だ

**have good reason to ~** ● ~に十分な理由がある➡~ももっともだ

**have half a mind to ~** ● ~する気が半分ある➡~したい気もする

**have it in for ~** ● ~をこらしめようとする➡~に恨みをいだく

**have no doubt whatever** ● いかなる疑いもない➡ぜんぜん疑わない

**have one's own way** ● 自分自身の道を持つ➡気ままにする

**have something to say** ● 言うことを持つ➡ちょっと言うことがある

**have the courage to ~** ● ~する勇気を持つ➡勇敢にも~する

**have the goodness to ~** ● ~する親切を持つ➡親切にも~する

# have ③ = 〜する

★ have はまた、「食べる」「飲む」という意味をもつ。have brunch は「朝昼兼用の食事をする」。

★また、時間的な観念がはいって「経験する」「すごす」とも変化していく。have a good time「楽しく時をすごす」。Every dog has his day. は「どんな犬でもさかんな時を経験する」から、「人間だれも一度ははなやかな時期があるもの（ウグイスナカセタコトモアル）」となる。

★別に、動詞を目的語にとって、一回だけの動作を示す場合もある。have a rest「一休みする」のように。この例はたくさんある。

## have a bad night

・悪い夜を持つ → ・眠れない

**have a bad night** ● 悪い夜を持つ➡眠れない

**have a bad time** ● 悪い時を持つ➡ひどい目にあう

**have a bath** ● 一度風呂にはいる➡ひと風呂あびる

**have a bite** ● 一口食う➡食事をする

**have a coffee break** ● コーヒー休みをもつ➡ちょっと休んでコーヒーを飲む

**have a fill** ●（パイプに）一盛りを持つ➡いっぷく吸う

**have a game** ● ゲームを持つ➡ゲームをやる

**have a go at ~** ● 一度~をやってみる➡~をひとつやってみる

**have a good time** ● よい時を持つ➡楽しい時間をすごす

**have a hard time of it** ● つらい時を持つ➡ひどい目にあう

**have a lesson** ● 教えてもらう➡授業を受ける

**have a long draught** ● 長い一飲みをする➡一気にぐーっと飲む

**have a pleasant trip** ● 楽しい旅を持つ➡楽しく旅行する

**have a set-to with ~** ● ~とのなぐりあいを持つ➡~となぐりあいをする

**have a sound sleep** ● 健康な一眠りを持つ➡ぐっすり眠る

**have a swim** ● 泳ぎを持つ➡一泳ぎする

**have a wash** ● 一洗いを持つ➡（顔や手を）洗う

**have a word with ~** ● ~と一言を持つ➡~とちょっとしゃべる

**have an adventure** ● 冒険を持つ➡冒険する

**have an easy life** ● 安楽な生活を持つ➡安楽に日を送る

# have ④ = 〜がある

★③と似ているが、もっと比喩的な言い方がいろいろある。
★ have eyes なら「目がある」だが、eye が単数形だと、「監視」「目測」「観察」などをすることになる。ear の場合も同じように変化する。have no ear for music は、「音楽がわからない」。
★ have one leg in the grave「墓に片脚を突っこんでいる」は、日本語の「棺おけに…」とほとんど同じ表現である。
★ have other fish to fry「フライにすべきもう一匹の魚がある」とは「ほかに大事なやるべきことがある」。

## have a bee in one's bonnet

・帽子の中にハチがいる → ・気がヘンである

**have a bee in one's bonnet** ● 帽子の中にハチがいる➡気がヘンだ

**have a bone in the throat** ● のどに骨がある➡話せぬ

**have a bone to pick with ~** ● ~と抜く骨をもつ➡論ずべき問題がある

**have a finger in the pie** ● パイに指を入れている➡深い関係がある

**have a great run** ● 盛んな売れ行きを持つ➡たいそう売れる

**have a large choice of ~** ● ~を多くの中から選べる➡~の選択権がある

**have a person on the hip** ● 人の尻をつかむ➡人の急所をにぎる

**have a eye for ~** ● ~に対する目を持つ➡~に眼識がある

**have a true friend in a person** ● 人の中に真の友を持つ➡親友である

**have an eye on ~** ● ~に注目する➡監視する

**have an old head upon young shoulders** ● 若い肩に老いた頭を持つ➡ませている

**have designs on ~** ● ~に計画を持つ➡~に野心がある

**have full swing** ● 力いっぱいの振りを持つ➡十分に発揮する

**have mercy on ~** ● ~にあわれみを持つ➡~をふびんに思う

**have no voice in ~** ● ~に声を出せない➡~に発言権がない

**have one's heart in one's mouth** ● 口に心臓を持つ➡びっくりする

**have one's say** ● 自分の言うことを持つ➡言いたいことを言う

**have something on the brain** ● 頭脳に何かをもつ➡何かにこる

**have the heels of one** ● 人より（速い）かかとをもつ➡逃げ得る

# have ⑤ = ～させる

★ have には「(ある状態に) しておく」という意がある。I can't have you idle.「おまえを遊ばせておくわけにはいかない」、have one's room clean「部屋をきれいにしておく」のようになる。

★ 他人を「～しておく」から「～させる」という、おなじみの使役や受身ができる。have one's false teeth stolen「入れ歯を盗まれる」のように。

★ have one's money back「金を返させる」のように副詞がつくこともある。

★「～させる」から「我慢する」もある。

## have a man at her feet

・男性を彼女の足もとにおく → ・男性をひれ伏させる

| | |
|---|---|
| **have a man at her feet** ● 男性を彼女の足もとにおく➡男性をひれ伏させる |
| **have a person in** ● 人を中に持つ➡人を入れる |
| **have a person over** ● 人を来させる➡人を招く |
| **have a person up** ● 人を上京させる➡いなかの人を客とする |
| **have a picture taken** ● 写真をとられる➡写真をとらせる |
| **have everything one's own way** ● 万事思い通りにする➡我意を通す |
| **have everything ready** ● すべて用意させる➡用意万端ととのえる |
| **have it coming to a person** ● それを人に来させる➡人に罰を科す |
| **have it out** ● それを外に出す➡事のかたをつける |
| **have money back** ● 金を後ろに戻させる➡金を返してもらう |
| **have one's car parking** ● 車をパークしておく➡駐車する |
| **have one's hand cut off** ● 首を切られた状態にする➡首をはねられる |
| **have one's hand on one side** ● 小首をかしげる➡不審に思う |
| **have one's hands full** ● 手がいっぱいの状態にある➡手がふさがっている |
| **have one's pet dog die** ● 愛犬を死なせる➡愛犬に死なれる |
| **have one's right trampled** ● 権利をふみにじられる➡無視される |
| **have one's salary raised** ● 給料を上げた状態にする➡給料を上げてもらう |
| **have oneself read to ~** ● 読んでもらう➡目が不自由で読めない |
| **have the Bible at one's finger's end** ● 聖書を指先に持つ➡暗記している |
| **have visitors coming** ● 客に来られる➡訪問客がある |

# hear＝聞こえる

★ hear は「聞こえる」。Hear, hear!「謹聴!」。hear the grass grow「草のはえる音が聞こえる」は「すごく耳がいい、非常に敏感である」こと。

★「聞く」「聞いてやる」ともなる。hear a case「事件を審理する」。

★ 言うことを「聞く」から「承服する」。He won't hear to reason.「彼は道理を聞きわけない」。

★ 書面から「聞く」となると、「便りがある」。I hear from my son. は「息子から便りがある」。I hear of my son. なら「息子のうわさを聞く」。

★ なお、「聞こえる」ではなく「耳を傾けて聞く」は listen である。Now listen!「さあ、お聞き!」

・草のはえる音が聞こえる　hear the grass grow　・すごく耳がいい

**hear a case** ● 事件を聞く➡事件を審理する

**hear a person out** ● 人 (の言うこと) を終わりまで聞く➡最後まで聞いてやる

**hear a pin drop** ● ピンが落ちるのが聞こえる➡静かである

**hear about ~** ● ~について聞く➡~について詳細に聞く

**hear from ~** ● ~から聞く➡~から便りがある

**Hear, hear!** ● 聞け、聞け!➡謹聴!

**Hear me!** ● 私を聞け!➡私の言うことを聞け!

**hear of ~** ● ~について聞く➡~のうわさを聞く

**hear one's prayer** ● 人の祈りを聞く➡願いを聞き入れる

**hear out** ● はっきり聞く➡(音を) 聞きわける

**hear say of ~** ● ~について言うのを聞く➡~をうわさに聞く

**hear the grass grow** ● 草のはえる音が聞こえる➡非常に敏感である

**hear through** ● ずうっと通して聞く➡全部聞き通す

**listen for ~** ● ~に向かって聞く➡~に耳をそばだてる、~を聞こうと耳をすます

**listen in (to) ~** ● ~を聞く➡~を聴取する

**listen to ~** ● ~に耳を傾ける➡~を傾聴する

**listen to a baseball** ● 野球試合に耳を傾ける➡野球の放送を聞く

**listen to a request** ● 願いに耳を傾ける➡願いを聞き入れる

**listen to reason** ● 道理に耳を傾ける➡道理に従う

**listen to temptation** ● 誘惑に耳を傾ける➡誘惑にのる

## help ＝ 助ける

★ Help! Help! は「助けて！ 助けて！」。Heaven helps those who help themselves.「天はみずから助くるものを助く」。

★「助ける」から「手伝う」となる。Help me with my work.「仕事を手伝って」。

★「手伝う」から「(食物を) 取ってやる」。help oneself to ～「～を自分で取って食べる」。なお、helping は「一盛り」。

★「助ける」から「避ける」ともなる。can't help laughing〔but laugh〕「笑わないわけにはゆかぬ」。You can't help the shape of your nose.「鼻のかっこうは (生まれつきだから) しかたがない」。

### help oneself to ～

～へと自分自身を手伝う → ～を自分で取って食べる

**help a person do** ● 人が…するのを助ける➡人が…する手伝いをする

**help a person in ~** ● 人を~の中で助ける➡人の~を助ける

**help a person off with ~** ● 人が~を脱ぐのを助ける➡手伝って~を脱がせる

**help a person over ~** ● 助けて~を越えさせる➡切り抜けさせる

**help a person to ~** ● 人に~を取ってやる➡人に~をすすめる

**help a person to one's feet** ● 人を足で立つように助ける➡立たせてやる

**help along** ● 付き添って助ける➡進行を助ける、手伝って歩かせる

**help down** ● 降りるのを助ける➡手伝って降ろしてやる

**help forward** ● 前へ助ける➡助けて進ませる

**help in** ● 助けて入れる➡手をかして乗せる

**help ~ in one's work** ● ~を仕事において助ける➡仕事を手伝う

**help matters** ● ものごとを助ける➡益がある

**help off** ● 除く(脱ぐ)のを手伝う➡除いてやる、脱がせてやる、始末をつけてやる

**help on** ● 乗る(着る)のを助ける➡乗せ(着せ)てやる；はかどらせる

**help one's ruin** ● 人の破滅を助ける➡破滅を早める

**help oneself** ● 自分自身を助ける➡ひとりでやる

**help oneself to ~** ● ~へと自分自身を手伝う➡~を自分で取って食べる

**help out** ● 助け出す➡手伝って出してやる、(費用を)補う、手を貸す

**help the cough** ● せきを助ける➡せきを楽にする

**help through** ● 通して助ける➡助けて完成させる

# hold＝保つ

★まず「しっかり持つ」「保つ」。hold a pen「ペンを手に持つ」、Hold up!「手を上げろ」のように。

★hold one's head high は「頭を高く保つ」、つまり、「おうへいにふるまう」こと。「頭が高い」にあたる。

★「保つ」から「含有する」となる。Sea water holds much salt.「海水には塩分が多く含まれている」。

★「しっかり持つ」から「所有する」。hold land「土地を所有する」。

★状態を保つことから、「～のままである」。hold one's water は「小便をこらえる」。

★また「心に持つ」「いだく」「思う」ともなる。hold an opinion は「意見をいだく」である。

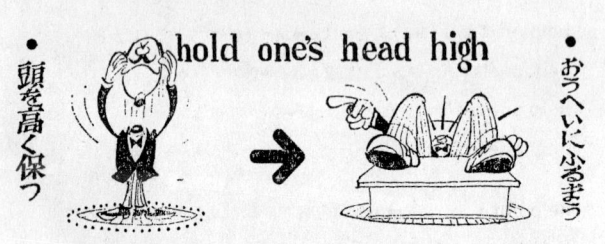

・頭を高く保つ　hold one's head high　・おうへいにふるまう

| | |
|---|---|
| **hold a person by the button** ● 人のボタンを押える➡引きとめる | |
| **hold aloof from ~** ● ~から遠く離れて保つ➡超然としている | |
| **hold back** ● 後ろに保つ➡引きとめる、控える、たじろぐ | |
| **hold fast** ● しっかり保つ➡(友情などが)堅く続く | |
| **hold good** ● よいままである➡有効である、適用される | |
| **hold in ~** ● ~の中に保つ➡~を押える、~をがまんする、~を抑制する | |
| **hold in check** ● 阻止の中に保つ➡阻止する、抑制する | |
| **hold in the hollow of one's hand** ● てのひらに持つ➡支配する | |
| **hold off** ● 遠くに保つ➡遠ざける、拒む、関係しない；延ばす | |
| **hold on** ● 手に持ち続ける➡すがる；続ける、待つ | |
| **hold one's breath** ● 息を押える➡息を殺す | |
| **hold one's own** ● 自分自身を保つ➡自己の立場を維持する、ひけをとらない、面目を保つ | |
| **hold one's peace** ● 平和を保つ➡沈黙を保つ | |
| **hold one's tongue** ● 舌をそのままにする➡黙っている | |
| **hold out** ● しっかり手に持つ➡主張する、約束する | |
| **hold possession of ~** ● ~の所有を持つ➡~を手に入れる、~を所有する | |
| **hold still** ● 静かなままでいる➡じっとしている | |
| **hold to ~** ● ~へとしっかり持つ➡~にかじりつく、~を固守する | |
| **hold up** ● 上方にささげる➡掲げる、支持する、手を上げさせる | |
| **hold water** ● 水をもらさない➡つじつまが合う | |

# keep ① = 保つ

★もともと、keep は「保つ」、「保存する」。keep warm「あたたかく保つ」のように。Keep your breath to cool the porridge.「かゆをさますため息をとっておけ」とは「よけいなことを言うな」。

★「保つ」から「〜のままでいる」と変わってくる。keep alive は「生きている」。また、keep indoors「ずっと室内にいる」は「外出しない」。

★〜 ing が続くと、「〜し続ける」。keep waiting は「待ち続ける」。

**keep well**

・よい状態でいる

・健康でいる

**keep abreast of ~** ● ~と並行したままでいる➡~に遅れない

**keep alive** ● ずっと生きている➡死なないでいる

**keep aloof from ~** ● ~から離れたままでいる➡~から遠ざかる

**keep awake** ● ずっと目がさめている➡眠らないでいる

**keep away from ~** ● ~から離れたままでいる➡~から遠ざかる

**keep clear of ~** ● ~からきれいに離れたままでいる➡~を避けている

**keep close to ~** ● ~のずっと近くにいる➡~と離れない

**keep crying** ● 泣いたままでいる➡泣き続ける

**keep fit** ● ちょうどよい状態でいる➡じょうぶでいる

**keep good** ● よいままでいる➡腐っていない

**keep in line** ● 列の中のままでいる➡列を離れない

**keep in touch with ~** ● ~と接触したままでいる➡~から離れない

**keep indoors** ● ずっと室内にいる➡外出しない

**keep near** ● 近くのままでいる➡近くにいる

**keep right** ● ずっと右を行く➡右側通行する

**keep still** ● 静かなままでいる➡じっとしている

**keep straight on** ● まっすぐに行き続ける➡まっすぐに行く

**keep up with the class** ● クラスの人たちといっしょにいる➡クラスの連中に遅れをとらぬ

**keep well** ● よい状態でいる➡健康でいる

**keep within bounds** ● 度をすごさない➡中庸を守る

# keep ② = ～のままにする

★「保つ」から「とっておく」になる。Keep the change.「つりはとっておけ」のように。

★目的語がはいってくると、「～のままでおく」。①の keep warm は「あたたかく保つ」だったが、keep oneself warm だと「自分をあたたかく保つ」から、つまり、「あたたかくしている」となる。

★ keep ＋目的語＋～ing は「～を～のままにしておく」。keep the pot boiling は「ポットをふっとうさせ続ける」で、「生活に困らない」。

★副詞句をとると keep a person in suspense は「人を不安な状態においておく」で、入試発表や結婚申し込みのまえの状態。

**keep a good heart** ● よい心を持つ➡勇気を失わない

**keep a person informed** ● 人を知識のあるようにしておく➡人に知らせておく

**keep ~ at arm's length** ● ～を腕の長さにおく➡～を敬遠する

**keep body and soul together** ● 体と心を同じにする➡命をつなぐ

**keep fire burning** ● 火を燃やしたままにする➡火を燃やし続ける

**keep ~ half** ● ～を半分のままにしておく➡(半分使って)半分とっておく

**keep ~ in sight** ● ～をずっと見ている➡～から目を離さない

**keep one's head** ● 頭を保つ➡落ち着いている

**keep one's head above water** ● 首を水の上に出したままでいる➡借金をしないでいる

**keep one's head cool** ● 頭を冷静に保つ➡冷静でいる

**keep one's memory green** ● 記憶力を若く保つ➡もうろくしない

**keep one's powder dry** ● 火薬をしめらせずにおく➡万一に備える

**keep one's senses** ● 五感を保つ➡正気である

**keep one's temper** ● 理性を保つ➡腹を立てないでいる

**keep pace with ~** ● ～といっしょにペースを保つ➡～と足並みを合わせる

**keep the ball rolling** ● 球をころがし続ける➡話をたやさぬ

**keep the bound at bay** ● 猟犬をほえさせておく➡猟犬を近づけぬ

**keep the money** ● 金を保ったままにしておく➡金をとっておく

**keep the wolf from the door** ● オオカミを戸口から入れないでおく➡何とか暮らす

**keep under** ● 下においたままにする➡押える

# keep ③ = もっている

★「保つ」から「もっている」さらに「飼う」となる。keep a dog なら「犬を飼う」である。keep a car「車をもっている」である。

★「飼う」は「養う」と変化して、keep a large family「大家族を養う」というようになる。

★「(人などを) おく」と変わる。keep a boarder なら「下宿人をおく」だし、keep servants なら、「召使いをおく」。

★さらに、店を「もっている」から「経営する」。keep a barber shop「床屋をやる」など、店をやる人は shopkeeper。housekeeper なら主婦だが、これも keep a house から。

★他に「預かる」「番をする」。

keep~as the apple of one's eye

〜を瞳として持つ → 〜をだいじにする

**keep a boarder** ● 下宿人をもっている➡下宿人をおく

**keep a car** ● 車をもっている➡車がある

**keep a cook** ● コックをもっている➡コックをおく

**keep a dog** ● 犬をもっている➡犬を飼う

**keep a good garden** ● よい庭を保つ➡庭の手入れをする

**keep a good house** ● よい家をもっている➡ぜいたくに暮らす

**keep a good table** ● よいテーブルをもつ➡ごちそうする

**keep a house** ● 家を保つ➡家政をつかさどる

**keep a large establishment** ● 人をおおぜい使う➡豪華に暮らす

**keep a school** ● 学校をもっている➡学校を経営する

**keep a shop** ● 店をもっている➡店をやる

**keep ~ as the apple of one's eye** ● ~を瞳としてもつ➡~をだいじにする

**keep bad company** ● 悪いつき合いを保つ➡悪い友だちとつき合っている

**keep bees** ● ハチをもっている➡ハチを飼う

**keep house** ● 家を保つ➡世帯をもつ

**keep oneself** ● 自分自身をもつ➡暮らしている

**keep servants** ● 召使いをおいている➡召使いを使っている

**keep the door** ● ドアの番をする➡玄関番をする

**keep ~ under lock and key** ● ~にカギをかけて保つ➡~を厳重にしまう

**keep watch** ● 警戒を保つ➡見張りをする

# keep ④ = 守る

★「保つ」から「(期日などを) 守る」となる。keep Sabbath は「安息日を守る」、keep early hours は「早い時刻を守る」つまり「早寝早起きをする」となる。

★さらに、「(時計が) 合う」で、keep good time「時計が合う」のようになる。

★ある状態を「守る」ことになると、「ずっと続けてやる」である。keep a diary は、「日記をずっとつける」、keep a book も「本をしまっておく」のでなく、「帳簿をつける」である。だから、bookkeeping は「簿記」だ。

★「続ける」から、keep one's course「コースを続ける」などができてくる。

## keep one's distance

・自分の距離を守る → ・遠慮する

| | | |
|---|---|---|
| **keep a book** ● | 帳簿を守る ➡ | 帳簿をつける |
| **keep a secret** ● | 秘密を守る ➡ | 口外しない |
| **keep a tally** ● | 勘定をずっとつける ➡ | 帳簿をつける |
| **keep account** ● | 帳面をつける ➡ | 簿記をする |
| **keep an appointment** ● | 約束を保つ ➡ | 約束を守る |
| **keep bad hours** ● | 悪い時間を守る ➡ | 夜ふかし朝寝坊をする |
| **keep Christmas** ● | クリスマスを保つ ➡ | クリスマスを迎える |
| **keep early hours** ● | 早い時刻を保つ ➡ | 早寝早起きをする |
| **keep New Year's Day** ● | 新年を守る ➡ | 元旦を迎える |
| **keep one's bed** ● | ベッドを守る ➡ | 引きこもっている |
| **keep one's distance** ● | 自分の距離を守る ➡ | 遠慮する |
| **keep one's faith with ~** ● | ～との信義を守る ➡ | ～を裏切らない |
| **keep one's word** ● | 自分の言葉を守る ➡ | 約束を守る |
| **keep peace** ● | 平和を守る ➡ | 治安を維持する |
| **keep regular hours** ● | 規則正しい時間を守る ➡ | 規則正しく生活する |
| **keep step** ● | 歩みを合わせる ➡ | 足を合わせる |
| **keep the field** ● | 戦場を守る ➡ | がんばる |
| **keep the sea** ● | 海路をずっと続ける ➡ | 航海する |
| **keep time with ~** ● | ～と時を合わせる ➡ | ～と拍子を合わせる |
| **keep traffic rule** ● | 交通規則を守る ➡ | 交通違反をしない |

# kill＝殺す

★kill は「殺す」。kill oneself は「自分自身を殺す」のだから「自殺する」。commit suicide と同じだが、このほうはキリスト教的である。自殺は犯罪だから、罪を犯すという意味の commit が使ってある。

★kill time は「時間をつぶす」、映画を見たり、マージャンをやったりして。

★殺し方にもいろいろあって、kill by inches だと「1インチずつ」つまり、一寸きざみ五分きざみの「なぶり殺し」ということになる。

★そうかと思うと kill with one's eyes「目で殺す」美人もある。

## kill a ball

・ボールを殺す

・ボールをぴたりと止める

**kill a ball** ● ボールを殺す➡ボールをぴたりと止める

**kill a bill** ● 議案を殺す➡議案を葬る

**kill an item** ● 項目を殺す➡項目をけずる

**kill by inches** ● 1インチずつ殺す➡なぶり殺す

**kill down** ● 殺し倒す➡殺す、枯死させる

**kill ill** ● 悪く殺す➡(牛の肉などが) 切り取りにくい

**kill infallibly** ● たしかに殺す➡まちがいなく殺す

**kill joy** ● 楽しさを殺す➡座を白けさせる

**kill off** ● 殺しきる➡絶滅させる、根絶する

**kill one's affection** ● 人の好意を殺す➡人から愛想をつかされる

**kill oneself** ● 自分自身を殺す➡自殺する

**kill or cure** ● 殺すかなおすか➡一か八か

**kill the goose that lays the golden eggs** ● 金の卵をだいたガチョウを殺す➡いまの利益のために将来の利益を犠牲にする

**kill the sea** ● 海を殺す➡波をしずめる

**kill the sound** ● 音を殺す➡音をたてない

**kill time** ● 時間を殺す➡時間をつぶす

**kill two birds with one stone** ● 一つの石で二羽の鳥を殺す➡一挙両得をする

**kill well** ● よく殺す➡(牛などの肉が) よく切り取られる

**kill with kindness** ● 親切で殺す➡ひいきの引き倒しをする

# knock = たたく

★ knock, knock, knock,「コツ、コツ、コツ」、knock the door「ドアをたたく」、knock out「ノックアウト」のように knock は「たたく」。

★「車にはねられる」は be knocked down。

★ ふいにたたけば驚くから、「驚く」という意味もある。Her painting knocked me completely. まさか「絵が見る人をなぐる」ということはない。比喩的に「打ちのめした」「驚かした」である。

★「(車などの内燃機関が異常爆音によって)爆音をたてる」のも knock、ふつうノッキングといわれる。その爆音を押える antiknock などという語もある。

### knock into the head

- 頭にたたきこむ
- 忘れないようにする

| | | |
|---|---|---|
| **knock a person on the head** | ● 人を頭でたたく➡(計画を)こわす | |

**knock a person on the head** ● 人を頭でたたく➡(計画を)こわす

**knock about** ● あたりを打つ➡放浪する

**knock against** ● ～に対してたたく➡～にぶつかる

**knock away** ● 向こうへたたく➡たたいて延ばす

**knock down** ● 打ち倒す➡(競売人がハンマーをたたいて)せり落とす

**knock home** ● しっかり打つ➡(議論)で徹底的にやっつける

**knock in** ● 中へたたく➡たたき込む

**knock into a cocked hat** ● たたいて三角帽にする➡形なしにする

**knock into the head** ● 頭にたたき込む➡忘れないようにする

**knock off** ● 向こうへたたく➡打ち離す、はらいのける

**knock off a poem** ● 詩をたたき出す➡詩を即席に作る

**knock one into the middle of next week** ● 人を来週の真ん中へたたき込む➡人を追い出す

**knock one's head off** ● 人の頭をたたき飛ばす➡人を苦もなく負かす

**knock out** ● たたきつくす➡ノックアウトする、たたいて取り去る

**knock over** ● すっかりたたく➡はり倒す、ひっくり返す

**knock the bottom out of ~** ● ～の底をぬく➡根底をくつがえす

**knock the breath out of one's body** ● 息を止める➡驚かせる

**knock their heads together** ● 頭をごっつんこさせる➡けんか両成敗

**knock under** ● 下へたたく➡降参する

**knock up one's quarter** ● 人の家をたたく➡たたき起こす

# know＝知っている

★事実、道、法律、世の中、人の名前、貧乏、刑務所などを、頭の中でも、とにかく「知っている」のが know である。

★もちろん、禁断の実を食べた後、Adam knew Eve.「アダム、イヴを知れり」のように体験的に知る場合もある。

★God knows. といえば、神様だけが知っている、人間は知らない、つまり「だあれも知らない」。

★「知る」ことから、さらに「識別する」。He does not know a sheep from a goat. だと「羊と山羊の区別がつかない」つまり、「バカ」。You ought to know better. は「もっと分別があってもいいのに」、つまり「バカねえ、いい歳をして」。

### know every inch of ～

〜の隅々まで知っている → 〜に明るい

**know a person by name** ● 人を名前で知っている➡名を知っている

**know a person by sight** ● 人を見て知っている➡顔を知っている

**know a thing or two** ● 一つか二つを知っている➡抜け目がない

**know better** ● よりよく知っている➡…くらいは知っている

**know by ~** ● ~によって知られる➡~でわかる

**know ~ by heart** ● ~を心で知っている➡~を暗記している

**know every inch of ~** ● ~の隅々まで知っている➡~に明るい

**know no bounds** ● 限界を知らない➡きりがない

**know no defeat** ● 敗北を知らない➡負け惜しみが強い

**know nothing of ~** ● ~について何も知らない➡~を少しも知らぬ

**know of ~** ● ~の事を知っている➡うわさに聞いている

**know one's own business** ● 自身の事を知っている➡お節介しない

**know one's own mind** ● 自分の考えを知る➡決心がついている

**know one's place** ● 自分の場所を知っている➡身分を心得ている

**know the ins and outs** ● 内も外も知っている➡勝手を知っている

**know the ropes** ● コツを知っている➡内部の事情に明るい

**know the time of day** ● 何時か知っている➡何もかも心得ている

**know to one's cost** ● 自分の犠牲において知る➡こりごりだ

**know what's o'clock** ● 何時か知っている➡訳がわかっている

**know what's what** ● 何が何であるかを知っている➡物事を心得ている

# laugh ＝笑う

★ Laugh and grow fat.「笑って、太れ」つまり「笑う門には福来たる」のように laugh は「笑う」。「笑う」といっても、声に出して「笑う」ので、smile「微笑する」とはちがう。He laughs best who laughs last. は「最後に笑う者はもっともよく笑う」すなわち「うっかり気早に喜ぶな」となる。

★ laugh a hearty laugh「心からの笑いを笑う」式の同族目的語を使う表現がある。

★ さらに「(笑って) 〜にする」。laugh a person's doubt away は「(そんなことないさと) 笑って疑いをなくさせる」。

★ 笑いにもいろいろある。chuckle は「くすくす」、grin は「にたり」、guffaw は「腹をかかえて」笑う。

**laugh in one's sleeves**

・自分の袖の中で笑う → 腹の中で笑う

| | |
|---|---|
| **laugh a horse laugh** | 馬の笑いを笑う➡高笑いする |
| **laugh a person to scorn** | 人をあざけりへと笑う➡人をあざけり笑う |
| **laugh an opinion out of court** | 意見を法廷の外へ笑い出す➡意見を問題にしない |
| **laugh assent** | 同意して笑う➡笑って同意する |
| **laugh at ~** | ～のことを笑う➡～を嘲笑う |
| **laugh at difficulty** | 困難を笑う➡困難をものともしない |
| **laugh away** | 笑いとばす➡笑って過ごす；一笑に付す |
| **laugh down** | 笑って黙らせる➡笑って聞こえなくする |
| **laugh in a person's face** | 面と向かって笑う➡バカにする |
| **laugh in one's sleeves** | 自分の袖の中で笑う➡腹の中で笑う |
| **laugh off** | 笑って逃れる➡無視する |
| **laugh on the wrong side of one's mouth** | 口の向こう側で笑う➡笑っていたのが急にしょげる |
| **laugh oneself inside out** | 裏返しになるほど笑う➡抱腹絶倒する |
| **laugh oneself into convulsion** | 笑ってけいれんする➡抱腹絶倒する |
| **laugh oneself into fits** | 発作まで笑う➡笑って発作を起こす |
| **laugh oneself to death** | 死に至るまで自分自身を笑う➡笑い死ぬ |
| **laugh out** | すっかり笑う➡カラカラ笑う、吹き出す |
| **laugh over a joke** | 冗談の上で笑う➡冗談を考えて笑う |
| **laugh till one cries** | 涙が出るまで笑う➡あまり笑って涙が出る |
| **laugh to oneself** | 自分自身に笑う➡ひとり笑いをする |

# lay＝横たえる

★線路に枕木 (sleeper) を、枕木に死体を、死体のかたわらに時限爆弾を、「横たえる」というぐあいに、lay は使われる。lay oneself なら「自分を横たえる」のだから「横たわる」で lie と同じ。

★ lay the table は「テーブルを横たえる」のではなく、「食事の支度をする」となる。

★ lay eggs は「卵を横たえる」だから「トリが卵を生む」である。

★「横たえる」のもいろいろやり方があるので、「(いろいろな状態に) おく」となる。lay 〜 open なら「さらけ出す」となる。

★ lay up なら「上へ積んでゆく」のだから「たくわえる」。

★もっとも He is laid up with flu. なら「感冒で寝ている」である。

lay 〜 by the heels

〜のかかとを揃える → 拘束する

| | | |
|---|---|---|
| **lay aside** ● | わきへ置く➡ | かたづける、打ち明ける、しまっておく |
| **lay asleep** ● | 眠らせる➡ | 油断させる |
| **lay bare** ● | 裸に置く➡ | あらわにする、暴露する |
| **lay by** ● | そばに置く➡ | とって置く、たくわえる |
| **lay ~ by the heels** ● | ~のかかとを捕える➡ | 拘束する |
| **lay claim to ~** ● | ~に対して要求を置く➡ | ~はおれのものだと要求する |
| **lay down** ● | 下に置く➡ | 寝かせる、(武器などを)捨てる、(命を)ささげる |
| **lay emphasis on ~** ● | ~について強調を置く➡ | ~を強調する、~に力を入れる |
| **lay fast** ● | 動かないように置く➡ | 拘束する |
| **lay hold of ~** ● | ~の把握を置く➡ | ~をつかむ、~を捕える |
| **lay in** ● | 中に置く➡ | 買い込む、買ってたくわえる；さんざんなぐる |
| **lay in for ~** ● | ~を求めて中に置く➡ | ~を手に入れようと計画する |
| **lay one's bones** ● | 骨を横たえる➡ | 埋葬される |
| **lay one's hand on ~** ● | ~の上に手を置く➡ | ~をつかむ |
| **lay ~ open** ● | ~を開いて置く➡ | ~をあらわにする、切開する |
| **lay open to ~** ● | ~に対して開いて置く➡ | ~をさらす、~の的になる |
| **lay out** ● | 外に置く➡ | (商品を)陳列する、設計する、投資する |
| **lay the odds** ● | 有利な条件を置く➡ | ハンディをあたえる |
| **lay ~ to heart** ● | ~を心に置く➡ | ~を心に留める、~を熟考する |
| **lay up** ● | 上へ積む➡ | たくわえる、(船体などを)休ませる |

# lead = 導(みちび)く

★「導く」「先に立つ」。花嫁が花婿を、リーダーが登山隊を、居眠り運転がドライバーを死に、「導く」。すべて lead を使う。リードする人はリーダー leader である。

★ lead by the hand なら「手をとって導く」。これが lead by the nose だと「ハナヅラつかんでこっちへ来い」つまり、「思いのままに引っぱり回す」。

★「導く」から「～に通じる」。All roads lead to Rome. は「もろもろの道はローマに通ず（ればドン・キホーテよまっすぐに行け）」。Poverty led the poor girl to stealing.「貧(ひん)ゆえの万引(まんびき)哀れ女の子」。

## lead a person by the nose

・鼻面を引き回す → ・思いのままに引張り回す

**lead a dog's life** ● 犬のような生活を送る➡哀れな生活をする

**lead a person a dance** ● 人をダンスに導く➡人をさんざん引き回す

**lead a person astray** ● 人を迷わす➡人を邪道に導き入れる

**lead a person captive** ● 人を捕虜にして導く➡捕虜にして引き回す

**lead a person by the nose** ● 鼻面を引き回す➡思いのままに引っぱり回す

**lead a stray** ● 迷うように導く➡迷わす

**lead a woman to the altar** ● 祭壇に女を導く➡女と結婚する

**lead apes in hell** ● 地獄で猿ひきをする➡(女が)一生独身で暮らす

**lead away** ● 向こうへ導く➡引っぱっていく、連れ去る

**lead in** ● 導き入れる➡誘い入れる

**lead nowhere** ● どこへも導かない➡むだに終わる

**lead off** ● 向こうに導く➡先に立ってする、始める、火ぶたを切る

**lead on** ● 上に導く➡誘う、引き入れる

**lead one's pursuers a long race** ● 追跡者にうんと走らせる➡やっと捕まる

**lead out** ● 外へ導く➡誘う、先に立って始める

**lead the way** ● 道を導く➡先に立って案内する、先導する

**lead to ~** ● ～に導く➡(道が)～に至る、通じる、(結果が)～となる

**lead to no end** ● 終わりに行きつかない➡なんの効力もない

**lead up** ● 上に導く➡先鞭をつける

**lead up to ~** ● ～へ導きあげる➡結論が～となる、話をだんだん～にもっていく

# learn ＝ 学ぶ

★ learn は「学ぶ」。learn English「英語を学ぶ」のように。learn with a person は「人について学ぶ」(with = under)。

★「学ぶ」から「覚える」。learn by heart は「そらで覚える」「暗記する」。

★「学ぶ」から「聞く」ともなる。learn from a person は「人から聞き知る」。

★ 学んで実行するから「～するようになる」(come to と同じ) になる。You must learn to be more polite.「もっと礼儀正しくならなければならない」。

★ なお、study は learn に似るが、自分自身の意志で、もっと「研究的」に学ぶ。

**learn by heart**

・心で覚える

・暗記する

**learn by experience** ● 経験によって学ぶ➡体験で知る

**learn by heart** ● 心で覚える➡暗記する

**learn by rote** ● 機械的手順で覚える➡暗記する

**learn by sight** ● 見ることで覚える➡見て覚える

**learn fast** ● 早く覚える➡もの覚えが早い

**learn from a person** ● 人から学ぶ➡人から聞き知る

**learn how to ~** ● どのように~するかを学ぶ➡~の仕方を学ぶ

**learn of ~** ● ~について学ぶ➡~を学ぶ

**learn on the job** ● 仕事の上で学ぶ➡(学校からではなく)仕事での熟練によって学ぶ

**learn slowly** ● ゆっくり覚える➡もの覚えが鈍い

**learn to be ~** ● ~であるようになる➡~となる

**learn to do** ● …することを学ぶ➡…するようになる

**learn to one's sorrow** ● 知って悲しむ➡こりごりする

**study a person's face** ● 人の顔を学ぶ➡人の顔をじろじろ見る

**study for the bar** ● 法廷のために学ぶ➡弁護士を目指して勉強する

**study one's own interests** ● 自分自身の利益を研究する➡私利私欲を求める

**study one's part** ● 自分の役を学ぶ➡セリフを覚える

**study out** ● すっかり研究する➡考案する;解く

**study to do** ● …することを研究する➡…しようと苦心する、…しようと努力する

**study up** ● (試験への)勉強をする➡(試験などの)準備をする

## leave ＝ 残す

★「飯を残す」から「遺産を残す」のも、leave である。Leave me alone. は「放っておいてちょうだい」だし、How did you leave your parents at home? は「うちの親をどういうようにして捨てたか？」ではなく、「きみが出てくるとき両親は元気だったか？」である。

★場所を残しておくことから「去る」。leave for Las Vegas は「ラス・ベガスへ発つ」。leave school だと卒業にも退学にもなる。

★状態をそのまま残しておくことになると、「～のままである」。

★だれかに「残しておく」ことから「まかせる」。Leave it to me. は「まかしとけ」。

leave a person in the air

・人を宙に残す

・人に不安を感じさせる

**leave a person cold** ● 人を冷たく残す➡感動をあたえない

**leave a person in the air** ● 人を宙に残す➡人に不安を感じさせる

**leave a person to oneself** ● 人を自身だけに残す➡放任する

**leave ~ alone** ● ～をただ一人にしておく➡～をかまわずにおく

**leave behind** ● 後に残す➡おいて行く、置き忘れる、追い越す

**leave A for B** ● Bに代えてAを残す➡AをBと交換する

**leave go** ● 行くままにしておく➡ゆるめる、解放する

**leave hold of ~** ● ～の把握を離す➡～をつかんでいる手を離す

**leave in one's hand** ● 人の手の中に残しておく➡人にまかせる

**leave off** ● すっかり捨ててしまう➡やめる、(着物などを)脱ぎ捨てる

**leave one the bag to hold** ● 袋を持たせ放しにする➡困難な時に見捨てる

**leave open** ● 開いたままにしておく➡開け放す

**leave out** ● 外へ残しておく➡省く、抜かす

**leave A out of B** ● BからAを捨てる➡AをBから度外視する

**leave over** ● 越えて残す➡繰り越す、あとに残す

**leave school** ● 学校を去る➡退学する、卒業する

**leave the path of right** ● 正義の道を去る➡堕落する

**leave ~ to chance** ● ～を運命のままにしておく➡～を運まかせにする

**leave to one's choice** ● 人の選択に残しておく➡人に選ばせる

**leave ~ with a person** ● 人に～を残す➡人に～を預ける

# let = させる

★ Let him go.「彼を行かせろ」(放してやれ、放っとけともなる) のように let は、「させる」「許す」。Let me have it. は「それをわたしにもたせろ」ではなく、「わたしにくれ」(= Give me it.)。Let me see. は「はてな」「ええと」。

★後にくる動詞を省いて、Let me in となると「入れてくれ」の意である。

★ let the cat out of the bag は「ネコを袋から出す」、つまり「(事件や秘密を) 明るみに出す」。

### let the cat out of the bag

・ネコを袋から出す → ・明るみに出す

**let alone** ● ひとりにさせる➡かまわずにおく、ほっておく

**let ~ blood** ● 血を出させる➡治療のために血を取る

**let bygones be bygones** ● 過去は過去にしておく➡昔の事は忘れる

**let down** ● 下にする➡低くする、下げる、見捨てる、傷つける

**let drive at ~** ● ～をめがけて投げる➡ぶっ放す

**let drop** ● 落とさせる➡落とす、倒す、こぼす、口をすべらせる

**let go** ● 行くのを許す➡解放する、手放す、見のがす

**let go of** ● 行かせる➡手放す

**let go one's reins** ● 手綱を行かせる➡手綱を放す (ゆるめる)

**let in** ● 中に通す➡通す、はめこむ、ぺてんにかける

**let in for ~** ● ～に陥れる➡～に巻きこむ

**let into ~** ● ～の中へと通す➡～へ入れる、通す、差し込む

**let loose** ● 許してやる➡自由にしてやる、好きなようにする、放す

**let off** ● 放す➡ぶっ放す；言い放つ；放免する

**let oneself go** ● 自分を行かせる➡調子づく、自制をなくす

**let out a secret** ● 秘密を外へ通す➡秘密をもらす

**let pass** ● 通過させる➡見のがす、許す

**let slide** ● すべらせる➡問題にしない、うっちゃっておく、逃がす

**let slip** ● すべらせる➡自由にする、縄を解いてやる

**let the old cat die** ● 老猫を死なす➡ブランコが自然に止まるのを待つ

# lie = 横になる

★ lie は「横になる」「横たわる」(「横にする」は lay)。lie on the bed「ベッドに横になる」Snow lies deep.「雪が深く積もっている」のように。lie low だと「犯人などが潜伏する」となる。lie on one's back「背中の上に寝る」とは「あおむけに寝る」。lie on one's face だと「うつぶせ」になる。

★ lie with ～ だと「いっしょに寝る」。lie at anchor だと「(船がいかりをおろして) 碇泊する」。

★「横たわる」から「位置する」になる。Japan lies to the east of China.「日本は中国の東にある」。

★ なお、lie には「うそを言う」もある。こちらは規則変化動詞。

**lie at a person's heart**

・人の心に横たわる → 人に慕われている

**lie along** ● 沿って横たわる➡(翼などが) ひろがる

**lie at a person's heart** ● 人の心に横たわる➡人に慕われている

**lie at one's door** ● 人のドアのところに位置する➡責任がある

**lie back** ● 後方に横になる➡後ろにもたれかかる

**lie by** ● そばに横たわる➡使わずにある、のけてある、休む

**lie down** ● 下に横たわる➡屈従する、屈服する

**lie down on the job** ● 仕事に屈服する➡いい加減にやる

**lie heavy on ~** ● ~の下に重く横たわる➡~が (気に) かかる

**lie idle** ● 怠けて横になる➡(職人、資本などが) 遊んでいる

**lie in the way** ● 道に横たわる➡じゃまになる、妨害する

**lie in wait ~** ● ~を待っている➡待ち伏せする

**lie low** ● 低く横たわる➡隠れる、意見を述べないでいる、そっとしている

**lie off** ● すっかり横になる➡しばらく仕事を休む、骨休めする

**lie on a person's head** ● 人の頭の上に位置する➡責任がある

**lie on hands** ● 手の上に横たわる➡売れ残っている、もてあます

**lie out of a person money** ● お金の外にある➡支払いを受けてない

**lie over** ●(期限などを)越えて横たわったままである➡延期になる

**lie to ~** ● ~に向けて横たわる➡~に全力を使いつくす

**lie a person into ~ing** ● ~するように人をだます➡うそで人に~させる

**lie in one's teeth** ● 歯でウソをつく➡まっかなウソをつく

# live = 生きる

★ live は「生きる」「生きている」。live long なら「長生きする」。Long live the Queen! は「女王様が長生きなさいますよう!」つまり「女王様万歳!」。live on rice「米食って生きる」は、「米が常食」。live on air なら「食わないでいる」ハンストということになる。

★「生きる」から「住む」になる。live abroad「外国に住む」。I live with my parents. は「両親の家に住む」まだ独身だということ。

★「生きる」から「暮らす」。They lived happily ever after. は「めでたしめでたし」、おとぎ話の結び。live from hand to mouth は「手から口への生活をする」つまり「その日暮らしをする」。

live on air

・空気を食って生きる

・何も食わずにいる

**live a ~ life** ● ～な生活を暮らす➡～の生活を送る

**Live and let live.** ● 生き、生かせよ➡世の中は持ちつ持たれつ

**live at one's house** ● …の家で暮らす➡…と同居する

**live beyond one's means** ● 財産を超えて生きる➡身分不相応な暮らしをする

**live by one's wits** ● 小才で暮らす➡詐欺 (さぎ) などで暮らす

**live by oneself** ● 自分だけで暮らす➡ひとり暮らしをする

**live free from care** ● 苦労から解放されて暮らす➡苦労のない生活

**live from hand to mouth** ● 手から口への生活をする➡その日暮らしの生活をする

**live high** ● 高く生きる➡ぜいたくな生活をする

**live in** ● 中に住む➡(店員が) 住込みで勤務する

**live in a glass house** ● ガラスの家に住む➡すねに傷をもつ

**live in clover** ● クローバー (幸福の象徴) の中で生きる➡安楽に暮らす

**live in ease** ● 安楽の中で暮らす➡楽に暮らす

**live in the past** ● 過去の中で生きる➡過去の夢を追う

**live on ~** ● ～にもとづいて生きる➡～で暮らす

**live on air** ● 空気を食って生きる➡何も食わずにいる

**live poetry** ● 詩を生活する➡風流な生活をする

**live to see ~** ● ～を見るために生きる➡生きて～を見る

**live up to ~** ● ～にのっとって暮らす➡～に恥じないふるまいをする

**live within oneself** ● 自分自身の中で生きる➡孤独に生きる

# look ① = 見る

★ see は「見える」だが、look は自分の意志で「見る」である。Look before you leap. は「とぶまえにまず見よ」すなわち、「石橋をたたいて渡れ」である。Look here!「ここを見よ!」とは、「おい!」つまり、注意をうながす表現である。

★「見る」ためには、目を向けなければならないので、「向く」と変わる。The house looks south. は「その家は南向きだ」。

★「向く」から「形勢である」となる。

★その他、look at 〜「〜を見る」look into 〜「〜をのぞく」など後ろにいろいろな副詞や前置詞がついて多くの意味ができる。

## look out

・外を見る

・警戒する

| | | |
|---|---|---|
| **look a person in the face** | ● | 人を顔において見る➡顔をじっと見る |
| **look about** | ● | まわりを見る➡見回す |
| **look after** | ● | 後ろから見る➡世話をする、監督する、守る |
| **look around** | ● | まわりを見る➡見まわす；よく調べる |
| **look away** | ● | 遠くを見る➡目をそらす |
| **look back** | ● | 後ろを見る➡振り返る |
| **look back upon ~** | ● | ~をふり返って見る➡~を回顧する |
| **look down** | ● | 下を見る➡見おろす、見くだす |
| **look down upon ~** | ● | ~を見おろす➡~を見くだす |
| **look for ~** | ● | ~を求め見る➡~を捜す |
| **look forward to ~** | ● | ~を前に見る➡~を楽しんで待つ |
| **look into ~** | ● | ~の中を見る➡~をのぞく；~を調べる |
| **look on** | ● | 上を見る➡見渡す、見物する、傍観する |
| **look out** | ● | 外を見る➡警戒する、選ぶ |
| **look over** | ● | おおうように見る➡ざっと目を通す、見のがす |
| **look through** | ● | 通して見る➡見通す |
| **look to ~** | ● | ~の方へ向く➡~を気をつける；頼る |
| **look up** | ● | 上を見る➡見上げる、調べる |
| **look up and down** | ● | 見上げ見下ろす➡じろじろ見る；よく捜す |
| **look up to ~** | ● | ~を見上げる➡~を尊敬する |

# look ② = ～に見える

★「見る」から「～のように見える」に変わる。look pale は「青く見える」、つまり「顔色がよくない」。look smart は「服装がスマートに見える」（be smart だと「頭が切れる」になる）。She looks as if butter would not melt in her mouth. 「バターも口の中で溶けそうもないように見える」は、口腔障害ではなく、「（男性なんか大きらいというような顔をして）ネコをかぶっている」こと。

★ look his thanks「感謝の意を目で示す」のようにも使う。look daggers at her は剣を見るのではなく、「剣のように恐ろしい顔つきで、彼女をにらみつける」である。

look big

・大きく見える → ・えらそうにする

**look as if ~** ● 〜のように見える➡〜のようである

**look big** ● 大きく見える➡えらそうにする

**look black** ● 黒く見える➡怒って見える；望みがないように見える

**look blank** ● 表情のないように見える➡ぼんやりしている

**look blue** ● 青く見える➡ゆううつそうに見える

**look compassion** ● あわれみを見せる➡あわれみを顔に表わす

**look death** ● 殺すように見える➡殺すぞといわんばかりの顔をする

**look death in the face** ● 顔に死を表わす➡大胆に死を決する

**look happy** ● 幸福そうに見える➡ニコニコしている

**look like rain** ● 雨のように見える➡雨が降りそうである

**look old** ● 年とって見える➡ふけている

**look one's age** ● 自分の年に見える➡年相応に見える

**look one's consent** ● 同意を目で表わす➡目でウンと言う

**look oneself again** ● またもとの自分自身に見える➡また元気になったように見える

**look sharp** ● 機敏なように見える➡しっかりする

**look small** ● 小さくなったように見える➡はにかむ

**look twice one's age** ● 2倍の年に見える➡ずっとふけて見える

**look ugly** ● 醜く見える➡うさんくさい

**look unutterable things** ● 言いようのない顔つきをする➡ふしぎな表情をする

**look well** ● よく見える➡じょうぶそうに見える

# lose＝失う

★ドル入れ、キー、片腕、貞操、健康、亭主などを「失う」はみんな lose である。

★lose color だと「青白くなる」ので健康を害した証拠、ところが lose one's cold だと「風邪が直る」。

★lose one's way だと「道を見失う」から「迷子になる」、lose one's train だと「列車に乗りそこなう」。lose the post だと「郵便にまに合わない」。lose one's post なら「クビになる」となる。

★「失う」から「勝負に負ける」(lose a game) ことにもなるし、「時間が遅れる」にもなる。lose 3 minutes a day「1日3分遅れる」。

lose one's way

・道を見失う　　・迷子になる

| | | |
|---|---|---|
| **lose a battle** | ● | 戦いを失う➡戦いに負ける |
| **lose a train** | ● | 列車を逸する➡列車に乗り遅れる |
| **lose flesh** | ● | 肉を失う➡やせる |
| **lose ground** | ● | 陣地を失う➡退く、不利な立場に立つ、人気がすたれる |
| **lose heart** | ● | 心を失う➡落胆する |
| **lose no time in doing** | ● | …するのに時を失わない➡すぐやる |
| **lose one's bearing** | ● | 位置方角を失う➡当惑する |
| **lose one's head** | ● | 自分の頭を失う➡興奮する、あわてる |
| **lose one's heart to ~** | ● | ~に心を失う➡~を恋する |
| **lose one's mind** | ● | 自分の心を失う➡正気を失う |
| **lose one's reason** | ● | 自分の理性を失う➡発狂する |
| **lose one's senses** | ● | 自分の正常な感覚を失う➡理性を失う |
| **lose one's sight** | ● | 視力を失う➡盲目になる |
| **lose one's temper** | ● | 自分の機嫌を失う➡かんしゃくを起こす |
| **lose one's wits** | ● | 自分の正気を失う➡理性を失う |
| **lose oneself** | ● | 自分自身を失う➡道に迷う、迷子になる |
| **lose oneself in ~** | ● | ~の中に自分自身を失う➡~に夢中になる |
| **lose self-control** | ● | 自己抑制を失う➡興奮する |
| **lose sight of ~** | ● | ~の光景を失う➡~を見失う、見のがす |
| **lose the day** | ● | (戦いの) 日を失う➡戦いに負ける |

## make ① ＝作る

★ make a new dress「ドレスを新調する」、make one's will「遺言を作る」など make はいろいろなものを「作る」。

★もっとも make water は「酸素と水素を化合させる」のではなく「小便をする」。

★抽象的なものを「作る」と、「構成する」「〜となる」の意に変わる。Two and three make five.「2 と 3 をたすと 5 になる」。She will make him a good wife. は「彼女は彼をよき妻とするであろう」ではなく、「彼女は彼にとってよき妻となるであろう」。make は become の意味。

### make water

・水を作る → ・小便をする

| | |
|---|---|
| **make a cat's-paw of a man** ● 人から手先を作る➡人を手先に使う |
| **make a name for oneself** ● 自分で名前を作る➡天下に名をあげる |
| **make an ass of oneself** ● 自分からロバを作る➡バカなまねをする |
| **make an honest woman of her** ● 彼女から妻を作る➡正妻にする |
| **make bricks without straw** ● ワラなしでレンガを作る➡資本なしで商売する |
| **make it a rule to ~** ● ~するのを習慣とする➡~することにしている |
| **make much of ~** ● ~から多くを作る➡~を重んじる |
| **make nothing of ~** ● ~から何も作らない➡~をなんとも思わない |
| **make one of the party** ● パーティの一員を構成する➡会に加わる |
| **make one's living** ● 生活の資を作る➡生計を立てる |
| **make one's own life** ● 一生を作る➡生活方針を決める |
| **make or mar** ● 作るかそこなうか➡のるかそるか |
| **make out** ● 明らかにする➡理解する |
| **make pleasant reading** ● 楽しい読書をする➡本がおもしろい |
| **make sail** ● 帆を作る➡出帆する |
| **make shift** ● やりくりを作る➡どうにかこうにかやる |
| **make the best of ~** ● ~から最良を作る➡~をもっとも利用する |
| **make up** ● 作り上げる➡化粧する；埋め合わせる |
| **make up one's mind** ● 心を立てる➡決心する |
| **make water** ● 水を作る➡小便をする |

# make ② = ～する

★いろいろなものを「整える」に使う。make bed は「ベッドを製造する」のでなく「寝られるように用意する」。make tea も「茶をいれる」、make hay は「(草を乾して) 乾草を作る」。

★「整える」から「(動物などを) 馴らす」意にもなる。make a horse はタネつけ商売ではなく「(乗れるように) 馬を馴らす」。

★一般に「～する」の意になる。make a plan は「計画を立てる」「設計する」だし、make a bow は「おじぎをする」、make progress「進歩する」、make a mistake は「誤りをする」、make an excuse「言いわけする」。これらは目的語が動詞になったときと、同じ意味。

## make a mouth

口をゆがめる → しかめ面をする

**make a contract** ● 契約を作る➡契約を結ぶ

**make a denial** ● 否定を作る➡否定する

**make a dog** ● 犬を作る➡犬を馴らす

**make a fire** ● 火を作る➡火をおこす

**make a hawk** ● タカを作る➡タカを馴らす

**make a joke** ● 冗談を作る➡冗談を言う

**make a mouth** ● 口をゆがめる➡しかめ面をする

**make a pause** ● 休止を作る➡止まる

**make a reply** ● 返事を作る➡返事をする

**make a start** ● 出発を作る➡出発する

**make an answer** ● 返事を作る➡返事をする

**make an offer** ● 申し込みを作る➡申し込みをする

**make corn** ● 穀物を作る➡穀物を収穫する

**make effort(s)** ● 努力を作る➡努力をする

**make eyes** ● いろいろな目をしてみせる➡色目を使う

**make faces** ● いろいろな顔(の表情)を作る➡しかめ面をする

**make fish** ● 魚を作る➡魚を干して保存する

**make gesture** ● ジェスチャーをする➡身ぶり手ぶりで伝える

**make haste** ● 急ぐ➡あわてる

**make love** ● 愛を作る➡くどく、言いよる

# make ③ = 生じる

★「作る」から「生じ(させ)る」。make a noise 「音を立てる」、make a fuss「騒ぎ立てる」のように。

★「生じ(させ)る」から「(利益などを)得る」の意も生じる。make money は「金をもうける(ためる)」である。money-making のじょうずな人もある。

★「生じる」からさらに「(人を)〜にさせる」となる。make a person angry「人を怒らせる」のように。make a person drink なら「人に酒を飲ませる」だが、make a person drunk なら「人を酔っぱらわせる」。

★ make merry は「陽気にする」。merry-making は、「陽気な騒ぎ」。

## make the ears burn

耳をほてらす → うわさをする

| | |
|---|---|
| **make a difference** ● | 差異を生じさせる➡差異を生じる |
| **make a fortune** ● | 財産を生じさせる➡財産をきずく |
| **make a good appearance** ● | りっぱな様子を生じる➡りっぱに見える |
| **make a light** ● | あかりを生じさせる➡あかりをつける |
| **make a person hear** ● | 人に聞こえさせる➡人に聞かせる |
| **make a profit** ● | 利益を生じさせる➡金をもうける |
| **make a racket** ● | 騒ぎを生じさせる➡騒ぐ |
| **make as if to ~** ● | あたかも~するようにする➡~するふりをする |
| **make believe** ● | 信じさせる➡見せかける；装う |
| **make bold to ~** ● | ~するのに大胆である➡大胆にも~する |
| **make free with ~** ● | ~に遠慮なくする➡~となれなれしくする |
| **make money** ● | 金を作る➡金をもうける |
| **make oneself comfortable** ● | 自分自身を安楽にさせる➡くつろぐ |
| **make oneself heard** ● | 言うことを聞こえさせる➡わからせる |
| **make oneself understood** ● | 人に自分の言うことを理解させる➡わからせる |
| **make ready** ● | 準備させる➡用意する |
| **make sure** ● | 確かにさせる➡確信する、保証する |
| **make the ears burn** ● | 耳をほてらす➡うわさをする |
| **make trouble** ● | めんどうを生じさせる➡めんどうを引き起こす |
| **make war** ● | 戦争を生じさせる➡戦争を起こす |

# make ④ = 行く

★ make one's way は道路工事ではなく、「進む」という意味である。このように make には「行く」の意がある。make a journey「旅行をする」など。The road makes toward the sea.「道は海のほうへ行っている」のように make だけでも「行く」ような感じに使うこともある。

★「行く」とやがて着くから、「到着する」。Anchorage was made. は「アンカレッジが作られた」のではなく「アンカレッジに着いた」ことになる。make port も「寄港する」。

★「思う」「算定する」意もある。What do you make it? は「何時でしょう?」。

## make neither head nor tail of 〜

〜の表も裏もわからぬ → 〜がさっぱりわからない

**make a circuit** ● 一周を行く➡一周する

**make a passage** ● 航海を行く➡渡航する

**make a world trip** ● 世界旅行を行く➡世界旅行をする

**make an excursion** ● 遠足に行く➡遠足する

**make an expedition** ● 遠征に行く➡遠征する

**make at ~** ● ~に目がけて進む➡~におそいかかる

**make away** ● 向こうへ行く➡走り去る

**make away with ~** ● ~を持ち去る➡~をかっぱらう；絶滅する

**make for ~** ● ~のほうへ進む➡~へ進む、~を促進する

**make for home** ● 家のほうへ進む➡帰路につく

**make head** ● 先頭を進む➡押し進む

**make head against ~** ● ~に対して押し進む➡~にさからって進む

**make headway** ● 前進する➡進歩する

**make neither head nor tail of ~** ● ~の表も裏もわからぬ➡~がさっぱりわからない

**make off** ● あっちへ行く➡逃げる

**make off with ~** ● ~をもって急ぐ➡~をさらって行く

**make off with oneslf** ● 自分自身をさらって行く➡脱走する

**make one's way through ~** ● ~を通って道を作る➡~を通って進む

**make the distance** ● その距離を作る➡その距離を進む

**make towards ~** ● ~に向かって進む➡~のほうを指す

# meet＝会う

★ meet は「出会う」。東洋と西洋とを論じて、Never the twain shall meet.「両洋の相会うことあらじ」とキプリングはうたった。Well met!「いよう、いいところで会った」。Meet my husband Otto. は「これ、夫のオットですの」、紹介の言葉。

★もう少し積極的に「出迎える」。

★戦いなら「会戦する」「対抗する」。

★事故だの、台風だの「思いがけないものに遭う」のは with をとる。meet criticism は「批判に応じる」で強く、meet with criticism は「批判をこうむる」で弱い。

★「(需要や要求を) 満たす」「負債を支払う」のも meet。

meet trouble halfway

・苦労を途中まで出迎える

・とりこし苦労をする

| | |
|---|---|
| **meet a person in the face** ● 人と顔をつき合わす➡はち合わせする | |
| **meet a person's glance** ● 人の一瞥を迎える➡視線を合わせる | |
| **meet a person's wishes** ● 人の希望に応じる➡希望にかなう | |
| **meet ~ halfway** ● ～と途中で会う➡～と妥協する | |
| **meet obligations** ● 義務に会う➡義務をはたす | |
| **meet one's death** ● 自分の死と会う➡死ぬ | |
| **meet one's end** ● 自分の終わりに会う➡最期をとげる | |
| **meet one's expense** ● 収支をつぐなわせる➡まにあわせる | |
| **meet one's eyes** ● 人の目に会う➡顔を見合わす | |
| **meet one's fate** ● 自分の運命に会う➡最期をとげる | |
| **meet the demand** ● 要求に会う➡要求を満たす | |
| **meet the ear** ● 耳に会う➡聞こえる | |
| **meet the enemy** ● 敵に会う➡敵と戦う | |
| **meet the eye** ● 目に会う➡見える | |
| **meet the situation** ● 事態に会う➡事態に処する | |
| **meet together** ● 互いに会う➡会合する | |
| **meet trouble halfway** ● 苦労を途中まで出迎える➡とりこし苦労をする | |
| **meet up with a person** ● 人と偶然会う➡出くわす | |
| **meet with a welcome** ● 歓迎に会う➡歓迎を受ける | |
| **meet with an accident** ● 事故と会う➡事故に遭う | |

## miss = 失う

★ hit or miss「当たるか当たらないか」「のるかそるか」で、この二つは反対の意味。

★ miss は「失う」「はずれる」「乗りそこなう」。miss one's aim「狙いがはずれる」。miss the bus「バスに乗りそこなう」とは「みすみすチャンスをのがす」の意、元英国首相チェンバレンの言葉。

★ miss a person は「人を失う」ではなく「人がいなくて寂しく思う」。

★ hit は「打つ」「当て(た)る」「ヒットする」「(天災などが)襲う」。hit and run は「ひき逃げ」。A typhoon hit Shikoku. は「台風が四国を襲った」。

★ hit upon ～ は「ふと思いつく」。

miss the bus

バスに乗りそこなう → みすみすチャンスをのがす

**hit a likeness** ● 類似点を打つ➡よく似る

**hit a right path** ● 正しい道に当てる➡正しい道に出くわす

**hit at a person** ● 人を打つ➡人を批判する、人を嘲笑する

**hit it** ● それ (言いたいこと) に当てる➡うまく言い表わす

**hit one below the belt** ● ベルトより下を打つ➡卑怯なことをする

**hit one's fancy** ● 人の好みに当たる➡人の好みにかなう

**hit out** ● (げんこつで) 突きをくわす➡やつ当たりする

**hit the books** ● 書物を打つ➡猛勉強をする

**hit the tone of ~** ● ～の調子に当たる➡～の呼吸を飲み込む

**hit upon a good idea** ● よい考えに当たる➡名案を考え出す

**miss a catch** ● 捕球を逸する➡逸球する

**miss a friend** ● 友人を逸する➡友人がいなくて寂しく思う

**miss fire** ● 発火しそこなう➡(鉄砲などが) 不発である

**miss hitting** ● 当たるのを逸する➡ぶつからないですむ

**miss one's mark** ● 的に当てそこなう➡目的を逸する

**miss one's meaning** ● 意味を逸する➡人の言うことがわからない

**miss one's tip** ● 自分の予想を失う➡ヤマがはずれる

**miss out** ● 省略する➡抜かす

**miss the boat** ● ボートに乗りそこなう➡機をのがす

**miss the point** ● 要点を逸する➡要点がわからない

## move＝動く

★ move は「動く」「動かす」である。The earth moves round the sun.「それでも地球は太陽のまわりを動いている」、move one's legs「脚を動かす」のように。Move, and you are a dead man.「動いてみろ、そうすれば命がないぞ」。

★「動く」から「引っ越す」となる。move into the country は「いなかに引っ越す」。

★「動かす」は「動かす」でも、精神的な意味で、「心を動かす」「感動させる」。The story moved me profoundly.「その話は私を深く感動させた」、move into tears「感動して涙を流す」のように。

★「動かす」から「動議を出す」。move an amendment は「修正案を出す」である。

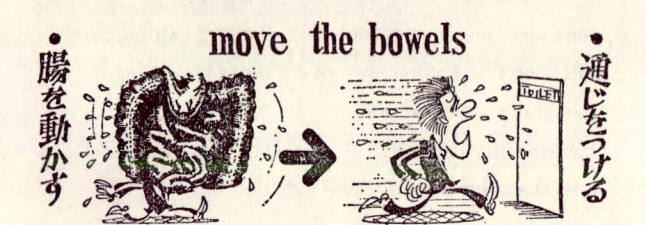

### move the bowels

- 腸を動かす
- 通じをつける

**move a person to tears** ● 人を涙へと動かす➡人を感動で泣かせる

**move a person's blood** ● 人の血を動かす➡人を激怒させる

**move about** ● 動き回る➡転々と住所を変える

**move along** ● 前方へ動く➡動き進む

**move aside** ● わきへ動く➡わきへ寄る、わきへ寄せる、のける

**move away** ● 向こうへ動く➡去る

**move back** ● 後ろへ動く➡引っ込む、引っ込ませる

**move down** ● 下へ動かす➡繰り下げる

**move for ~** ● ~を求めて動く➡~を要求する、提議する、申し込む

**move forward** ● 前方へ動く➡前進する

**move heaven and earth to do** ● …するために天地を動かす➡あらゆる手段をつくす

**move house** ● 家を動かす➡引っ越す

**move in on ~** ● ~の上に動き入る➡~を襲う

**move in the high society** ● よい社会で動く➡上流化社会で活躍する

**move off** ● すっかり動く➡どんどん売れる

**move on** ● どんどん動く➡どんどん進む (歩く)

**move out** ● 外へ動く➡出て行く、引っ越して行く

**move the bowels** ● 腸を動かす➡通じをつける

**move to ~** ● ~へ動く➡~に引っ越す、転居する

**move up to ~** ● ~にまで上に動く➡~に昇進する

# open＝開く

★ open は「開く」である。Doors open at 5. は「5 時開場」。Open sesame!「開け、ゴマ!」とアリババが言ったら戸が開いた。

★「ドアを開く」は open the door だから、open-door policy は「門戸開放政策」となる。カーテンなんかおろしたら shut になる。「目を開く」のは open the eyes。eye-opener といえば、「カンキリ」のほかに「それを見ると目がはっきり開いてしまうもの」ビッグニュース、朝酒、美人…など。

★「開く」から「開始する」となる。open fire「火ぶたを切る」、open a tunnel「トンネルを開通させる」、open a shop なら「開店する」。opening speech は「開会のあいさつ」。

## open one's eyes

・目を見閉く → ・驚く

**open a debate** ● 議論を開く➡議論を始める

**open a prospect** ● ながめを開く➡前途が見えるようにする、出世の道を開く

**open an account with ~** ● ~と勘定を開く➡~と取引きを始める

**open fire** ● 火ぶたを切る➡始める

**open ground** ● 地を開く➡開墾する

**open into ~** ● ~の中へと開く➡(部屋、戸口が) ~に通じる、向いている

**open on ~** ● ~の上に開く➡~をながめる

**open one's eyes** ● 目を見開く➡驚く、目を丸くする

**open one's eyes to ~** ● 人の目を~へと開く➡~を人に悟らせる

**open one's lips** ● 唇を開く➡しゃべる

**open one's mind** ● 心を開く➡告白する、打ち明ける

**open out** ● 外へ開く➡広げる、広がる

**open out to one's arms to ~** ● ~に対して腕を開く➡歓迎する、手を広げて迎える

**open the case** ● 事件を開く➡(法廷で) 弁論を開始する

**open the door to ~** ● ~にドアを開ける➡~の機会をあたえる

**open to ~** ● ~に開く➡~に通じる、~に通商を開く

**open to the east** ●(家などが) 東に開く➡東向きである

**open to the public** ● 公共に開く➡公開する

**open to the view** ● ながめへと開ける➡(景色などが)眼前に現われる、開けてくる

**open up** ● 開ききる➡開発する；切開する

# pass＝通る

★裸の王様が、熊というあだ名で、試験や税関を、議会で法案が、食物がのどを「通る」などは、みな pass で通る。ただし a passing beauty は「通りがかりの美人」でなく「非常な美人」。

★「通る」「通り過ぎる」から「過ぎる」「過ごす」。

★さらに、「越える」「渡す」となる。シーザーの pass the Rubicon「ルビコンを渡る」なら「重大な決意をする」。Pass me salt.「塩を回して」食卓の作法。

★ pass away は「かなたに通る」のだから「死ぬ」こと。

★ pass sentence は「宣告をくだす」だし、pass water は「水を回す」のでなく、「小便をする」。水が上から下へ体内を通過するから。

pass water

・水を回す　→　・小便をする

**pass along** ● 沿って通る➡通って行く、渡す、回す

**pass as ~** ● ~として通る➡(にせものなどが)~として通用する

**pass away** ● 向こうへと通り過ぎる➡終わる、死ぬ

**pass by** ● そばを通る➡通り過ぎる、経過する、見のがす

**pass by on the other side** ● 向こう側を通過する➡人を助けない

**pass in** ● 中へ通る➡はいって行く、死ぬ

**pass into other hands** ● 外の手に移る➡(人手に)渡る

**pass off** ● 完全に過ぎてしまう➡消え去る、立ち去る

**pass on** ● どんどん続けて通る➡進む、つぎへ渡す

**pass one's lips** ● 唇を通過する➡しゃべってしまう

**pass out** ● 出て行く➡気絶する；死ぬ

**pass out of mind** ● 心の外へ通過する➡忘れられる

**pass out of sight** ● 視界の外へ過ぎてしまう➡見えなくなる

**pass over** ● 越えて行く➡見のがす

**pass round the hat** ● 帽子を回す➡寄付金を集める

**pass sentence** ● 判決を通す➡判決をくだす

**pass the chair** ● 椅子を去る➡議長をやめる

**pass the time of day** ● 一日の時刻(のあいさつ)をする➡朝晩のあいさつをする

**pass under one's nose** ● 鼻の下を通る➡目の前で起こる

**pass water** ● 水を(体の中で)回す➡小便をする

# pay = 支払う

★ pay は「支払う」である。pay the bill「勘定を払う」、pay debt「借金を払う」などのように使う。pay Dutch は「オランダ人に金を払う」のではなく(オランダ人のことをケチ扱いして)「割勘(わりかん)にする」となる。play now, pay later「今遊び、勘定は後」とは購買心をそそるキャッチ・フレーズ。

★ pay attention「注意を払う」、pay one's respects「敬意を払う」となると「払う」は「払う」でも精神的になる。

★ pay a person home だと「家で払う」ではなく「人にたっぷり仕返しをする」(home は副詞で「十分に」)。

★ Honesty pays. は「正直者が金を払う」でなく「正直は割に合う」となる。

## pay for a dead horse

・死んだ馬の代金を払う

・むだ金を使う

**pay a call** ● 訪問を払う➡訪問する

**pay a good word for ~** ● ～によい言葉を払う➡～のことをよく言う、～を推薦する

**pay a person back in one's own coin** ● 自分のコインで人に払う➡人に仕返しをする

**pay a person for ~** ● 人に～に対して払う➡人に～の代金を払う

**pay a person tit for tat** ● しっぺ返しをする➡売り言葉に買い言葉を言う

**pay a visit** ● 訪問を払う➡訪問する

**pay attention to ~** ● ～に注意を払う➡～に注意する

**pay away** ● 向こうへ払う➡金を費やす、支払う、繰り出す

**pay back** ● 払い戻す➡(借りた金などを) 返す

**pay dear for ~** ● ～に対して高く支払う➡～に対しひどい報いを受ける

**pay dear for one's whistle** ● 口笛料を支払う➡くだらない物を高く買う

**pay down** ● その場で払う➡即金で払う

**pay for a dead horse** ● 死んだ馬の代金を払う➡むだ金を使う

**pay for one's footing** ● 足の踏み入れに対して支払う➡入会金を払う

**pay off** ● すっかり払う➡(給料を払って) クビにする

**pay one's own way** ● 自分自身の分を払う➡自分で費用を負担する

**pay one's way** ● 払って進む➡借金をせずに暮らす

**pay out** ● すっかり払ってしまう➡腹いせをする

**pay the piper** ● 笛を吹く人に払う➡(娯楽などの) 費用を負担する

**pay up** ● 払いつくす➡(勘定などを) きれいに払ってしまう

# pick＝つつく

★鳥が餌をつついたり、女の子が花を摘んだりするのは pick である。strawberry picking は「イチゴ摘み」。toothpick は歯をほじるもので「つまようじ」である。

★適当なものを「つつく」から「選ぶ」になる。pick one's words「言葉を選ぶ」。pick-up team「選抜チーム」。

★「つつく」「選ぶ」から、「むりにあらなどを捜す」ことにもなる。pick a quarrel with ～は「～にけんかを吹っかける」。

★「拾う」「盗む」にもなる。pick one's pocket は「人のポケットから何かをすりとる」で、pickpocket は「すり」。

★「つつく」から「(毛を) むしる」。

### pick a crow with a person

・人を捕まえてカラスをむしる → ・人にこわ談判する

| | |
|---|---|
| **pick a bone with ~** | ～の骨をつつく➡～のあらを捜す |
| **pick a crow with a person** | 人を相手にカラスをむしる➡人にこわ談判する |
| **pick a hole in** | 中に穴をあける➡ケチをつける |
| **pick acquaintance with ~** | ～との知己を拾う➡なんとかして知合う |
| **pick and choose** | 選びに選ぶ➡えりぬく |
| **pick apart** | つついて話す➡バラバラにする、非難(酷評)する |
| **pick at ~** | ～をつつく➡～をついばむ、～をちょっと食べる、～をもてあそぶ |
| **pick fault** | 欠点をつつく➡あら捜しをする |
| **pick off** | むしり取る➡1羽ずつ狙い打つ |
| **pick on ~** | ～の上をつつく➡～に小言を言う |
| **pick one's way** | 道を選ぶ➡気をつけて歩く |
| **pick oneself up** | 自分自身をつまみ上げる➡(ころんで)起き上がる |
| **pick out** | すっかり選びつくす➡よりぬく、(いろいろ考えて)理解する |
| **pick out with ~** | ～についてすっかり選びつくす➡～を飾る |
| **pick over** | 精選する➡点検する、すぐ使えるように準備する |
| **pick spirit** | 元気を摘む➡元気をとり戻す |
| **pick to piece** | つついて粉々にする➡ずたずたに裂く；酷評する |
| **pick up** | つまみ上げる➡取り上げる、選抜する、覚える |
| **pick up flesh** | 肉を拾う➡(病後などに)肉がつく |
| **pick up heart** | 心をつつき上げる➡元気になる、回復する |

## play＝遊ぶ

★ play は「遊ぶ」。play catch は「捕りものごっこをする」でなく、「キャッチボールをする」。play with a doll は「人形で遊ぶ」だが play with woman's affection は、「もてあそぶ」。play fair は「正々堂々と勝負（行動）する」だから「正々堂々としたこと」は fair play。

★ play for money は「金を賭けて勝負事をする」、賭けないのは play for love（「恋人を賭ける」のではない）。

★音楽、演劇も play である。play Romeo「ロメオを演じる」、play first fiddle「第一バイオリンをひく」とは「人の上に立つ」、である。first の代わりに second ならワキ役を表わす。

・第一バイオリンをひく　play first fiddle　・人の上に立つ

**play a part** ● 役割を演ずる➡役を買う

**play a trick on a person** ● 人を計略にかける➡いたずらする

**play ball** ● 試合を開始する➡開始する

**play down** ● 調子を下げる➡軽視する

**play fair** ● 公正にふるまう➡尋常に勝負する、公明正大にふるまう

**play false** ● 不正にふるまう➡卑劣なふるまいをする、ごまかす

**play fast and loose** ● 速かったりゆっくりしたり➡当てにならぬ行動をとる

**play for love** ● 愛好のために遊ぶ➡賭けなしで勝負する

**play for time** ● 時間のために遊ぶ➡時間をかせぐ

**play foul** ● きたなくふるまう➡勝負に不正をする；殺す

**play high** ● 高く遊ぶ➡大ばくちを打つ

**play house** ● 家庭ごっこをする➡ままごとをする

**play into the hand of ~** ● ~の手の中へと遊ぶ➡うっかりして~の手にのる

**play low down on ~** ● ~について程度の低い計画をかける➡弱みにつけこむ

**play out** ● 最後まで演じる➡疲れきる

**play the hypocrite** ● 偽善者を演ずる➡ネコをかぶる

**play the man** ● 男を演ずる➡男らしくふるまう

**play truant** ● ずるけて遊ぶ➡学校をさぼる

**play upon the words** ● 言葉の上で遊ぶ➡しゃれを言う、いいかげんな事を言う

**play with fire** ● 火でもって遊ぶ➡火遊びをする

## press = 押す

★むかしのサラリーマンは、プレスというとすぐ、ズボン、フトンを連想した。press the trousers のように。

★つまり「押す」と「押しつぶす」、「押し進める」、「せがむ」という意ができてくる。press lemons「レモンをしぼる」、press a drink on ～「～に酒をしいる」など。「新聞」は印刷機（押す機械）から。

★press her hand「彼女の手を握る」は愛情のしるし。press a kiss on her lips が次の段階。

★press the button「ボタンを押す」は、「思い切って戦争を始める」。press-button war「押しボタン式戦争」とは ICBM などによる戦争。コワイ！

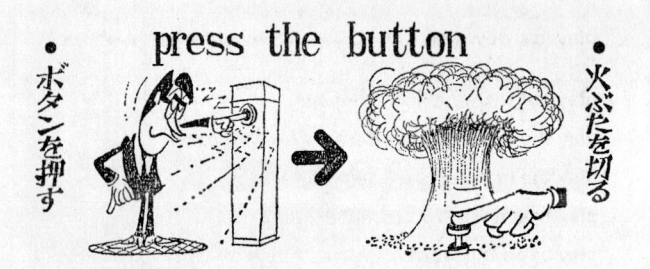

### press the button

ボタンを押す → 火ぶたを切る

| | |
|---|---|
| **press a person's hand** | 人の手を圧迫する➡人の手を握る |
| **press a thing against ~** | ~に対して物を押しつける➡物を押しつける |
| **press an attack** | 攻撃を押し進める➡攻撃を強化する |
| **press back ~** | ~を後ろへ押す➡~を押し返す、退却させる |
| **press down** | 下へ押す➡押しつぶす |
| **press flowers** | 花を押す➡押し花をする |
| **press for an answer** | 返事を求めて押す➡返事を迫る |
| **press forward** | 前へ押して出る➡前へ押し出る、進む |
| **press hard upon ~** | ~に鋭く迫る➡~に肉薄する、~を追及する |
| **press home** | 急所をついて押し進める➡力説する |
| **press in ~** | ~に押し込む➡~に侵入する |
| **press on one's heart** | 心臓を圧迫する➡気にかかる |
| **press on one's way** | 自分の道をどんどん押し進める➡道を急ぐ |
| **press one hard** | 人にはげしく迫る➡肉迫する |
| **press onward** | 前へ押し進む➡どんどん進む |
| **press the button** | ボタンを押す➡火ぶたを切る |
| **press the matter** | そのことを押し進める➡そのことを言い張る |
| **press the point** | その点を押し進める➡その点を言い張る |
| **press the words** | 言葉を押し進める➡文字どおりに主張する |
| **press ~to one's breast** | ~を胸に押しつける➡~を抱きしめる |

# pull = 引く

★ pull は「引く」(push「押す」の反対)。pull a cart「荷車を引く」、pull a trigger「引き金を引く」、pull at a rope「縄を引っぱる」など、いろいろなものが引っぱれる。Pull devil, pull baker! は綱引きの応援「赤勝て、白勝て」。

★「引く」から「漕ぐ」。pull a boat「ボートを漕ぐ」とも pull an oar「オールを漕ぐ」ともいう。pull for the shore は「岸のほうへ漕ぐ」。

★「表情をする」。pull a face は「顔を引っぱる」のではなく、そのようにすること、「しかめっつらをする」ことになる。

★「球を左右に引っぱって打つ」のも pull だし、「詐欺などを働く」のも pull である。

## pull a long face

・顔を長く引く → ・しかめっつらをする

**pull a good oar** ● よいオールを漕ぐ➡うまくボートを漕ぐ

**pull a long face** ● 顔を長く引く➡しかめ面をする

**pull about** ● 引っぱり回す➡乱暴に扱う

**pull apart** ● 引き離す➡引き分ける

**pull at (~)** ● (~を)引っぱる➡(たばこなどを)吸う

**pull away** ● どんどん引く➡ぐんぐん引っぱる

**pull down** ● 下へと引く➡引き降ろす、とりこわす

**pull down one's house about one's ears** ● 家を耳まで取り壊す➡自滅する

**pull in** ● 中へ引く➡引っ込める、たぐる、引き締める

**pull off** ● (長靴などを)脱ぐ➡(賞を)得る；逃げる

**pull on** ● 引っぱって着ける➡(長靴などを)はく

**pull one's hat over one's eyes** ● 帽子を目の上に引く➡帽子を目深にかぶる

**pull oneself together** ● 身を引き締める➡発奮する

**pull out a cork** ● コルクを外へ引く➡栓を抜く

**pull over** ● 上から引く➡ひっかぶる

**pull round** ● 回復する➡病気を回復させる

**pull through** ● 通り抜けて行く➡切り抜ける

**pull ~ to pieces** ● ~を引いて粉々にする➡引きちぎる

**pull together** ● いっしょに引く➡引き合わせる；仲よくやってゆく

**pull up** ● すっかり引いてしまう➡たづなを引いて止める、車を止める

## put ① = 置く

★ put a book on the desk「机の上に本を置く」のように、put は「置く」である。put oneself in another's place は「他人の立場に身を置く」。put the cart before the horse は「馬の前に荷車を置く」だから、「本末転倒する」。

★場所だけでなく、状態にも使う。put a person at his ease「人を安心させる」のように。put a room in order「部屋を秩序の中に置く」は、「部屋を整頓する」になる。put a person in mind of ～ は「人に～を思い出させる」。

put ~ into one's head

～を頭の中に置く → ～を思い起こさせる

**put a person at his ease** ● 人を気楽にさせる➡人を安心させる

**put a person off his guard** ● 人を警戒の外におく➡人の警戒をとく

**put a person on his guard** ● 人を警戒の中におく➡人に警戒させる

**put English into Japanese** ● 英語を日本語にする➡英文を和訳する

**put ~ in action** ● ~を活動に置く➡~を実行する

**put ~ in motion** ● ~を運動に置く➡~を動かす、運転する

**put ~ in order** ● ~を秩序に置く➡~を整頓する

**put ~ into a rage** ● ~を怒りの中に置く➡~を怒らせる

**put ~ into one's head** ● ~を頭の中に置く➡~を思い起こさせる

**put ~ into practice** ● ~を実行に移す➡~を実行する

**put lemon to tea** ● お茶にレモンを置く➡お茶にレモンを入れる

**put ~ on the stage** ● ~を舞台に置く➡~を上演する

**put one in a good humor** ● 人をよい気分におく➡ご機嫌にさせる

**put one's ideas into words** ● 考えを言葉に移す➡考えを言葉で表わす

**put ~ out of one's mind** ● ~を心の外におく➡忘れる

**put the cart before the horse** ● 馬の前に馬車を置く➡本末転倒する

**put ~ to rights** ● ~を正道に置く➡~をきちんとする

**put ~ to torture** ● ~を拷問の中に置く➡~を拷問にかける

**put to use** ● 利用する➡役立てる

**put together** ● いっしょに置く➡集める

# put ② = ～する

★ put on は「着る」「身につける」と動作を表わすようになる。晴着でも、靴でも、ブラジャーでも、宇宙服でもよい。put on weight「目方を着る」とは「ふとる」こと。

★ put off を「脱ぐ」意に使うのはまれで、「延期する」がふつう。

★ put up は手、傘などを「上げる」だが、put up at a hotel は「ホテルに泊まる」であり、put up with ～ は「～を我慢する」である。

★ He is hard put to it. は「金に困っている」ということ。

put on weight

・目方を着る

・ふとる

**put about** ● 回りにあるようにする➡(うわさなどを) 言いふらす

**put across** ● 横切るようにする➡(川などを) 渡す、成功する

**put aside** ● わきにおく➡片づける、貯える

**put asunder** ● 離れるようにする➡ばらばらにする

**put away** ● 離すようにする➡取っておく、取り除く、平らげる

**put back** ● もとのようにする➡戻す

**put by** ● そばにあるようにする➡貯える、避ける

**put down** ● 下にする➡押える、書きしるす

**put down the drain** ● 下水に流す➡消費する

**put forth** ● 外に出す➡(芽を) 出す；力を発揮する

**put forward** ● 前方に置く➡(案などを) 提出する、(時計を) 進める

**put in** ● 入れる➡さしこむ；口を出す

**put off** ● 向こうに置く➡延期する、脱ぐ

**put on airs** ● 様子を装う➡気どる

**put on weight** ● 目方を着る➡ふとる

**put out** ● 外に置く➡出る、出す；困らせる、怒らせる

**put over** ● 向こうに渡す➡延期する

**put through** ● 終わりまでやり通す➡やりとげる；(電話などを) つなぐ

**put up** ● 上げる➡立てる、建てる

**put up a bluff** ● 虚勢を張る➡はったりをかける

# raise = 上げる

★ rise は「上がる」で、raise は「上げる」。raise one's head「頭を上げる」、raise a hat「帽子を上げる」、raise salary「給料を上げる」。

★「上げる」から「(家や碑などを) 立てる」に変わる。raise a monument「碑を立てる」。raise a barricade「バリケードを築く」。

★「上げる」から「引き起こす」。raise an objection「反対を引き起こす」。

★そして、「引き起こす」から「調達する」などになる。raise an army「軍をつのる」、raise funds「基金をつのる」など。

★植物、動物などを目的語にとると、「栽培する」「飼育する」である。raise cabbages「キャベツを栽培する」、raise cattle「家畜を育てる」。

### raise a dust

ホコリをたてる → 騒動を起こす

**raise a check** ● 小切手を上げる➡(不正に)小切手の額面を書き変える

**raise a cloud of dust** ● 埃の雲をたてる➡もうもうと埃をたてる

**raise a cry** ● 叫びを上げる➡叫ぶ

**raise a dust** ● ほこりをたてる➡騒動を起こす

**raise a laugh** ● 笑いを引き起こす➡大笑いさせる

**raise a person's hope** ● 人の希望を引き起こす➡人に希望をあたえる

**raise a rebellion** ● 反乱を引き起こす➡反乱を起こす

**raise a spirit** ● 霊を呼び起こす➡死者の霊を呼び起こす

**raise an objection** ● 反対を上げる➡異議を申し立てる

**raise bread by yeast** ● イーストでパンを引き起こす➡イーストでパンをふくらます

**raise funds** ● 基金を引き起こす➡基金をつのる

**raise hell** ● 地獄を引き起こす➡騒動を起こす

**raise land** ● 陸を引き起こす➡(船が)陸の見えるところまで来る

**raise one's eyebrow** ● 自分のまゆを上げる➡(軽蔑して)まゆをひそめる

**raise one's eyes** ● 自分の目を上げる➡見上げる

**raise one's glass to ~** ● ~に対してグラスを上げる➡~に乾杯する

**raise one's hat to ~** ● ~に対して自分の帽子を上げる➡~に軽く会釈する

**raise one's voice** ● 自分の声を上げる➡大声を出す

**raise one's voice against ~** ● ~に対して自分の声を上げる➡~に抗議する

**raise oneself** ● 自分自身を上げる➡出世する

# reach＝着く

★ reach は、「達する」、「着く」である。reach the goal「決勝点に着く」。reach the ceiling は「天井まで届く」。

★「着く」から「(手を) 伸ばす」「伸びる」。reach one's hand across the table は「テーブルの向こうへ手を伸ばす」。

★さらに、「手を伸ばして取る」「手を伸ばして打撃をあたえる」に変化する。reach a book from the shelf は「棚から本を取る」だし、reach a person by the phone は「電話で連絡する」。

★「達する」は「達する」でも「(数量、金額、程度、範囲などに) 達する」。as far as the eye can reach は「目の届くかぎり」。

## reach bottom

・底に達する → ・つきとめる

**reach a conclusion** ● 結論に到達する➡結論を得る

**reach a person a blow** ● 手を伸ばして人を打つ➡人をなぐる

**reach a person a kick** ● 足を伸ばして人をける➡人をけとばす

**reach a person salt** ● 人に塩を取ってやる➡(食卓などで) 塩を回す

**reach after ~** ● ～を取ろうと手を伸ばす➡達しようとする

**reach an object** ● 目的に到着する➡目的に達する

**reach an understanding** ● 了解点に到達する➡了解に達する

**reach at a flower** ● 花へと手を伸ばす➡花を取ろうとする

**reach back over many years** ● 何年もむかしに届く➡むかしにさかのぼる

**reach bottom** ● 底に達する➡つきとめる

**reach down to ~** ● ～まで遠く達する➡～まで続く

**reach forward to an idea** ● 理想に向かって手を伸ばす➡理想を実現しようとする

**reach into a million** ● 百万へと到達する➡百万に及ぶ

**reach one's ear** ● 耳に達する➡耳にはいる

**reach opinions by reason** ● 道理によって意見に達する➡道理で動かす

**reach out** ● 手をさし伸ばす➡伸びる

**reach out one's hand toward ~** ● ～の方へ手を伸ばす➡～に達する

**reach to a considerable figure** ● かなりの数に達する➡かなりの数に及ぶ

**reach to one's waist** ● 自分の腰に達する➡腰までとどく

**reach to the sea** ● 海に達する➡(原などが) 海岸まで広がる

# read＝読む

★read a book のように、ふつうは字を「読む」ことだが、read a score「楽譜を読む」、read a thermometer「温度計を見る」などにも使う。「声に出して読む」（音読する）のは、read aloud といえばまちがいない。「黙読する」は read to oneself。

★「読む」から「意味を読みとる」。read a riddle は「ナゾをとく」。read between the lines は「行と行の間を読む」、なにも書いてないなんていうなかれ、「深い意味を読みとる」ことである。

★声を出して「読む」と聞こえるから、「読んで聞かせる」。

★また、「顔色を読む」は read one's face で日英同じである。「心中を読む」のは、read one's heart。

read between the lines

・行と行の間を読む　深い意味を読みとる

**read a person a lesson** ● 人に教訓を読む ➡ 人を叱る、人をさとす

**read a person like a book** ● 本のように人を読む ➡ 心を読みとる

**read a person out of a society** ● 読んで人を会から出す ➡ 会員を除名する

**read a person's hand** ● 人の手を読む ➡ 手相を見る

**read aloud** ● 声に出して読む ➡ 音読する

**read for the Bar** ● 法廷のために読む ➡ 弁護士になる

**read from a book** ● 本から読む ➡ 本の一部分を朗読する

**read from cover to cover** ● カバーからカバーまで読む ➡ 読み通す

**read in a book** ● 本の中に読む ➡ 本に読みふける

**read A into B** ● BをAのように読む ➡ BをAの意味に曲解する

**read like ~** ● ~のように読める ➡ ~のように書いてある、~と解釈する

**read off** ● すっかり読んでしまう ➡ (人の心を)読みとる

**read oneself to sleep** ● 自分で読んでいるうちに寝る ➡ 本を読みながら寝る

**read over** ● 一面に読む ➡ 熟読する

**read the sign of the times** ● 時代の兆候を読む ➡ 時勢を察知する

**read the sky** ● 空を読む ➡ 空模様を見る、星占いをする

**read through** ● 通して読む ➡ 通読する

**read to oneself** ● 自身に読む ➡ 黙読する

**read up** ● 読み上げる ➡ 研究する、復習する

**read with ~** ● ~とともに読む ➡ (子どもなどの)勉強相手をする

# return =帰る

★ return は「帰る」「返す」である。re- は「ふたたび」だから、もういっぺんターンするわけである。習慣、持ち主、話、考えなどが「もどる」のはみな return。

★「返す」から「返報する」。ボクシングなどの a return match はご存じのはず。return a blow は「なぐり返す」、return a visit「(訪問の)答礼をする」。

★ return to our muttons は、「われわれの羊にもどる」ではわからない。むかしフランスの羊毛商が自分の羊を盗んだ召使いを訴えた。ところがこの羊毛商が訴状を述べるときにやたら脱線するので、裁判官が Return to our muttons. と言った。そこから、「本題にもどる」「閑話休題」。

## return to oneself

・われにかえる → ・気がつく

**return a blow** ● 打撃を返す➡なぐり返す

**return a person's praise** ● 人の賞賛を返す➡ほめ返す

**return a profit** ● 利益を生じる➡利益があがる

**return a verdict** ● 評決を答申する➡評決を行なう

**return a visit** ● 訪問を返す➡(訪問の)答礼をする

**return an angry look** ● 怒った顔を返す➡怒ってにらみ返す

**return from abroad** ● 海外から帰る➡帰国する

**return from digression** ● 話の脱線から帰る➡本題に戻る

**return good for evil** ● 悪に対して善を返す➡悪に報いるのに善をもってする

**return home** ● 家へ帰る➡帰宅する

**return like for like** ● 似たものに似たもので返す➡仕返しする

**return one's lead** ● (トランプの)先手を返す➡同じマークで応じる

**return thanks** ● 感謝を返す➡感謝する、食前のお祈りをする

**return to dust** ● ちりに返る➡(死後肉体が)土に返る、死ぬ

**return to life** ● 生に返る➡生き返る

**return to one's duty** ● 自分の責任に返る➡任務に返る

**return to one's muttons** ● 羊肉に戻る➡本題に戻る

**return to one's subject** ● 自分の主題に戻る➡本題にたち返る

**return to oneself** ● われにかえる➡気がつく

**return to the charge** ● 突撃に戻る➡さらに突撃する；何度もねだる

## ring ＝鳴る

★電話も、呼びリンも、除夜の鐘も、耳鳴りも、銀貨も、みんな ring である。

★ring up は「上に鳴らす」のではなく「電話をかける」、早く ring off「電話を切る」のがエチケットと申すもの。

★「鳴る」から、「響く」「聞こえる」さらに「思われる」という意味になる。The coin rings false. は「これはチャリンでなくジャリン、にせ金のような響きがする」。His words ring true. なら「彼の言葉、ほんとうらしく響く」。

★「指輪」のリングから「輪でかこむ」「輪をはめる」。ring a pig は「ブタに鼻輪をはめる」、結婚指輪だってブタの鼻輪だって自由でなくなる点は似たようなもの。

**ring one's own bell**

・自分自身のベルを鳴らす → ・自画自賛する

**ring a bell** ● 鈴を鳴らす➡思い出させる、思い出にふけらす

**ring a coin** ● 貨幣を鳴らす➡(貨幣を鳴らして) 真偽を調べる

**ring a person up** ● 人をベルで呼び起こす➡人に電話をかける

**ring again** ● ふたたび響く➡反響がある

**ring down the curtain** ● 幕を下ろすようにベルを鳴らす➡幕を下ろす;始末をつける

**ring false** ● にせのように響く➡にせ金のような音をたてる

**ring for ~** ● ~を呼ぶために鳴らす➡呼びリンで~を呼ぶ

**ring in** ● 鳴らして迎える➡(タイムレコーダーで) 到着時間を記録する

**ring in one's ear** ● 耳の中で響く➡耳に残っている、覚える

**ring in one's fancy** ● 空想の中で響く➡心に残っている

**ring in one's heart** ● 心の中で響く➡心に残っている

**ring off** ● 電話を終える➡電話を切る

**ring one's own bell** ● 自分自身のベルを鳴らす➡自画自賛する

**ring out** ● 目立つように鳴る➡鳴り響く

**ring the bell** ● 鐘を鳴らす➡完全に成功する

**ring the bell backward** ● 逆の順に鐘を鳴らす➡警報する

**ring the changes** ● 調子を変えて鳴らす➡言葉を変えて同じことをくり返す

**ring the knell of ~** ● ~の弔鐘を鳴らす➡の廃止を告げる

**ring true** ● 本当に響く➡本当らしく響く、本当らしく聞こえる

**ring up the curtain** ● 開幕のベルを鳴らす➡幕を上げる;始める

# rise = 上がる

★幕が「上がる」が The curtain rises. である。日が「昇る」や月が「出る」も rise。the rising sun は「朝日」「日の丸」。

★ the rising generation は「新しく起こっている世代」で「青年層」。

★ rise with the sun「太陽とともに起きる」なら「早起きする」。

★ rise from the table なら「食卓を離れる」。

★ My heart rises. は、ああきょうはデートだったと「心が浮き立つ」で、心臓病とは関係がない。

★「物価が上がる」も rise で、Prices rise.

★地位が上がったりして「出世する」のは rise in the world。空へロケットで上がるのではない。

## rise with the lark

ヒバリとともに起きる → 早起きする

**rise above ~** ● ～の上に上がる➡の上にそびえる、～を超越する

**rise above mediocrity** ● 平凡の上方に上がる➡凡庸の域を脱する

**rise again** ● ふたたび起き上がる➡生き返る

**rise against ~** ● ～に対して立ち上がる➡～に対して反乱を起こす

**rise and fall** ● 上がったり落ちたりする➡栄枯盛衰がある

**rise before mind** ● 心の前に上がる➡(想像などが) 胸に浮かぶ

**rise from one's knees** ● ひざから上がる➡立ち上がる

**rise from the dead** ● 死から立ち上がる➡生き返る

**rise in arms** ● 武器をもって立ち上がる➡むほんを起こす

**rise in the person's opinion** ● 人の評価において上がる➡人に信頼される

**rise in the world** ● 世の中で上がる➡出世する

**rise to ~** ● ～に対して立ち上がる➡～に耐える

**rise to a fence** ● 垣(かき)へ向かって上がる➡(馬が) 垣根を越えようととび上がる

**rise to fame** ● 名声に上がる➡有名になる

**rise to one's eyes** ● 目にのぼる➡(涙が) 目に浮かぶ

**rise to one's feet** ● 足の上に起き上がる➡立ち上がる

**rise to the bait** ● えさへと来る➡えさに食いつく、誘惑に引っかかる

**rise to the emergency** ● 危機に対して立ち上がる➡りっぱにのりきる

**rise to the requirement** ● 要求に対して立ち上がる➡要求に応じる

**rise with the lark** ● ヒバリとともに起きる➡早起きする

# run ① = 走る

★「競走する」のも「感情に走る」のも「逃走する」のも「(噂が) 伝わる」のも run。run a marathon race なら「マラソン競走をする」である。

★ run for Parliament「国会議員に立候補する」のも、競走の一種かもしれない。run after は「後ろから走る」から「追いかける」。

★「走る」から「流れる」にもなる。The river runs through the city.「川は市を貫流する」。His nose is running. は「鼻が駆けっこしている」のではなく「鼻水をたらしている」、後ろに with water を補ってみればわかる。Streets run with blood. は「街に血が流れている」。警棒対ゲバ棒でか。

### run away

・向こうへ走る → ・逃げる

| | | |
|---|---|---|
| **run across ~** | ● ~を横切って走る➡~を走って横切る、~に出会う |
| **run after ~** | ● ~の後ろを走る➡~を追いかける |
| **run against ~** | ● ~に対して走る➡~にぶつかる、~に出会う |
| **run aground** | ● 走って浅瀬へ乗り上げる➡座礁する |
| **run away** | ● 向こうへ走る➡走り去る、逃げる |
| **run away from ~** | ● ~から向こうへ走る➡逃げ出す、~から脱走する |
| **run away with ~** | ● ~を持って向こうへ走る➡~を持ち逃げする |
| **run away with the idea** | ● 考えをもって走る➡考えを早合点する |
| **run before ~** | ● ~の前を走る➡~に追いかけられる |
| **run close ~** | ● ~へ接近して走る➡~を追いつめる、~に劣らない |
| **run down** | ● 下へ走る➡駆けくだる、流れ落ちる、衰える |
| **run for it** | ● それのために走る➡逃げる |
| **run for one's life** | ● 命のために逃げる➡命からがら逃げ出す |
| **run into ~** | ● ~の中へ走る➡~へ駆け込む |
| **run off** | ● 向こうへ走る➡逃げる、流れ去る |
| **run off the rails** | ● レールからはずれて走る➡脱線する |
| **run out ~** | ● 外へ走る➡走り出す、広がる |
| **run over ~** | ● ~を飛び越す➡~からあふれ出る |
| **run the wind** | ● 順風を受けて走る➡順調に行く |
| **run up** | ● 駆け上がる➡(物価などが) 上がる |

## run ② ＝なる

★ run は「なる」の意にも変化する。run mad は気が狂う（べつに暴走車みたいに狂って走らなくてもいい）。My blood ran cold. も「ぞっとした」で血液はむしろ止まりそう。

★「なる」は「やる」に変わって、run a cabaret and prep「キャバレーと予備校を経営する」。run a risk なら「危険をおかす」。run gold「金を密輸する」、run an account「勘定をためる」で、いずれも危険。

★ The will runs as follows.「遺言状は次のごとし」（関係者が、もっとも聞き耳をたてる瞬間）のような run がある。この run は「と書いてある」、say と同意。

**run short**

・短くなる → ・不足する

| | |
|---|---|
| **run a risk** ● 危険をやる➡危険をおかす | |
| **run a shop** ● 店をやる➡店を経営する | |
| **run ahead of ~** ● ~の前になる➡~をしのぐ | |
| **run amuck** ● 暴れ狂う➡やたらに切りまくる | |
| **run as follows** ● つぎのように書かれている➡つぎのようである | |
| **run counter to ~** ● ~への反対になる➡(法則など)にそむく、~に反する | |
| **run low** ● 低くなる➡不足する、欠乏する | |
| **run out** ● なくなる➡使いつくす | |
| **run riot** ● 暴動になる➡めちゃくちゃにふるまう | |
| **run short** ● 短くなる➡不足する | |
| **run the show** ● ショーをやる➡ショーを興行する | |
| **run through** ● 初めから終わりまでやる➡ざっと目を通す、線を引いて消す | |
| **run to ~** ● ~になる➡(数量などが)~に達する、~に陥る、~にまで成長する | |
| **run to excess** ● 過度にやる➡やり過ぎる | |
| **run to meet one's trouble** ● 面倒を迎えに来る➡取り越し苦労をする | |
| **run to pattern** ● 型にあわせてやる➡型にはまっている | |
| **run to seed** ● 種になる➡盛りを過ぎる；衰える | |
| **run to waste** ● 廃物になる➡むだになる | |
| **run together** ● いっしょになる➡混合する | |
| **run wild** ● 野生になる➡野生が現われる | |

## save＝救う

★ save one's life「命を救う」のように save は「救う」。SOS は救助信号だが Save Our Souls の略とするのはこじつけ。

★英国国歌の God save our gracious Queen! の save は「救う」とちょっと違って「守る」で、「神よ女王を守りたまえ」。

★金などを救うところから「貯える」。save money は「貯金する」、save one's breath は「口をきかない」。daylight saving (time) は「日光節約時間」、「サマータイム」。

★「貯える」から「(時間などを) 省(はぶ)く」。save trouble「手数を省く」。A stitch in time saves nine. は「適当な時の一針は九針を省く」つまり「手おくれにならないようにせよ」。

| | |
|---|---|
| **save a person from death** ● 人を死から助ける➡人命を救助する |
| **save a person from oneself** ● その人自身から助ける➡身から出たさびから人を救う |
| **save appearances** ● 外観を失わないようにする➡体面を保つ |
| **save lunch time** ● 昼食時期を失わさせない➡昼食時間にまに合う |
| **save one's bacon** ● ベーコンを救う➡危ないところを助かる |
| **save one's breath** ● 息を節約する➡口をきかない |
| **save one's carcass** ● 死体にならないですむ➡危ないところを助かる |
| **save one's eyes** ● 目をむだ使いさせない➡目を痛めない |
| **save one's face** ● メンツを失わない➡メンツが立つ |
| **save one's honor** ● 名誉を救う➡恥をかかないですむ |
| **save one's pains** ● 労力をとっておく➡むだ骨折りをしない |
| **save one's pocket** ● ポケットを失わない➡損をしない |
| **save one's skin** ● 皮膚を助ける➡けがしないですむ |
| **save one's strength** ● 体力を貯える➡消耗しない |
| **save oneself trouble** ● 自分自身からめんどうを省く➡手数を省く |
| **save the ship mail** ● 船便を失わさせない➡船便にまに合う |
| **save the situation** ● 事態を助ける➡急場をうまくまとめる |
| **save the tide** ● 潮のある間に入港する➡好機を失わない |
| **save up** ● 残らず貯えつくす➡ためこむ |
| **Save us!** ● 助けてくれ➡ああ驚いた！、あんれまあ！ |

# say = 言う

★ say は「言う」。say yes「イエスと言う」つまり「承諾する」。Say when.「もういい (と言え)」、つまり「もういいかい?」。say grace は「食事のお祈りをする」。

★ Say! と言えば「おい」という呼びかけ。Say, lassie, a bottle of sake.「ちょいとねえさん酒もてこい」。Say it with flowers. は「思う心を花でお伝えください」花屋のコマーシャル。

★ say to oneself は「ひとりごとを言う」、「ひとり思う」。

★ You don't say so! は「まさか」。

★ 言うだけでなく、考えなどを「述べる」。say (have) one's say は「言いたいだけのことを言う」。Let me say my say.「私の言い分もきいてほしい」。

say amen to〜

〜にアーメンを言う → 〜に同意する

**say a few words** ● 言葉を少しは言う➡簡単なあいさつをする

**say a good word for ~** ● ~のために良い言葉を言う➡~を推薦する

**say amen to ~** ● ~にアーメンを言う➡~に同意する

**say away** ● せっせと言う➡どしどししゃべる

**say for oneself** ● 自分自身のために言う➡弁解する

**say good-by(e)** ● さよならを言う➡別れを告げる

**Say it with flowers.** ● 心を花で言え➡花を召しませ

**say mass** ● ミサを言う➡供養する

**say much for ~** ● ~のために多くを言う➡~をほめる

**say no** ● いやと言う➡ことわる

**say one's lesson** ● 勉強したことを言う➡習ったことを暗唱する

**say out** ● すっかり言う➡打ち明ける

**say over** ● 過度に言う➡繰り返して言う

**say pretty things** ● 美しいことを言う➡おせじを言う

**say something** ● なにかを言う➡食前のお祈りをする、簡単な演説をする

**say the last word** ● 最終的な言葉を言う➡決定する、言明する

**say the word** ● 言葉を言う➡命令する

**say to oneself** ● 自分自身に言う➡ひとりごとを言う；思案する

**say too much** ● 言いすぎる➡口が多い

**say what he may** ● 彼になんとでも言わせろ➡彼がなんと言おうとも

231

## see ① = 見える

★ I see a dog run.「犬の走るのが見える」のように「見える」「見る」の意。see stars「星が見える」といっても天文学に関係ない、ゴツンとぶつけて「目から火が出る」である。

★「見る」から「見物する」。See Naples and die.「ナポリを見て死ね」(「日光見ぬうちけっこうと言うな」)。

★さらに「会う」に変化する。Glad to see you.「会ってうれしい」から「よろしく」となる。

★もっとも see the doctor は「お医者さんとデートする」のでなく「診察してもらう」である。

★「見る」から「経験する」。see life は「人生を経験する」。

### see double

二重に見える → 酔っぱらう

| | |
|---|---|
| **see a person home** ● 人を家へと見る➡人を家まで見送る | |
| **see a person off** ● 人が離れるのを見る➡人を見送る | |
| **see a person to ~** ● 人を~まで見る➡人を~まで見送る | |
| **see double** ● 二重に見える➡酔っぱらう | |
| **see hardships** ● いろいろ困難を見る➡苦労する | |
| **see life** ● 人生を見る➡世間を見る | |
| **see much of ~** ● ~を多く見る➡~にたびたび会う | |
| **see snakes** ● ヘビ(の幻)を見る➡アルコール中毒にかかっている | |
| **see stars** ● 星が見える➡(ゴツンとぶつけて)目から火が出る | |
| **see the color of a person's money** ● 人の金の色を見る➡支払いを受ける | |
| **see the devil** ● 悪魔(の幻)を見る➡酔っぱらう | |
| **see the last of ~** ● ~の最後を見る➡~の見おさめをする | |
| **see the red light** ● 赤信号を見る➡危険の近いのを知る | |
| **see the sights** ● いろいろな光景を見る➡見物する | |
| **see the world** ● 世間を見る➡浮世の経験をする | |
| **see things** ● いろいろなものを見る➡幻覚を起こす | |
| **see things clear** ● ものごとをはっきり見る➡よく見る | |
| **see very little of ~** ● ~をごく少し見る➡~にほとんど会わない | |
| **see visions** ● 幻覚を見る➡幻想にふける | |
| **See you later.** ● あとで会う➡またあとで | |

# see ② = わかる

★ You see? は「君、目が見える?」ではなく「わかる?」である。Let me see! は「考えさせてくれ」から「はてな」。see a joke は「冗談がわかる」。

★「わかる」から「確かめる」ともなる。

★ through だの、into だの、その他いろいろな副詞とのコンビで、いろいろな意味ができる。see through は「見抜く」「見通す」。名詞で「すけて見えるドレス」「スケスケ」。see into a matter は「ある事を調べる」。

★ see to 〜 は「気をつけて見る」。See to the fire.「火に注意」のように。see (to it) that 〜 という型もある。See (to it) that you will be in time. は「まに合うように注意せよ」。

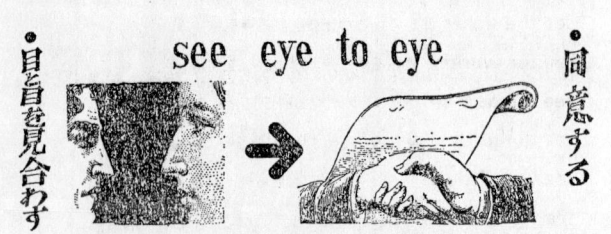

see eye to eye

・目と目を見合わす

・同意する

**see about it** ● その事について見る➡気をつける

**see after** ● 後から見る➡世話する

**see eye to eye** ● 目と目を見合わす➡同意する

**see fit to do** ● …するのが適当とわかる➡…しようと決心する

**see for oneself** ● 自分で見る➡確かめる、実験する

**see good to do** ● …するのをよしとする➡勝手に…する

**See here.** ● ここを見よ➡おい！

**see into a matter** ● ものごとの中へと確かめる➡調べる

**see into one's character** ● 人の性格の中へと見る➡人の性格を見抜く

**see no farther than one's nose** ● 鼻より先は見えない➡目先がきかない

**see out** ● 終わりまで見る➡見とどける、しとげる

**see over ~** ● ～について見る➡～を調べる、～をひととおり見る

**see the fun** ● おもしろさを見る➡おもしろみがわかる

**see the point** ● 要点を見る➡要点がわかる

**see through a brick wall** ● レンガべいを通して見える➡判断力がある

**see through a millstone** ● 石うすを通して見える➡見通す

**see through a trick** ● トリックを見通す➡トリックを見破る

**see well and good** ● よいと見る➡さしさわりないと思う

**see which way the cat jumps** ● どっちにネコが飛ぶか見る➡ひより見する

**see which way the wind blows** ● 風向きを見る➡形勢を見る

## sell = 売る

★なんでも、いつでも、どこでも金と交換する行為は sell である。ロンドン・ブリッジも、ロンドンタイムスもブリタニカもイギリスからアメリカに sell された。

★ to sell は「売り物」の札。これをぶら下げて Broadway を歩いている男がいた。売れたかな。sell cheap なら「安く売る」。

★「売る」から「売れる」。This book sells well. は「この本はよく売れる」、まもなく SOLD OUT「売り切れ」となる。

★ sell down the river を「売り渡す」というのは、むかし奴隷を罰としてミシシッピ下流のさとうきび農園主に売り付けたから。

### sell time

・時を売る → 放送にCMを入れる

**sell a match** ● 試合を売る➡八百長をやる

**sell a person on ~** ● 人に~を売り込む➡説得する

**sell at a bargain** ● 格安品で売る➡安売りする

**sell at a loss** ● 損において売る➡売って損する

**sell at a profit** ● 得において売る➡売ってもうける

**sell by public auction** ● 公けの競売で売る➡競売に付する

**sell forward** ● 前方へ売る➡先物売りする

**sell like hot cake** ● ホットケーキのように売れる➡飛ぶように売れる

**sell off** ● 売り払う➡安価で売ってしまう、見切る

**sell on ~** ● ~に関して考えを売る➡~に熱中している、夢中になっている

**sell one's friend** ● 友人を売る➡友だちを裏切る

**sell one's life dear** ● 自分の命を高く売る➡敵に大損害をあたえて死ぬ

**sell one's soul** ● 自分の魂を売る➡利益のために良心を犠牲にする

**sell oneself** ● 自分自身を売る➡自己宣伝する、利のために身を売る

**sell out** ● すっかり売ってしまう➡全部売りさばく

**sell over** ● 越えて売る➡売り渡す、転売する

**sell short** ● 不足して売る➡から売りする、軽視する

**sell the pass** ● 旅券を売る➡同胞を裏切る

**sell time** ● 時を売る➡放送にコマーシャルを入れる

**sell up** ● すっかり売ってしまう➡売り切る

# send = 送る

★手紙でも、プレゼントでも、バラバラ死体でも、ヤクでも、ものを「送る」のは、みんな send。

★「送る」から「出す」「放つ」となって、月ロケットでもツーランホーマーでも、ICBM でもみんな send できる。

★「送る」から「回してよこす」。

★ send for a doctor は「医者を迎えにやる」つまり「使いを出して医者を呼ばせる」。

★ send out だと「送り出す」。send off だと「(人を遠くへ)見送る」。send-off は「見送り」。

## send ~ packing

・~を荷づくりして送る

・~に暇をだす

| | |
|---|---|
| **send a boy to mill** | 少年を粉ひきに送る➡無能な人を使い失敗する |
| **send a person about one's business** | 人を彼の仕事から出す➡人を解雇する |
| **send a person on an errand** | 人を使いに送る➡使いに出す |
| **send away** | 遠くへ送る➡追い出す、つかわす |
| **send back** | 送り返す➡返す、戻す |
| **send down** | 下へ送る➡停学させる、放校する |
| **send flying** | 飛ばして送る➡飛ばす、散らす、敗走させる |
| **send for ~** | ~を求めて(使いを)送る➡~を迎えにやる、使いを出して~を呼ぶ |
| **send forth** | 前へ送る➡送り出す、(匂いを)出す |
| **send forward** | 前方へ送る➡差し立てる、先へ進める |
| **send in** | 中へ送る➡(人を)中へ通す、提出する |
| **send off** | 向こうへ送る➡見送る |
| **send ~ on a person** | 人に~を送る➡郵便を回送する |
| **send out** | 送り出す➡発送する；派遣する |
| **send over** | 上を越えて送る➡放送する |
| **send ~ packing** | ~を荷造りして送る➡~に暇を出す |
| **send round** | 回って送る➡回覧する、人をつかわす |
| **send through** | 通して送る➡(伝言を)届ける、通じる |
| **send up** | 上に送る➡上げる、提出する |
| **send word** | 言葉を送る➡申し送る、伝言する |

# serve = サービスする

★ serve は「サービスする」。主人が強力ママに、乗客が運転手に、代議士が選挙民に、…みんな serve。

★ サービスの代表は食事だから「食事を出す」。Dinner is served.「お食事でございます」(召使いの知らせ)。

★「任期をつとめる」ことにもなる。serve one's time は「任期をつとめる」、サラリーマンにも囚人にも使える。

★「サービスする」ならとうぜん「〜に役立つ」わけ。serve one's need (purpose)「必要(目的)にかなう」。

★ サービスの仕方も「あしらう」から「報いる」まである。Serve one's right! は「ざまをみろ!」。

## serve the devil

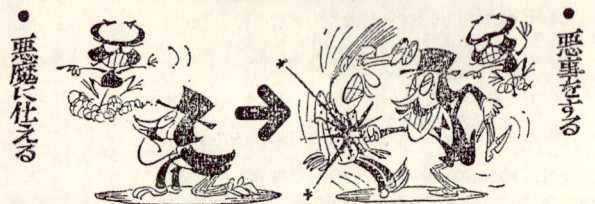

・悪魔に仕える　　・悪事をする

**serve a gun** ● 銃をサービスする➡砲撃する

**serve a person a bad turn** ● 人に悪い変化をサービスする➡人をひどい目にあわす

**serve a person a trick** ● 人を計略にかける➡人にいっぱい食わす

**serve a person out** ● 人に不和で報いる➡人に復讐する

**serve a person with ~** ● 人に~をサービスする➡人に飲物や食物を出す

**serve as ~** ● ~としてサービスする➡~として役立つ、~に勤務する

**serve before the mast** ● マストの前でつとめる➡水兵になる

**serve in the army** ● 陸軍の中で仕える➡兵士になる

**serve in the shop** ● 店の中でサービスする➡店番する

**serve one's term** ● 期間をつとめる➡年季をつとめる、刑期をすます

**serve out** ● 外へサービスをする➡くばる

**serve round** ● 回ってサービスする➡(食物などを)順にくばる

**serve tables** ● 食卓に仕える➡食事を出す

**serve the devil** ● 悪魔に仕える➡悪事をする

**serve the god** ● 神に仕える➡善をなす

**serve the hour** ● 時勢につかえる➡ひより見をする

**serve time** ● 時をつとめる➡服役する

**serve under ~** ● ~の下でサービスする➡~の下で働く

**serve up** ● 上にサービスする➡給仕する、食卓に出す

**serve with ~** ● ~についてサービスする➡~に勤務する

# set ① = 置く

★ある特定の状態に「置く」。put よりも文語的。set a piano「ピアノをすえつける」。

★「すえる」といえば Her eyes were set.「目がすわっていた」のようにもなる。

★これから、いろいろな「(すえ) つける」ができる。set diamonds「(指輪などに) ダイヤをはめる」、set a spy on a person「人にスパイをつける」、set a price「値をつける」、set a bone「(折れた) 骨をつぐ」、set fire to the classroom「教室に火をつける」のように。

★「つける」から「近づける」「くっつける」。set a glass to one's lips は「コップを口にあてる」。

★ set one's hair「髪をセットする」もこの中にはいる。

## set on

・上にすえる → ・けしかける

| | | |
|---|---|---|
| **set about ~** | ● ~の付近にすえる | ➡ ~に着手する、~を攻撃する |
| **set aside** | ● かたわらにすえる | ➡ 別にする、しりぞける、取り消す |
| **set before ~** | ● ~の前にすえる | ➡ ~の前に置く、人に説明する |
| **set by** | ● そばに置く | ➡ 取っておく、貯える |
| **set A down as B** | ● AをBとしてすえる | ➡ AをBとみなす |
| **set eyes on ~** | ● ~に目をすえる | ➡ ~が目につく |
| **set foot in** | ● 足を中にすえる | ➡ はいる |
| **set forth** | ● 前へすえる | ➡ 述べる、並べる、出発する |
| **set forward** | ● 前方へ置く | ➡ 促進する、提出する、出発する |
| **set in** | ● 中にすえる | ➡ 始まる |
| **set off** | ● 離れてすえる | ➡ 離れる、出発する |
| **set on** | ● 上にすえる | ➡ けしかける |
| **set one's heart on ~** | ● ~の上に心をすえる | ➡ ~に熱中する |
| **set one's mind on ~** | ● ~の上に気持ちをすえる | ➡ ~をほしがる |
| **set out** | ● 外にすえる | ➡ 着手する、飾る |
| **set off against ~** | ● ~に対してうめ合わせる | ➡ ~を相殺する |
| **set store by ~** | ● ~に多くを置く | ➡ ~を重んじる、~を尊敬する |
| **set to work** | ● 仕事にかかる | ➡ 仕事を始める |
| **set up** | ● 上へとすえる | ➡ 立てる、申し立てる |
| **set up for ~** | ● ~だと申し立てる | ➡ ~と自称する |

## set ② = きめる

★「すえる」から「きめる」(= fix) になる。set a date「日取りをきめる」、set a limit は「(費用などの) 限界をきめる」など。

★それからさらに「固ま(め)る」。set the white of an egg だと「(ゆでて) 卵の白身を固まらせる」。

★「〜させる」ともなる。set a room in order「部屋を整頓する」、set a bell ringing「鐘を鳴らす」のように。set a thief to catch a thief「泥棒を捕えるのに泥棒を使う」つまり、「蛇の道は蛇」。

★なお、The sun sets.「日が沈む」、The dog sets. なら「猟犬が立ち止まって獲物の所在を示す」。その犬が setter.

### set a thief to catch a thief

泥棒を捕えるのに泥棒を使う

蛇の道は蛇

| | |
|---|---|
| **set a person right** ● 人を正しい状態にさせる➡人を正す | |
| **set a price on one's head** ● 人の首に値段をきめる➡首に懸賞金をつける | |
| **set a rumor afloat** ● 噂を浮かべる➡言いふらす | |
| **set a stone rolling** ● 石をころがす➡えらい事をやりだす | |
| **set ~ afire** ● ~を燃えさせる➡~を燃やす、火事を起こさせる | |
| **set A against B** ● AをBに対してすえる➡AとBを仲たがいさせる | |
| **set ~ at defiance** ● ~を蔑視に置く➡~を無視する | |
| **set ~ at ease** ● ~を安易さにすえる➡~を安心させる | |
| **set ~ at liberty** ● ~を自由に置く➡~を釈放する | |
| **set ~ at naught** ● ~を無に置く➡~を無視する | |
| **set foot on the ground** ● 足を地につける➡大地を踏む | |
| **set ~ free** ● ~を自由にさせる➡~を放免する | |
| **set ~ going** ● ~を動かす➡~を実行する | |
| **set ~ in a roar** ● ~を大笑いの中にすえる➡~を大笑いさせる | |
| **set ~ in motion** ● ~を動きの中へすえる➡~を動かす、~を運転させる | |
| **set ~ in order** ● ~を秩序の中へすえる➡~を整頓する | |
| **set ~ on foot** ● ~を歩かせる➡~を始める | |
| **set one's teeth on edge** ● 歯を浮かせる➡いやがらせる | |
| **set the Thames on fire** ● テームズ川に火事を起こす➡世間を驚かす | |
| **set ~ to thinking** ● ~に考えることをさせる➡~に考えさせる | |

# shoot ＝ 射撃する

★ shoot は「射撃する」。むかしは shoot an arrow「矢を射る」、いまは shoot a gun「ピストルを撃つ」。ガンさばきのうまい「射撃の名人」は a good shot、「6連発のハジキ」は a six-shooter.

★（射撃するように）「シューと飛んだり、突き出たり、吹き出したり、放り出したり」も shoot。shooting star は「流れ星」。Prices shoot up. は「物価が騰貴する」、Bamboos shot up. は「たけのこが出た」。

★「映画を撮影する」のも shoot。「1こま（カット）」は one shot という。

### shoot off at the mouth

・口でどんどん撃つ

・べらべらしゃべる

**shoot a line** ● ➡ほらを吹く➡自慢する

**shoot a person dead** ● 人を撃って死なす➡人を射殺する

**shoot away** ● どんどん射撃する➡射撃を続ける、撃ちつくす

**shoot down** ● 下へと撃つ➡撃ち落とす

**shoot Niagara** ● ナイアガラ瀑布をくだる➡大冒険をやる

**shoot off** ● 外へ射撃する➡発砲する

**shoot off at the mouth** ● 口でどんどん撃つ➡ぺらぺらしゃべる

**shoot one's bolt** ● 太矢を射る➡最善をつくす

**shoot oneself** ● 自分自身を射撃する➡ピストル自殺をする

**shoot out buds** ● 芽を外へ突き出す➡芽を出す

**shoot out the lip** ● 唇を外へ突き出す➡唇をとがらす

**shoot over one's head** ● 頭の上方を撃つ➡聞く人の頭脳以上のことを言う

**shoot rapids** ● 早瀬を撃つようにこぐ➡早瀬をのりきる

**shoot rubbish** ● ごみを発射する➡どっとあけてごみを捨てる

**shoot straight** ● まっすぐに射撃する➡命中させる、よく当てる

**shoot the moon** ● 月を射る➡夜逃げをする

**shoot the sun** ● 太陽を射る➡六分儀で正午の太陽の高度をはかる

**shoot the works** ● 大仕事を射る➡一か八かやってみる、大発奮をする

**shoot through one's nerves** ● 神経にひびきわたる➡飛び上がるほど痛い

**shoot up** ● 上へ発射する➡伸びる、物価が上がる

# show＝示す

★ show one's passport「旅券を見せる」。show one's hand「(トランプの) 手のうちを見せる」のように、show は「示す」「見せる」。Show your tickets, please. は「皆さん、毎度ごめんどうですが…」という検札の文句である。とたんにそわそわする人がいる。

★ show the way は、ただ、口で教えるだけではなく、「案内する」である。I'll show you the way. などと女性のほかには言わぬ人もいる。

★「見せる」から show off「見せびらかす」ができる。

★ show up は上に見せるのではなく、ときどき教室などに「顔を出す」「現われる」である。また、「あばく」の意味もある。

### show one's teeth

歯を示す → 怒る

**show a clean pair of heels** ● あざやかなかかとを示す➡しりに帆かけて逃げる

**show a leg** ● 足を示す➡現われる、起きる

**show a person in** ● 人に中へ示す➡人を招き入れる

**show a person out** ● 人に外へ示す➡人を送り出す

**show a person the door** ● 人にドアを示す➡人を部屋から追い出す

**show a thing the fire** ● ものに火を示す➡ちょっとあたためる

**show cause** ● 理由を示す➡わけを言う

**show forth** ● 前に示す➡明示する、公表する

**show off** ● すっかり見せてしまう➡見せびらかす

**show one's colors** ● 自分の色を示す➡本性を表わす；引き立てる、本音を吐く

**show one's feeling** ● 感情を示す➡感情を顔に出す

**show one's hand** ●（トランプの）手を見せる➡考えを打ち明ける

**show one's nose** ● 鼻を見せる➡顔出しする、出頭する

**show one's teeth** ● 歯を示す➡歯をむき出す、怒る

**show oneself** ● 自分自身を示す➡現われる、人前に出る

**show that ~** ● ~であることを示す➡~ということを明らかにする

**show the cloven hoof** ● 割れたひづめを示す➡馬脚を露わす、正体を表わす

**show the wings** ● 翼を示す➡空軍力を誇示する

**show up** ● はっきり示す➡暴露する、目立つ；現われる

**show what ~** ● ~が何であるかを示す➡~ということを明らかにする

# shut = 閉める

★「閉める」ピシャッ！と。

★ shut out なら「閉め出す」である。門限におくれた人、コネのない人、みんなそうなる。野球でヘボチームを「零敗させる」ことにもなる。

★ Shut up!「(口を) 閉めろ!」だから、つまり「だまれ!」である。shut the stable door after the horse is stolen は「馬が盗まれた後で馬小屋の戸を閉める」つまり「後の祭り」ということ。

★逆に、shut down なら「窓などおろして閉める」だから「(工場や大学など) を一時閉鎖する」ことになる。さらに、「(霜などが) たちこめる」意もある。

## shut one's face

顔を閉める → 黙る

**shut down** ● (窓など) おろして閉める ➡ (工場や大学などを) 一時閉鎖する

**shut in** ● 中に閉める ➡ 取り囲む、さえぎる

**shut ~ in** ● ~を中に閉める ➡ ~を閉じ込める、~を監禁する

**shut into ~** ● ~の中へと閉める ➡ ~に閉じ込める、~(服、指を) はさむ

**shut of ~** ● ~について閉められている ➡ やっかい払いをする

**shut off** ● 遮断する ➡ (水道、電気、ガス、ラジオなどを) 止める

**shut one's ears to ~** ● ~に耳を閉じる ➡ ~をわざと聞かない

**shut one's eyes to ~** ● ~に目を閉じる ➡ ~をわざと見ない

**shut one's face** ● 顔を閉める ➡ 黙る

**shut one's light off** ● 光をすっかりさえぎる ➡ 死ぬ

**shut one's mind to ~** ● ~に心を閉じる ➡ ~を受けつけない

**shut one's mouth** ● 口を閉じる ➡ だまる、口を割らない

**shut one's teeth** ● 歯を閉じる ➡ 歯を食いしばる

**shut out** ● 閉め出す ➡ 零敗させる

**shut the door in a person's face** ● 人の面前でドアをしめる ➡ 追い払う

**shut the door on ~** ● ~に対してドアを閉める ➡ はねつける

**shut to** ● ぴたりと閉める ➡ 閉まる、閉める、ふたをする

**shut together** ● 互いに閉める ➡ 密着させる

**shut up** ● すっかり閉める ➡ 閉じ込める、だまる (らせる)、止める

**shut up shop** ● 店を閉める ➡ 店じまいをする

# sink = 沈む

★ sink は「沈む」「沈める」(名詞なら台所の「流し」)。My heart sank. は「気が沈んだ」。

★沈下する感じから「(井戸を) 掘る」になり、さらに「隠す」。sink one's name は「名前を隠す」。

★ sink or swim は「沈むか浮くか」「一か八かやる」。

★ swim は「泳ぐ」(bathe は「水を浴びる」だけ、かなづちでもできる)。

★「泳ぐ」から「浮く」「浮いて流れる」。ついで「あふれる」「いっぱいである」と変わる。swimming eyes は涙の中で目が泳いでいる感じで「涙がいっぱいたまった目」。

★「目が回る」も swim。My head swims. は頭が水泳したらたいへん、「頭がふらふらする」「目が回る」。

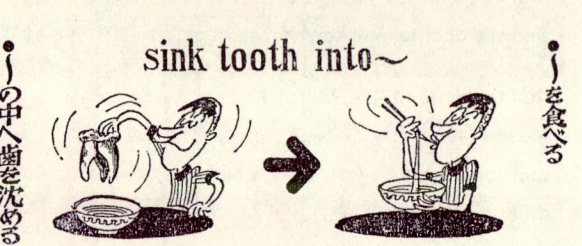

sink tooth into〜

〜の中へ歯を沈める → 〜を食べる

| | | |
|---|---|---|
| **sink a fact** | ● 事実を沈める | ➡ 事実を隠す |
| **sink in the world** | ● 世の中で沈む | ➡ 落ちぶれる |
| **sink in thought** | ● 思いの中へ沈む | ➡ 考えこむ |
| **sink into sleep** | ● 眠りの中へ沈む | ➡ 寝入る |
| **sink one's interest** | ● 自分の利益を沈める | ➡ 自分の利益を捨てる |
| **sink oneself** | ● 自分自身を沈める | ➡ 自己を捨てる |
| **sink out of sight** | ● 視界から沈んでしまう | ➡ 沈んで見えなくなる |
| **sink the shop** | ● 店を沈める | ➡ 専門の話をしない |
| **sink to one's knees** | ● 自分のひざへ沈む | ➡ ひざをつく |
| **sink tooth into ~** | ● ~の中へ歯を沈める | ➡ ~を食べる |
| **swim across the river** | ● 川をよこぎって泳ぐ | ➡ 川を泳ぎ渡る |
| **swim against the current** | ● 流れにさからって泳ぐ | ➡ 時勢にさからう |
| **swim between two waters** | ● 中流を泳ぐ | ➡ 中道を歩む |
| **swim like a stone** | ● 石のように泳ぐ | ➡ かなづちである |
| **swim on one's back** | ● 自分の背の上で泳ぐ | ➡ 背泳をする |
| **swim on one's chest** | ● 自分の胸の上で泳ぐ | ➡ 平泳をする |
| **swim on one's side** | ● 自分の横腹の上で泳ぐ | ➡ 横泳ぎをする |
| **swim to the bottom** | ● 底へと泳ぐ | ➡ ぜんぜん泳げない |
| **swim with the tide** | ● 潮にしたがって泳ぐ | ➡ 時勢にしたがう |
| **swim with water** | ● 水であふれる | ➡ (甲板などが) 水をかぶる |

# sit＝すわる

★ sit は「すわる」「(椅子なら) かける」である。sit for a painter だと「モデルになる」。ふわあっとしたソファなどにかけるのは sit in a sofa だが、公園のベンチなど、堅いのは sit on a bench。

★ sit down が「腰を下ろす」だから sit up なら「立ち上がる」かと思うと、さにあらず、寝ていたのが「起き直る」「きちんとすわる」「(犬が) チンチンする」である。

★ ニワトリが「卵をうむ」とき、洋式トイレの場合、ともに sit。だから、「卵を抱く鳥」は sitter。

★ また、すわったら動かないから、「じっとしている」、「(役職に) つく」ともなる。

## sit on the fence

・へいの上にすわる ・形勢を見守る

**sit around** ● いたるところにすわる➡ぶらぶらする

**sit astride** ● 両足を開いてすわる➡(馬に)またがって乗る

**sit at a person's feet** ● 人の足のところにすわる➡人の門弟である

**sit at home** ● 家ですわっている➡家で何もしないでいる

**sit back** ●(椅子に)深く腰をかける➡くつろぐ

**sit by ~** ● ~のそばでじっとしている➡無関心な態度をとる

**sit down hard on ~** ● ~に関して強固なままでいる➡~に強硬に反対する

**sit down to ~** ●(食卓に)つく➡取りかかる

**sit down under ~** ● ~の下でじっとすわっている➡~を甘受する

**sit down with ~** ● ~を相手に腰をおろす➡~に満足している

**sit in** ● 中にすわる➡(競技に)参加する、仲間入りする

**sit in judgement** ● 裁判の席にすわる➡裁判する、(高所から)批判する

**sit on ~** ● ~に関して(委員の)席につく➡(委員などの資格で)~を調べる

**sit on one's knees** ● ひざの上にすわる➡ひざまずく

**sit on the bench** ●(裁判官の)席にすわる➡裁判官となる

**sit on the fence** ● へいの上にすわる➡形勢を見守る

**sit through** ● ずっとすわっている➡終わりまでじっとしている

**sit under a person** ● 人の下にすわる➡人の説教を聞く

**sit up for a person** ● 人のために起きている➡人の帰りを寝ずに待つ

**sit up with a person** ● 人を相手に起きている➡夜っぴて看病する

## sleep = 眠る

★ sleep は「眠る」である。go to bed「寝る」と誤らぬように。sleep like a log「丸太のように眠る」は「熟睡する」だし、反対に do not sleep a wink は「まんじりともしない」。sleep with one eye open「片目をあけて眠る」は、「（警戒して）おちおち眠れない」。beauty sleep は「夜半前の眠り」。寝入りばなは快眠で美人になるから。

★ 目的語をとると、sleep a sound sleep は「よく眠る」。いびきをかいて、ではない。

★ さらに、ホテルなど「〜人分の寝室がある」。

★「眠る」から「眠っているような状態になる」。A top sleeps.「コマが澄む」のように。

★ ずっと「眠る」と「永眠する」になる。

### sleep with one eye open

・片目をあけて眠る

・おちおち眠れない

**sleep a broken sleep** ● 破れた眠りを眠る➡とぎれとぎれに眠る

**sleep away** ● 眠って向こうへやる➡眠ってとり去る

**sleep badly** ● 悪く眠る➡よく眠れない

**sleep dead** ● 死者の眠りを眠る➡熟睡する

**sleep in** ● 寝床にはいる➡(雇人が)住み込む

**sleep late** ● おそくまで眠る➡朝寝する

**sleep like a top** ● コマがぐるぐる回って静止しているように眠る➡熟睡する

**sleep off one's toothache** ● 歯痛を眠りでとる➡眠って歯痛が直る

**sleep one's last (sleep)** ● 最後の眠りを眠る➡永眠する

**sleep one's life away** ● 一生を眠ってすごす➡無為な一生をおくる

**sleep oneself sober** ● 眠ってしらふとなる➡眠って酔いをさます

**sleep out** ● 外で眠る➡外泊する

**sleep out of doors** ● ドアの外で眠る➡野宿する

**sleep over ~** ● ~の問題の上で眠る➡~を一晩寝て考える

**sleep poorly** ● 貧弱に眠る➡眠りが浅い

**sleep soundly** ● 健康的に眠る➡熟睡する

**sleep the clock round** ● 時計の一回りを眠る➡半日眠り通す

**sleep the sleep of the just** ● 正しい者の眠りを眠る➡安眠する

**sleep 40 winks** ● 40またたくくらい眠る➡よく眠れない

**sleep 12 people** ●(家が)12人を眠らせる➡12人泊まれる

## smell＝かぐ

★ We smell with our nose.「ハナでかぐ」、smell a rose「バラの香りをかぐ」のように、smell は「（匂いを）かぐ」である。

★「かぐ」から「かぎつける」。smell scandal は「スキャンダルをかぎつける」。

★「かぐ」から「匂いがする」。smell sweet「いい香りがする」、smell of drink は「酒くさい」。

★嗅覚から味覚に変わると taste で「味がする」または「味わう」。taste sweet「甘い味がする」のように。このブドウは taste sour「すっぱい」とはイソップのキツネの「負け惜しみをいう」。

★「味わう」から「経験する」。

### smell of the inkhorn

・インク入れの匂いがする → 学者ぶる

**smell a rat** ● ネズミをかぐ➡(変だなと) 気づく、感づく

**smell about** ● ぐるっと回ってかぐ➡かぎ回る

**smell at ~** ● ~の匂いをかいでいる➡~がくさい

**smell of ~** ● ~の匂いがする➡~くさい、~の気味がある

**smell of drink** ● 酒の匂いがする➡酒くさい

**smell of the inkhorn** ● インク入れの匂いがする➡学者ぶる

**smell of the footlight** ● フットライトの匂いがする➡役者くさい

**smell of the lamp** ● ランプの匂いがする➡苦心の跡が見える

**smell of the shop** ● 仕事の匂いがする➡商売人くさい、専門家くさい

**smell one's oats** ● (馬が) オート麦の匂いをかぐ➡元気づく

**smell out** ● かぎ出す➡さぐり出す

**smell powder** ● 火薬の匂いをかぐ➡実戦を経験する

**smell round** ● かぎ回る➡せんさくする

**smell treason** ● むほんの匂いがする➡むほんに感づく

**smell trouble brewing** ● 面倒が起ころうとするのをかぐ➡面倒が起きそうな気がする

**smell up** ● 一面に匂わせる➡悪臭を放つ

**taste blood** ● 血を味わう➡(望んでいたことを) 初めて経験する

**taste of danger** ● 危険を味わう➡危険な目にあう

**taste the joke** ● 冗談を味わう➡冗談がわかる

**taste the sweets and bitters of life** ● 世の甘い辛いを味わう➡辛酸をなめる

## spare＝惜しむ

★ spare は、金、労力などを「惜しむ」。spare expense は「費用を惜しむ」。Spare the rod and spoil the child.「ムチを惜しむと子どもがダメになる」。きびしいしつけが必要ということ。

★「惜しむ」「節約する」と、その結果は「分けてやる」「なしですます」となる。Spare me a few minutes.「2、3分さいてくれ、話がある」(こわいね)。time to spare は「時間の余裕」。

★「分けてやる」から「許す」「～に～させない」。Please spare my life. は「命ばかりはお助けください」。spare a person's feelings だと「人にいやな気持ちをあたえない」。

spare oneself

自分自身を惜しむ → 骨身を惜しむ

**spare a person** ● 人を許してやる➡人の命は助けてやる

**spare a person a copy** ● 一部を人にさく➡一部を人に譲ってやる

**spare a person trouble** ● 人に面倒をかけぬ➡人の手を借りない

**spare a person's feelings** ● 人の気持ちを害さぬ➡思いやる

**spare a ticket for ~** ● ~に切符を割愛する➡~に切符を譲る

**spare against the evil day** ● 悪い日に備える➡不慮のさいに備える

**spare land for ~** ● ~に土地をとっておく➡とっておいて~に使う

**Spare me.** ● 私を許してください➡命ばかりはお助け

**Spare my blushes!** ● 私を赤面させないで➡あら恥ずかしい

**spare no efforts to do** ● するのに努力を惜しまぬ➡努力を惜しまずやる

**spare no expense** ● 費用を節約しない➡費用を惜しまない

**spare no pains** ● 苦労を惜しまない➡骨身を惜しまない

**spare one a few minutes** ● 人に2、3分わける➡2、3分さく

**spare one for tomorrow** ● あすに~を免除する➡あすは手を借りぬ

**spare one's blushes** ● 人を赤面させない➡恥をかかせない

**spare one's life** ● 人の命を惜しむ➡(哀れんで) 人の命を助ける

**spare oneself** ● 自分自身を惜しむ➡骨身を惜しむ

**spare oneself the trouble** ● 自分に面倒をかけない➡よす

**spare time away from one's work** ● 仕事中に時間を得る➡仕事の合間を盗む

**spare trouble** ● 労を惜しむ➡やらない

# speak＝話す

★speak は「話す」である。speak English は「英語を話す」、speak in English は「英語で話す（ふだんは日本語で話していて）」。

★電話で Hello, (This is) Jacqueline speaking. は「こちらジャクリーヌよ」。

★話し方にもいろいろある。speak ill of ～ は「～の悪口を言う」、speak daggers to ～ だともっとひどい、「～に短剣で刺すようなひどいことを言う」、手を使わない殺人術。

★speak about ～ は「～のことを話す」、He spoke about the Kangaroo court. は「つるし上げの話しをした」。

★「話す」から「目、顔色などで示す」になる。Her eyes spoke plainer than words. は「目は口ほどに…」。

## speak under one's breath

息の下で話す → ささやく

**speak against ~** ● ~に反対して話す➡~を悪く言う、不利な事を言う

**speak by the book** ● 本によって話す➡正確に話す、堅苦しく話す

**speak evil of ~** ● ~について悪く話す➡~をひどく言う

**speak favorably of ~** ● ~について好意的に話す➡~をほめて言う

**speak for ~** ● ~のために話す➡~の代弁をする；~を申し込む

**speak for oneself** ● 自分自身のために話す➡自分の思うことを言う

**speak from ~** ● ~から話す➡~にもとづいて話す

**speak highly of ~** ● ~について高く話す➡~を激賞する

**speak of ~** ● ~について話す➡~のことを言う、~のうわさをする

**speak out** ● すっかりしゃべる➡思い切って言う、遠慮なくしゃべる

**speak to ~** ● ~に話す➡~に話しかける、~を証明する、~をしかる

**speak to oneself** ● 自分に向かって話す➡ひとり言を言う

**speak to the point** ● 要点にかなって話す➡要領よく話す

**speak to the purpose** ● 目的にかなって話す➡効果的に話す

**speak together** ● 互いに話す➡相談する、談合する

**speak under one's breath** ● 息の下で話す➡ささやく、私語する

**speak unfavorably of ~** ● ~に好意的でなく話す➡~を悪く言う

**speak volumes** ● 何巻も話す➡とうとうとまくしたてる

**speak well of ~** ● ~についてよく言う➡~をほめる

**speak without a book** ● 本なしに話す➡記憶にたよって話す

# stand = 立つ

★ stand は「立つ(ている)」である。Stand up!「起立!」などと、むかし先生がはいってくると級長が号令かけたもの。
★「立っている」から「位置している」。be と大差ない。A church stands on a hill.「丘の上に教会がある」。
★「立っている」から「もとのままである」。My resolution still stands.「決心は変わらない」、standing army は「起立している兵隊」ではない、「いつもある軍」つまり「常備軍」。
★「もとのままである」から「耐える」。stand the test of time は「(古典など)時の試練に耐える」。
★もう一つ大事な意味に、「おごる」がある。stand her a dinner は「ごちそうする」。

**stand in one's way**

・人の道に立つ → ・じゃまする

**stand a chance** ● 機会がある➡見込みが十分ある

**stand a person in good stead** ● 人の助けになる➡役立つ

**stand about** ● ぐるっと回って立っている➡ぶらぶらしている、待っている

**stand against ~** ● ~に反対して立つ➡~に対抗する

**stand at ~** ● ~で立って(動かずに)いる➡~をためらう

**stand away** ● 向こうへ立つ➡近よらない

**stand by** ● そばに立つ➡傍観している；味方する；(約束を)守る

**stand for ~** ● ~のために立つ➡~を擁護する、~を代表する

**stand in one's way** ● 人の道に立つ➡じゃまする

**stand in with ~** ● ~とともに中に立つ➡~と意見が合う、~と仲よくする

**stand off** ● 離れて立つ➡よそよそしい；避ける

**stand on ceremony** ● 儀式ばる➡かた苦しい

**stand out** ● 外へ立つ➡突き出る、くっきり見える

**stand over** ● 越えて立っている➡そのままで残っている、持ち越す

**stand to ~** ● ~に対して(動かずに)立っている➡(主義、約束)を守る

**stand up** ● 上に立つ➡立ち上がる、くっきり見える

**stand up against ~** ● ~に反対して立ち上がる➡~に反抗する

**stand up for ~** ● ~のために立ち上がる➡~を擁護する

**stand up to ~** ● ~に対して立ち上がる➡~に立ち向かう、対抗する

**stand well with ~** ● ~にとってよく立っている➡~によく思われる

# start＝出発する

★ start は「出発する」である。start for Lesbos は「レスボス島へ出発する」。

★ 列車や涙が「出る」のも start。Tears started from Destroyer's eyes. まさに「鬼の目にも涙」。start the engine は「（車の）エンジンをかける」。

★「出発する（させる）」から「始まる（める）」、「起こす」になる。start in business は「商売を始める」。It started to rain. は「雨が降りだした」。A baby started crying. は「赤ん坊が泣きだした」。starting member は「先発メンバー」。

★ もともと「はっと驚いて飛び出す」意であったから、start up は「驚いて飛び上がる」、start at a footprint は「足音にぎくりとする」。

### start out

・外へ出発する → ・とりかかる

**start a fire** ● 火を発する➡火を起こす、火事を起こす

**start after ~** ● ~の後から出発する➡~を追う、~を追跡する

**start against ~** ● ~に対抗して出発する➡~に対抗して出馬する

**start aside** ● 横へ飛び出す➡わきへ飛びのく

**start at ~** ● ~に(驚いて)飛び上がる➡~にびっくりする

**start away** ● 向こうへ飛ぶ➡飛びのく

**start back** ● 後ろへ飛び出す➡後ろへ飛びのく

**start forward** ● 前へ飛ぶ➡前へ飛び出す

**start from one's seat** ● 席から飛び出す➡はっとして席を立つ

**start from one's sleep** ● 眠りから飛び出す➡はっとして目ざめる

**start from scratch** ● スタートラインから出発する➡無から始める

**start in ~** ● ~について出発する➡~を始める

**start in life** ● 生活において出発する➡実社会にはいる

**start off with ~** ● ~をもって向こうへ出発する➡~から始める

**start on a trip** ● 旅行に出発する➡旅立つ

**start out** ● 外へ出発する➡出て行く、とりかかる

**start something** ● 何かを起こす➡騒ぎを起こす

**start to one's feet** ● 自分の足へ飛ぶ➡びっくりして飛び立つ

**start up** ● 飛び上がる➡驚いて飛び上がる

**start with ~** ● ~とともに出発する➡~で始める

# stay ＝ とどまる

★ stay は「とどまる」である。駅は列車が stay する所だから、station となる。stay at home は「家にいる」、stay in bed は「寝ている」。

★「とどまる」から、「滞在する」。stay at the highland は「高原に滞在する」。

★ stay away from school は「学校を欠席する」。「外泊する」なら stay out。

★また、「とどめる」ともなる。

★「とどまる」から「〜のままでいる」となる。stay young は「いつまでも若くている」。

★怒りや空腹などを「押(おさ)える」意にもなる。have a pie to stay one's stomach「おなかふさぎにパイを食べる」。

### stay one's hand

手をとどめる → 働くのをやめる

| | |
|---|---|
| **stay at ~** ● ~にとどまる➔~(の家)に泊まる | |
| **stay at home** ● 家にとどまる➔(外出せずに)家にいる | |
| **stay away** ● 向こうにとどまる➔不在である、欠席する | |
| **stay away from school** ● 学校を休む➔授業をサボる | |
| **stay in** ● 中にとどまる➔(外へ出ないで)室内にいる | |
| **stay in bed** ● ベッドの中にとどまる➔寝ている | |
| **stay long** ● 長くとどまる➔長居する | |
| **stay off** ● 向こうへとどめる➔遠ざける、しりぞける | |
| **stay one's anger** ● 怒りをとどめる➔怒りを押える | |
| **stay one's decision** ● 決定をとどめる➔執行を猶予する | |
| **stay one's hand** ● 手をとどめる➔手を押える、働くのをやめる | |
| **stay one's steps** ● 歩みをとどめる➔立ち止まる | |
| **stay one's stomach** ● 腹にとどまる➔おなかをふさぐ | |
| **stay out** ● 外でとどまる➔帰らない、外にいる、外泊する | |
| **stay overnight** ● 翌朝までとどまる➔一泊する | |
| **stay put** ● 置かれたままにとどまる➔その場にじっとしている | |
| **stay the course** ● コースをずっと走り続ける➔最後までがんばる | |
| **stay up late** ● 遅くまで起きてとどまる➔遅くまで寝ないでいる | |
| **stay with a friend on a visit** ● 訪問して友人の所に泊まる➔友人宅に泊まる | |
| **stay young** ● 若くとどまる➔いつまでも若い | |

## stop ＝ 止まる

★大雪の日の交通機関のように「止まる」のも、息の根を「とめる」のも、stop。stopping train は一駅一駅ていねいに止まってゆく「鈍行列車」。そのそばを non-stop の新幹線が通過する。

★ホテルに「泊まる」のだって stop といえる。すなわち、stop at a hotel。stop over は上に止まるのじゃない、「途中下車する」。

★「栓をする」のも stop。そうして中から流れ出るのを「止める」からだろう。そこで、「栓」は stopper。

★「栓をする」から、「押える」、「ふさぐ」ともなる。

### stop one's ears

・耳をふさぐ → ・耳をかさない

**stop a bullet** ● 弾丸を (体で) 止める➡弾丸に当たって死ぬ

**stop a check** ● 小切手を止める➡小切手の支払いを停止させる

**stop a gap** ● われ目をふさぐ➡欠陥を補う、代理する

**stop a person from ~** ● 人を~から止める➡人に~をやめさせる

**stop a person's mouth** ● 人の口を止める➡黙らせる

**stop at nothing** ● 何ごとにも止まらない➡何ごとにもちゅうちょしない

**stop by** ● そばに止まる➡立ち寄る、訪れる

**stop dead** ● 死んだように止まる➡ぴったり止まる

**stop down** ● ずっとしだいにふさぐ➡(写真機の) レンズを絞る

**stop in** ● (家の) 中にとどまる➡在宅する

**stop off** ● すっかりふさぐ➡鋳型に砂を詰める

**stop one's ears** ● 耳をふさぐ➡耳をかさない

**stop out** ● すっかり止めてしまう➡遮断する

**stop over** ● 途中下車する➡しばらく泊まる

**stop short** ● 急に止まる➡ぴたりと止まる

**stop the show** ● ショーを止める➡何回もアンコールに答えて、あとのショーがおくれる

**stop the way** ● 道をふさぐ➡進行を妨害する、通路をふさぐ、(人に) 反対する

**stop to look at a fence** ● 垣根を見て止まる➡障害にひるむ

**stop to think** ● 止まって考える➡ゆっくり考える

**stop up** ● まったくふさぐ➡寝ないで起きている

## strike = 打つ

★ガンと一発「打つ」のが strike である（続けてピシャピシャは beat）。strike a ball「ボールを打つ」、The clock strikes 12.「時計が 12 時を打つ」のように。

★ストも野球のストライクも strike。strike out は「三振をとる」ほかに、名案などを「考え出す」。

★strike root も「根を打ち込む」ので「根をおろす」。

★strike a match は「マッチをする」だが、strike a tent は「テントをはる」のでなく「たたむ」。やはり「打つ」に関係がある。

★「打つ」から「心を打つ」にもなる。be struck by one's beauty は「美人だなと感心する」。そうなると be struck dumb「驚きのあまり口がきけなくなる」。

● 手を打つ　strike hands　● 協定を結ぶ

**strike a balance** ● 残高を打つ➡決済する

**strike a bargain** ● 商売を打つ➡取引きをまとめる

**strike a blow for ~** ● ~のために一発打つ➡~のために全力をあげる

**strike a false note** ● まちがった音をたたく➡見当違いなことを言う

**strike a light** ● 火を打つ➡マッチをすって火をつける

**strike a line** ● 進路を打ちだす➡進路をとる

**strike a medium** ● 中間を打つ➡妥協する

**strike a person dumb** ● 人を打って物を言えなくする➡急に人を黙らせる

**strike all of a heap** ● どさりと打つ➡あぜんとさせる、圧倒する

**strike at ~** ● ~を狙って打つ➡~に打ちかかる

**strike at the root of ~** ● ~の根を打つ➡~を絶滅させようとする

**strike down** ● 打ち倒す➡殺す、(病いが)おそう

**strike hands** ● 手を打つ➡承諾する、協定を結ぶ

**strike home** ● ぐさりと打つ➡ぐさりと突き刺す、急所をつく

**strike in** ● 中へ打ち込む➡口をはさむ、じゃまをする

**strike into ~** ● ~の中へ打ち込む➡~に突き刺す、~を急に始める

**strike off** ● 外へ打つ➡わきへそれる

**strike oil** ● 油田を打つ➡油田を掘り当てる

**strike the flag** ● 旗を降ろす➡降伏する

**strike up the heel of ~** ● ~のかかとを上へ打つ➡~の足をすくって倒す

# suffer＝苦しむ

★病気その他で「苦しむ」「悩む」のは suffer。suffer from whipslap「むちうち症で苦しむ」、suffer from public evils「公害に悩む」など。その点 sud (sudden)「ポックリ病」は瞬間だから、suffer しなくてよい。

★「苦しむ」から「損害を受ける」。作物が suffer from typhoon「台風にやられる」など。

★「こうむる」ともなる。suffer punishment「罰を受ける」のように。

★「許す」「黙って〜させておく」に変化してくる。この場合は、たいてい否定的に使われる。We can't suffer such conduct. は「そういう行動は許せない」。

suffer joyfully

・楽しく苦しむ　→　・苦痛に甘んじる

**suffer a change** ● 変化をこうむる➡変化を受ける

**suffer a change for the better** ● よいほうへの変化をこうむる➡好転する

**suffer a change for the worse** ● 悪いほうへの変化をこうむる➡悪化する

**suffer a great deal** ● 大きな量を悩む➡おおいに悩む

**suffer a loss from ~** ● ~から損失をこうむる➡~で損する

**suffer a person to do** ● 人に…することを許す➡黙って人を…させておく

**suffer by ~** ● ~によって苦しむ➡~の害を受ける

**suffer death** ● 死をこうむる➡死ぬ

**suffer defeat** ● 敗北をこうむる➡敗北する

**suffer for ~** ● ~のために苦しむ➡~のかどで罰せられる

**suffer for one's unkindness** ● 不親切のため苦しむ➡不親切の罰があたる

**suffer from ~** ● ~で苦しむ➡~をわずらう、~にかかる

**suffer joyfully** ● 楽しく苦しむ➡苦痛に甘んじる

**suffer nothing by comparison** ● 比較によって何も苦しまない➡見劣りしない

**suffer oneself to be bound** ● 縛るままにする➡黙って縛られる

**suffer oneself to be done** ● 黙って自分に…されておく➡…されるがままになっている

**suffer pain** ● 苦痛をこうむる➡苦痛を受ける

**suffer through ~** ● ~によって苦しむ➡~の害を受ける

**suffer with agony** ● 苦悩で苦しむ➡悩む

**suffer with anxiety** ● 心配で苦しむ➡心配する

## take ① = 取る

★ take は「取る」。take note「ノートをとる」、take a wife「よめをとる」、take a degree「学位をとる」。

★ take arms「武器をとる」、take fish「魚をとる」、take 40,000 yen for one's salary「4万円月給をとる」、その他いろいろの「とる」が、英語でも take で表わされることが多い。

★ take (one's) leave は「ひまをとる」、「別れを告げる」。take French leave「フランス式別れ方をする」のは「無断で帰ってしまう」こと。

★ take a person's hand「人の手をとる」のほか、take a person by the hand のような形もある。

### take a person into a company

会社へ人をとる → 会社が人を採用する

**take a copy** ● コピーをとる➡コピーする

**take a degree** ● 学位をとる➡学位を得る

**take a fortress** ● 要塞をとる➡要塞を占領する

**take a holiday** ● 休日をとる➡休暇をとる

**take a person into a company** ● 会社へ人をとる➡会社が人を採用する

**take a picture** ● 写真をとる➡写真をうつす

**take a prize** ● 賞をとる➡賞を得る

**take a thief** ● 泥棒をとる➡泥棒を捕える

**take a thing in hand** ● 手の中にものを取る➡ものを手に取る

**take a wife** ● 妻をとる➡嫁をもらう

**take action** ● 行動をとる➡行動する

**take (in) a newspaper** ● 新聞を受ける➡新聞をとる

**take notes** ● ノートをとる➡ノートする

**take one's leave** ● 休暇をとる➡ひまをとる

**take one's life** ● 人の命をとる➡人の命を奪う

**take one's measure** ● 人の寸法をとる➡人の寸法をはかる

**take one's revenge** ● 復讐をとる➡復讐する

**take one's speech on tape** ● 人の話をテープにとる➡録音する

**take one's step** ● 自分の昇進をとる➡昇進する

**take 50,000 yen for a month** ● ひと月に5万円とる➡月給が5万円である

# take ② = 受ける

★ give and take「やったりとったり」の「受ける」の意がある。give a person advice が「人に忠告をする」、だから take a person's advice だと「人の忠告を受け入れる」。

★ Give him an inch, and he will take an ell.「彼に1インチやれば、45インチとる」とは、ちょっと親切にすればつけ上がる、「ひさしを貸しておもやをとられる」。

★ Take this! and this! and this! は「これでもか、これでもか」となぐること。「これもお取り、それからこれも」というのではない。

## take wing

- 翼をとる
- 飛び去る

**take a gift** ● 贈り物を受ける➡贈り物をもらう

**take a hint** ● ヒントを受けとる➡それと悟る

**take a lesson** ● レッスンをとる➡レッスンを受ける

**take aground** ● 浅瀬をとる➡浅瀬にのりあげる

**take aim** ● 的をとる➡狙いをつける

**take an offer** ● 申し込みをとる➡申し込みを受ける

**take an order** ● 注文をとる➡注文を受ける

**take cold** ● 風邪(かぜ)を受ける➡風邪をひく

**take courage** ● 勇気をとる➡勇気を出す

**take effect** ● 効果を持ってくる➡効果が現われる

**take fire** ● 火を受ける➡火がつく

**take fright** ● 驚きをとる➡ぎくりとする

**take no nonsense** ● 冗談を受けない➡冗談を言うと承知しない

**take no refusal** ● 拒否を受けない➡拒否されてもきかない

**take one's chance** ● チャンスをとる➡一か八かやってみる

**take one's orders from ~** ● ~から命令を受ける➡~の指図をうける

**take one's word for it** ● そのことに自分の言葉をとる➡うけ合う

**take some treatment** ● ある取り扱いを受ける➡虐待を甘受する

**take the alarm** ● 驚きを受ける➡あわてふためく

**take wing** ● 翼をとる➡飛び去る

## take③ = 行動する

★動作をとることになると、「行動する」に転じる。take a walk「散歩する」のように後に動詞と同じ形の名詞を伴う。a は一回の動作だが、take long walks「時どき遠足する」のように複数回数を表わすこともできる。

★ take a near and good look「近くへよってよく見る」のように形容詞をそえられることがある。

★その他の「～する」。take care「注意する」、take precautions「用心する」、take pains「骨を折る」、take council「相談する」、take heed「注意する」、take vengeance「復讐する」。

### take a turn

・一回りする → ・散歩する

**take a bathe** ● 水浴をとる➡ちょっと水を浴びる

**take a bite** ● 一かじりする➡一口食べる

**take a breath** ● 一息とる➡一息つく

**take a doze** ● 薬を一服とる➡薬を飲む

**take a drop** ● 一杯とる➡一杯飲む

**take a flight** ● 一飛びする➡飛ぶ

**take a fresh start** ● 新しいスタートをとる➡新規まき直しをやる

**take a glance** ● 一べつをとる➡ちらりと見る

**take a leap** ● 一とびをとる➡一とびする

**take a look round** ● 一見をとる➡一目見る

**take a nap** ● うたたねをとる➡うたたねする

**take a polish** ● 靴ずみをとる➡磨く

**take a puff** ● 一服とる➡一服吸う

**take a rest** ● 休みをとる➡一休みする

**take a ride** ● 一乗りする➡馬に乗る

**take a step** ● 一歩ふみ出す➡手段をとる

**take a stroll** ● ぶらぶら歩きをする➡ぶらつく

**take a turn** ● 一回りする➡散歩する

**take a walk** ● 一歩きする➡散歩する

**take an oath** ● 誓いをとる➡誓いをたてる

# take ④ = 〜ととる

★物を「とる」から、「〜ととる」「〜と考える」となる。アメリカ人の好きな Take it easy!「それを気楽にとれ」は「気にしない、気にしない」である。Take thing as they are. は「物事をあるがままにとる」。しょせん世の中はこんなものだ、あきらめるとき、あるいは、正直者などに使う。

★「〜と考える」から She took him to be a gentleman.「彼を紳士であると思った」のように使う。「とりちがえる」のは mistake。

### take something amiss

・悪くとる

・怒る

**take a joke in good part** ● 冗談をよくとる➡腹を立てない

**take a person at his word** ● 人を言葉通りにとる➡まにうける

**take a person for a fool** ● 人を馬鹿ととる➡人を馬鹿にする

**take a person ill** ● 人を悪くとる➡人を悪く考える

**take ~ as a whole** ● ～を全体としてとる➡～を大きく全体的に見る

**take ~ for a joke** ● ～を冗談ととる➡～を冗談と思う

**take ~ for a model** ● ～を模範ととる➡～を模範とする

**take ~ for granted** ● ～を認められたととる➡～を当然のことと思う

**take A for B** ● AをBととる➡AをBとまちがえる

**take ~ in bad part** ● ～を悪い部分にとる➡～を悪く思う

**take it altogether** ● それを全体的にとる➡全体として見る

**take one's word for it** ● 人の言葉をそうと取る➡信じる

**take people as they are** ● 人間をあるがままにとる➡世間の人はそんなものと思う

**take something amiss** ● 悪くとる➡怒る

**take the price at ~** ● 値段を～ととる➡～と考える

**take the will for the deed** ● 意志を行為ととる➡志だけでいただいたものと思う

**take things easy** ● 物事を気楽に考える➡楽観的に考える

**take things in earnest** ● 物事を真剣にとる➡本気でそう思う

**take things philosophically** ● 物事を哲学的にとる➡悟りをひらく

**take things seriously** ● 物事をまじめにとる➡まにうける

# take ⑤ = とり上げる

★ take に副詞、前置詞がつくと、「とり上げる」感じのいろいろこまかい、あるいは変わった意味になる。take off は「とりのぞく」、それから「(服などを) ぬぐ」、「(飛行機が) 離陸する」、「(いたずらに先生などの) まねをする」などとなる。

★ take 1 dollar off the price は「値段から1ドルひく」、take oneself off は「自分をとりのぞく」で「立ち去る」。

★ take to 〜 は「〜を始める」。take to drink「飲みだす」、また kindly (喜んで) をよくつけて take kindly to one's books「本が (学問が) ためになる」のように使う。

**take out**

・取り出す

・本を借り出す

| | |
|---|---|
| **take a thing with one's fingers** ● | 物を指の間にとる➡物を指でつまむ |
| **take apart** ● | とり離す➡分解する |
| **take away** ● | 向こうへとる➡とり去る |
| **take back** ● | とり戻す➡とり消す、つれ戻す |
| **take ~ between one's knees** ● | ~をひざの間にとる➡~をひざではさむ |
| **take down** ● | とりおろす➡とりこわす、まきとる |
| **take from ~** ● | ~からとる➡~をへらす、~を弱める |
| **take in** ● | 中にとりこんでしまう➡(着物などを) 小さくする；だます |
| **take in hand** ● | 手に受けとる➡引き受ける |
| **take into ~** ● | ~の中へとる➡~にとり入れる |
| **take off** ● | とって離す➡とりのぞく、ぬぐ；離陸する；まねる |
| **take on** ● | とり上げる➡雇う、引き受ける |
| **take out** ● | 取り出す➡(本を) 借り出す |
| **take over** ● | こっちへとる➡引きつぐ |
| **take to ~** ● | ~を始める➡~が好きになる |
| **take ~ to one's arms** ● | ~を両腕にとる➡~を両腕にだく |
| **take ~ to one's heart** ● | ~を心へととり入れる➡~に心をひかれる |
| **take together** ● | いっしょにする➡ひとまとめにして考える |
| **take up** ● | とり上げる➡乗せる |
| **take up with ~** ● | ~をとり上げる➡~に興味を持つ |

# take ⑥ = もって行く

★「とる」から「もって行く」「つれて行く」に発展する。take an umbrella with you「傘をもって行く」、take a girl to dance「ダンスに彼女をつれて行く」のように。

★「もって行く」から、「乗車する」に変わる。take a car「車に乗る」のようになる。

★さらに have と同義で、「食べる」「飲む」「吸う」など、体の中にとり入れる意味も出てくる。take thinner は「シンナーを吸う」である。

★時間などは、「要する」となる。take three days「3日かかる」のように。It takes two to make a quarrel. は「けんかをするには、二人いる」。

## take a drop too much

一滴多くとる → 飲み過ぎる

**take a bus** ● バスを捕える➡バスに乗る

**take a cup of tea** ● 一杯のお茶をとる➡お茶を一杯飲む

**take a day off** ● 一日を外へとる➡一日の休暇をとる

**take a deep breath** ● 深い息をとる➡深呼吸する

**take a dog for a walk** ● 散歩のために犬をつれて行く➡犬を散歩につれて行く

**take a drop too much** ● 一滴多くとる➡飲み過ぎる

**take a ferry for the island** ● 島行きのフェリーに乗る➡フェリーで島へ行く

**take a horse** ● 馬をとる➡馬を飼う

**take a person to a hospital** ● 人を病院へつれて行く➡入院させる

**take a person to one's seat** ● 人を席につれて行く➡席に案内する

**take a pinch of snuff** ● 一つまみかぎたばこをとる➡たばこをかぐ

**take a turtle soup** ● スッポンのスープをとる➡スッポンのスープを飲む

**take one's ease** ● 自分の安楽をとる➡休む

**take one's meals** ● 食事をとる➡食事をする

**take poison** ● 毒をとる➡毒を飲む

**take ship** ● 船をとる➡船に乗る

**take some medicine** ● 薬をとる➡薬を飲む

**take the air** ● 空気をとる➡息をする

**take thinner** ● シンナーをとる➡シンナーを吸う

**take time** ● 時間をかける➡ゆっくりやる

## take ⑦ = ～する

★ take は、後ろに名詞+前置詞をとって、その名詞の表わす動作を「する」という意味になり、前置詞でその動作の対象物を表わす場合がある。take care of ～「～に注意する」、take interest in ～「～に興味を持つ」、take part in ～「～に参加する」のように。

★ take pride in「誇る」は、be proud of, pride oneself on とも表わせる。前置詞がみなちがう。

★前置詞の代わりに不定詞をとって、take the trouble to go「わざわざ行く」のようになるときもある。

## take the place of ～

～の場所をとる

～の代わりをする

**take a fancy to ~** ● ～に対して好みをとる➡～が好きになる

**take account of ~** ● ～を勘定する➡～をしんしゃくする

**take care of ~** ● ～に注意をとる➡～に注意する

**take charge of ~** ● ～の管理をとる➡～を監督する

**take delight in ~** ● ～の中に大喜びをとる➡～を楽しむ

**take interest in ~** ● ～の中に興味をとる➡～に興味を持つ

**take leave of ~** ● ～に別れをとる➡～に別れを告げる

**take no heed of ~** ● ～に注意をとらない➡～に注意しない

**take no thought for ~** ● ～に考えをとらない➡～を気にかけない

**take note of ~** ● ～に注意をとる➡～に気づく

**take notice of ~** ● ～に注目をとる➡～に注目する

**take part in ~** ● ～の中に部分をとる➡～に参加する

**take precedence of ~** ● ～の上位をとる➡～にまさる

**take pride in ~** ● ～の中に誇りをとる➡～で得意になる

**take the advantage of ~** ● ～の利益をとる➡～を利用する

**take the liberty of ~** ● ～について自由をとる➡～を勝手にする

**take the opportunity of ~** ● ～の機会をとる➡機会を利用して～する

**take the place of ~** ● ～の場所をとる➡～の代わりをする

**take the trouble of ~** ● ～の労をとる➡わざわざ～する

**take the wind of a person** ● 人の呼吸をとってしまう➡人より先に言う

# talk ＝ 話す

★ talk は「話す」である。talk in one's sleep は「寝言を言う」、talk big は「大きなことを言う」つまり「ほらを吹く」。Money talks. は「地獄のさたも…」ということ。

★ You can't talk. は「きみだって、大きなことは言えまい」つまり、「たたけばほこりが出る」。

★ talk に of や about がつけば「～のことを話す」「うわさをする」。Talk of the devil, and he will appear.「悪魔のことを話すと、悪魔が現われる」は「うわさをすればかげがさす」。

★ talkie も talk から。walkie-talkie はトランシーバー。

## talk one's head off

・頭をなくすほど話す

・のべつまくなしにしゃべる

**talk a bark off a tree** ● 樹皮がむけるほどしゃべる➡しゃべりまくる

**talk a horse's hind leg off** ● 馬のあと脚をなくすほど話す➡のべつまくなしに話す

**talk a person down** ● 人を倒すほど話す➡大声で人を黙らせる

**talk a person into ~** ● 人を~へと話す➡話して~させる

**talk a person out of ~** ● ~から外へと人に話す➡話してやめさせる

**talk a person over ~** ● 人と~について話す➡~に関し人と語り合う

**talk a person up to ~** ● ~まで話す➡人に話して~させる

**talk about ~** ● ~について話す➡~のうわさ話をする

**talk against time** ● 時間にさからって話す➡時間つぶしにしゃべる

**talk around** ● 話が回る➡結論に来ない

**talk at ~** ● ~に向かって話す➡~に聞こえよがしに言う

**talk away** ● せっせとしゃべる➡ぺらぺらしゃべる、話でまぎらわす

**talk baby** ● 赤ん坊に話す➡赤ん坊に話すように話す

**talk back** ● 逆に言う➡口答えする、言い返す

**talk business** ● 仕事の話をする➡まじめな話をする

**talk from the point** ● 要点から離れて話す➡話が脱線する

**talk one's head off** ● 頭をなくすほど話す➡のべつまくなしにしゃべる

**talk to ~** ● ~に話す➡~に話しかける、~をしかる

**talk to oneself** ● 自分自身に対して話す➡ひとり言を言う

**talk with ~** ● ~とともに話す➡~と話し合う、~と相談する

# tear = 裂く

★ tear in two「二つに引き裂く」のように tear は「裂く」。発音は [tɛə]（[tiə] は涙）。二つぐらいでなく、ずたずたに引き裂くのは tear to pieces。

★「裂く」のは手紙や髪の毛ばかりではなく、心にも使う。Her heart was torn with remorse. は「悔恨に心も引きむしられる思いであった」。

★「(裂くような激しい努力で) 突進する」( = rush) ともなる。tear up the stairs「階段を引きちぎる」のではなく「階段を駆け上がる」。

## tear oneself away from ～

〜から自分を引き裂く → 〜をふり払う

**tear about** ● かきむしって回る➡狂い回る

**tear along** ● 前方へ突進する➡突進する

**tear apart** ● 裂き切って分ける➡引き裂く

**tear at each other's face** ● 互いの顔を引き裂く➡互いに顔をひっかきあう

**tear away** ● 裂いて離す➡引き裂く、引き離す

**tear down** ● 下へ引き裂く➡引きはがす、とりこわす

**tear down the road** ● 道路に沿って突進する➡(車が)疾走する

**tear it** ● それを引き裂く➡(計画などを)めちゃくちゃにする

**tear off** ● 裂いて離す➡引き離す;疾走する

**tear off a sleeve** ● 袖を引き裂いて離す➡袖をちぎりとる

**tear one's hair** ● 髪を引き裂く➡(悲しみや怒りで)髪をかきむしる

**tear one's way** ● 道を突進する➡しゃにむに進む

**tear oneself away from ~** ● ~から自分を引き裂く➡~をふり払う

**tear open an envelope** ● 封筒を裂くように開く➡封筒を破いて開く

**tear out** ● 裂きとる➡はがしとる

**tear out a leaf** ● 一枚を裂きとる➡ページをちぎりとる

**tear round** ● 引き裂き回る➡騒ぎ回る

**tear to pieces** ● 破片へと裂く➡ずたずたに引き裂く

**tear up** ● 裂きつくす➡ずたずたに引き裂く、引き抜く

**tear up a tree by the root** ● 根から木を引っこ抜く➡木を根こそぎにする

# tell = 告げる

★ tell は「告げる」。うそでも、本当でも、時刻でも、秘密でも、命令でも、小言(こごと)でも。

★「…だ」と「告げられる」のは「知っている」こと。No one can tell. だと「だれもわからない」。女優の年齢、地震が起こるかどうか、アメリカの肚など No one can tell.

★「わかる」ことは、他と「区別できる」ことだ。tell one twin from the other「ふたごを見分ける」のように。

★「薬がきく」のも tell, 口をきくみたいに。Overwork will tell on you.「過労をするといつかこたえるよ」。

## tell a person's fortune

・運勢を告げる → ・人の身の上を占う

**tell a lie** ● うそを告げる➡うそをつく

**tell a person's fortune** ● 人の運勢を告げる➡人の身の上を占う

**tell a secret** ● 秘密を告げる➡秘密をもらす

**tell a tale** ● 物語を告げる➡話をする、いわくがある

**tell against ~** ● ～に反対して告げる➡～に対して不利である

**tell away** ● 向こうへ（告げるように）告げる➡呪文で痛みをとり去る

**tell for ~** ● ～のために告げる➡～に有利である

**tell A from B** ● BからAがわかる➡AをBと区別する

**tell off** ● すっかりわかる➡数え分ける

**tell on ~** ● ～の上にきく➡～に響く、～を告げ口する；体にさわる

**tell one's prayers** ● 祈りを告げる➡祈とうする

**tell out** ● 外へ（出るように）告げる➡呪文で（痛みなどを）とり去る

**tell stories** ● 物語を告げる➡作りごとを言う、うそをつく

**tell tales** ● うわさを告げる➡告げ口をする

**tell tales out of school** ● 内の秘密を外に告げる➡恥を外にさらす

**tell the tale** ● 話を告げる➡あわれっぽく話す

**tell the truth** ● 真実を告げる➡ほんとうのことを言う

**tell the world** ● 世界に告げる➡公言する、確言する

**tell time** ● 時をわかる➡（時計で）時間を知る

# think＝考える

★ think は「考える」「思う」である。「人間は thinking reed『もの思うアシ』である」。I think so.「そう思います」。think twice は「二度考える」つまり「熟考する」こと。think aloud は「（考えることを）ひとりごちる」。ちょっと気味が悪い。

★ think of 〜 は「〜のことを考える」、〜の所へは war, sex その他なんでもよい。Don't think ill of me. は「悪く思うな」。

★「考える」から「判断する」。think one's report to be true「報告を真実だと判断する」。

★ なお、米語では guess「推量する」をよく使う。I can't guess. は「解せない」。

## think light of〜

〜を軽く考える　　〜を軽べつする

| | |
|---|---|
| **think about ~** ● | ~について考える➡~を思い浮かべる、熟考する |
| **think better of ~** ● | ~についてよりよく考える➡~を見直す |
| **think fit to ~** ● | ~することを適当だと思う➡~するのを適当と思う |
| **think highly of ~** ● | ~について高く考える➡~を尊敬する |
| **think ill of ~** ● | ~について悪く考える➡~を悪く思う |
| **think light of ~** ● | ~を軽く考える➡~を見下げる、~を軽べつする |
| **think lightly of ~** ● | ~を軽く考える➡~を見下げる、~を軽べつする |
| **think meanly of ~** ● | ~を卑しく考える➡~を軽べつする |
| **think much of ~** ● | ~について多くを考える➡~を重んじる |
| **think nothing of ~** ● | ~について何も考えない➡~を軽んじる |
| **think of ~** ● | ~のことを考える➡~を熟考する、~しようと思う |
| **think of A as B** ● | AをBとして考える➡AをBとみなす |
| **think of ~ing** ● | ~することを考える➡~しようと思う |
| **think out** ● | すっかり考える➡考え出す、工夫する |
| **think over** ● | くり返して考える➡よく考える、熟考する |
| **think sense** ● | 分別を考える➡分別力ある考え方をする |
| **think shame to ~** ● | ~するのを恥と考える➡~を恥ずかしく思う |
| **think through** ● | 初めから終わりまで考える➡考え抜く |
| **think up** ● | 考え上げる➡(口実などを)考え出す、発明する |
| **think well of ~** ● | ~をよいと考える➡~をよく思う |

# throw = 投げる

★ throw は「投げる」である。throw a fork ball「フォークボールを投げる」、throw a kiss「投げキスをする」のように。cast は文学的で、The die is cast.「さいは投げられたり」のようになる。

★「〜めがけて投げつける」は at を用いて throw stones at the riot police「機動隊に石をぶつける」のようになる。

★ oneself をつけると「身を投げ出す」となる。throw oneself overboard「(船から) 海中に身を投げる」のように。throw oneself upon one's desire「欲望に身をまかせる」のようにも使う。

★人を「投げる」から「投げ倒す」。

★さらに「(ある状態に) 投げ入れる」ともなる。

★ throw up は「投げ上げる」ばかりではなく「(食べたものを) 吐く」ともなる。

**throw down the glove**

手袋を投げる → 挑戦する

**throw a fight** ● 戦いを投げる➡八百長をする

**throw a scare into ~** ● ～の中へ恐怖を投げる➡～をあっと恐怖させる

**throw about** ● まわりに投げる➡投げ散らす、まき散らす、振り回す

**throw away** ● 投げ捨てる➡捨てる、無駄使いする

**throw down** ● 下へ投げる➡投げ倒す、倒す、投げ捨てる

**throw down one's arms** ● 自分の武器を投げる➡降参する

**throw down the glove** ● 手袋を投げる➡挑戦する

**throw for large stakes** ● 大きな賭に投じる➡大ばくちを打つ

**throw in one's hand** ● 自分の手を投げ込む➡争うのをやめる

**throw in one's lot with ~** ● ～に運命を投げる➡～と運命を共にする

**throw ~ into shape** ● ～を形の中へ投げる➡～に形をつける

**throw light on ~** ● ～の上にあかりを投げる➡～を明らかにする

**throw off** ● 向こうへ投げる➡投げ散らす、放つ；急いで脱ぐ

**throw on** ● 着るように投げる➡急いで着る

**throw one's eyes to ~** ● ～へ自分の目を投げる➡～をちらっと見る

**throw oneself on ~** ● ～の上に自分自身を投げる➡～に身をまかす

**throw open** ● さっと開く➡公開する

**throw out** ● 外へ投げる➡投げ出す、(光などを)発する

**throw over** ● (友を)見捨てる➡放棄する

**throw stones at ~** ● ～に石を投げる➡～を非難する

# touch = 触れる

★ touch は「触れる」。touch a person on the shoulder なら「人の肩に手を触れる」。touch-me-not は「ホウセンカ」（触れるとはじけるから。いや、植物のほうではそれを望んでいるのだが）。

★ touch wood「木に触れる」とは、自慢などしっぱなしだと、復讐の神を怒らせることになるが、手近の木に touch すれば、避けられるという迷信があるため。

★ touch one's heart は「心に触れる」つまり「感動させる」。「感動的な」は touching。

★ その他「言及する」「寄港する」「隣接する」「飲食物などに接する」など、みんな「触れる」から。

### touch bottom

・底に触れる → ・座礁する

**touch a person to tears** ● 人を涙に触れさせる➡人を感動させる

**touch a person's self-esteem** ● 人の自尊心に触れる➡人を傷つける

**touch alcoholic drink** ● アルコール性飲料に触れる➡酒に手を出す

**touch and go** ● 触れながら行く➡きわどいところを行く

**touch bottom** ● 底に触れる➡座礁する、どん底に落ちる

**touch ~ for ten dollars** ● 10ドルのため~に触れる➡~から10ドル借りる

**touch glasses** ● グラスを触れさせる➡乾杯する

**touch in ~** ● ~の中に触れる➡~に加筆する

**touch land** ● 陸に着く➡しっかりした足場を作る

**touch ~ on the sore spot** ● ~の急所に触れる➡急所をつく

**touch one's hat to a person** ● 人に対して自分の帽子に触れる➡人に会釈する

**touch one's heart** ● 心に触れる➡感動させる

**touch one's purse** ● 人の財布に触れる➡人の金を借りる

**touch out** ● 触れてアウトにする➡(野球で)タッチアウトする

**touch pitch** ● 石炭のかすであるピッチに触れる➡後ろめたいことに関係する

**touch port** ● 港に触れる➡寄港する

**touch the spot** ● 点に触れる➡(飲食物が)申し分ない

**touch to the quick** ● 生身(なまみ)に触れる➡急所をつく

**touch up** ● 仕上げをする➡修正する、(記憶を)呼び起こす

**touch upon a question** ● 問題の上に触れる➡問題に触れる

## try = 試みる

★「試みる」「ためす」「ためしに飲んで(食って、やって)みる」、みんな try。デパートの試食会場には、Please try this.「これを召しあがってみてくださいませ」とある。

★「試みる」から「努める」。

★ Let's try Himalaya. なら「ヒマラヤへ登ってみよう」。Let's try Davos. なら「ダボスへスキーに行こう」。

★ put on が「着る」だから、try on は「ためしに着てみる」。try on a dog は「犬の上でためす」んじゃなくて、「犬に食わせてみる」。

★「ためす」とは「苦しい思いをさせる」場合もある。try one's patience は、これでもか、これでもかと「忍耐力をためす」わけだから「しゃくにさわる」。

## try a fall

・倒すのを試みる → ・相撲をとる

**try a case** ● 事件をためす➡事件を裁く

**try a fall** ● 倒すのを試みる➡相撲をとる

**try a person for one's life** ● 人に命を要求して苦しめる➡人を死罪に問う

**try all means** ● すべての手段を試みる➡八方手をつくす

**try back** ●(猟犬が)後戻りして臭跡をかぐ➡もう一度やってみる

**try for ~** ● ~のために努める➡~を求める、~を志願する

**try it on** ● それを試み続ける➡どこまでやれるかやってみる

**try on** ● ためしに着てみる➡ためす、仮り縫いする

**try on the dog** ● 犬にためしてみる➡犬に毒見させる、試験台にする

**try one's best** ● 最善を試みる➡最善をつくす

**try one's eyes** ● 目をためす➡目を疲れさせる、目にさわる

**try one's hand at ~** ● ~において手をためしてみる➡~をやってみる

**try one's luck** ● 自分の幸運をためす➡運だめしにやってみる

**try one's nerves** ● 神経をためす➡神経を苦しめる

**try one's patience** ● 忍耐力をためす➡しゃくにさわる

**try one's skill** ● 自分の技巧をためす➡自分の腕をためす

**try one's utmost** ● 自分の最大限をためしてみる➡極力努力する

**try one's weight** ● 自分の重さをためす➡体重をはかる

**try out** ● すっかり試みる➡徹底的にためす、厳密に試験する

**try over** ● ふたたび試みる➡おさらいする、予行する

## turn＝回る

★ turn は「回る」「回す」。The earth is still turning.「それでも地球は回っている」（ガリレオ）、turn the knob は「ノブを回す」。turnkey は「監獄の番人」。

★「回転する」から「向く」「向ける」。turn to the right は「右に向く」、turn a corner「角を曲がる」。

★「向ける」から「変わる」。turn pale は「(顔が) 青くなる」。The milk has turned. は「牛乳が酸っぱくなった」。turn love to hate「愛を憎しみに変える」、「可愛さあまって憎さ百倍」ということ。

★「変える」から「訳す」と変わってくる。turn English into Japanese なら「英語を日本語に訳す」。

**turn up one's nose**

自分の鼻を上に向ける → 軽べつする

**turn a deaf ear to ~** ● ～に聞こえない耳を向ける➡～に耳をかさない

**turn about** ● ぐるっと回る➡振り向く、向きを変える

**turn aside** ● わきへ回る➡わきへよける、わき道へはいる

**turn away** ● 向こうへ向ける➡退ける、顔をそむける

**turn back** ● 後ろへ回す➡帰らせる、(時計を)遅らせる、戻る

**turn down** ● 下へ回す➡折りたたむ、(灯火、ガスの火などを)細くする、うつ向ける、断る

**turn in** ● 中へ向ける➡内に曲げる、寝床にはいる

**turn A into B** ● AをBへと変える➡AをBに変える

**turn loose** ● 解放へと変える➡放す、とき放つ

**turn on** ● ひねって出す➡(栓を)あける、(電気を)つける

**turn one's back on ~** ● ～に自分の背を向ける➡～を見捨てる

**turn out** ● 外へ向ける➡追い出す、生産する

**turn over** ● すっかり向きを変える➡ひっくり返す、(本を)めくる

**turn the tables** ● テーブルを変える➡形勢を一変させる

**turn to a person** ● 人のほうを向く➡人から援助を得るようにする

**turn ~ to account** ● ～を計算へ向ける➡～を利用する

**turn ~ to profit** ● ～を利益へ向ける➡～を役立てる

**turn up** ● 上へ向ける➡上げる、現われる

**turn up one's nose** ● 自分の鼻を上に向ける➡軽べつする

**turn ~ upside down** ● ～の上を下にする➡～を引っくり返す

## wait＝待つ

★ Wait a minute.「ちょっと待て」のように、wait は「待つ」である。a wait-and-see policy は「静観政策」。Everything comes to those who wait. は「あらゆるものは待つ人に来る」、つまり「待てば海路の日和」。

★「待つ」のは、何かを「期待する」からである。

★ところで wait for ～ は「～を待つ」。Time and tide wait for no man.「歳月人を待たず」(tide「潮の満干」も時間をはかるものさしだった)。

★ wait on ～ は「～に給仕する」「はべる」。wait on oneself は「自分で給仕する」。

### wait for one's shoes

・靴を待つ → ・親の財産をあてにする

**wait a bit** ● 少し待つ ➡ ちょっと待つ

**wait a moment** ● 1分間待つ ➡ ちょっと待つ

**wait a person's convenience** ● 人の便利を待つ ➡ 人の都合がつくまで待つ

**wait about** ● ぐるりと回って待つ ➡ ぶらぶらしながら待つ

**wait and see** ● 待って見る ➡ 成り行きを見る

**wait around** ● ぐるっと回って待つ ➡ ぶらぶらして待つ

**wait at table** ● 食卓にはべる ➡ 給仕をする

**wait dinner for ~** ● ~のために食事を待つ ➡ 食事を遅らせて~を待つ

**wait expectantly** ● 期待して待つ ➡ 首を長くして待つ

**wait for ~** ● ~を求めて待つ ➡ ~を待つ

**wait for one's shoes** ● 靴を待つ ➡ 親の財産をあてにする

**wait it out** ● 待てるだけ待つ ➡ 待ちぬく

**wait on ~** ● ~にはべる ➡ ~に給仕をする、~を訪問する

**wait on one's beck** ● 人のうなずきにつかえる ➡ 人の鼻息をうかがう

**wait on oneself** ● 自分に給仕する ➡ 自分で自分の世話をする

**wait on tiptoe** ● つま先立って待つ ➡ 待ちこがれる

**wait one's chance** ● 自分の機会を待つ ➡ 機会を待つ

**wait till tomorrow** ● あすまで待つ ➡ あすまで延ばす

**wait up** ● 起きて待つ ➡ 寝ないで待つ

**wait upon a customer** ● 客に対して待つ ➡ 客に応対する

## walk＝歩く

★ walk は「歩く」である。散歩するのも、四球で一塁に出るのも、馬が並足で進むのも、みんな walk。
★ walk a dog は「犬を散歩につれて行く」。
★ おかしなことに、幽霊が出るのも walk。
★ walk about なら「歩き回る」、動物園の熊、彼女の返事を待ちわびる男などが主語にくる。
★ walking gentlemen はただ歩くだけの「顔役」だが、walking dictionary「歩く字引き」は、「生き字引き」。
★ walk out だと歩いて外に出るばかりでなく「ストをやる」(walkout はスト)。
★ Walk up! は「さあ、いらはい、いらはい」と木戸番の呼び込み。

**walk the streets**

・街路を歩く → ・売春婦の生活をする

| | |
|---|---|
| **walk a person off his legs** ● 足がとれるほど人を歩かせる➡歩き疲れさせる | |
| **walk away from ~** ● ~から歩き去る➡楽勝する | |
| **walk away with ~** ● ~を持って向こうへ歩き去る➡~を盗んで逃げる | |
| **walk in ~** ● ~の中へ歩く➡~にはいる | |
| **walk into ~** ● ~の中へ歩く➡~にはいる、~をたらふく食う | |
| **walk it** ● それを歩く➡(競馬などで) 楽に勝つ | |
| **walk off** ● 歩き去る➡立ち去る | |
| **walk on air** ● 空を歩く➡有頂天になる | |
| **walk out** ● 外へ歩いて行ってしまう➡ストにはいる | |
| **walk out on ~** ● ~において外へ歩く➡~から出る、~を見捨てる | |
| **walk out with ~** ● ~と出歩く➡(召使いなどが) ~を恋人に持つ | |
| **walk over the course** ● コースの上を歩く➡(馬が) 並足で楽勝する | |
| **walk Spanish** ● スペイン風に歩く➡しぶしぶ歩く、いやいやながら働く | |
| **walk the boards** ● 舞台を歩く➡舞台をふむ、役者になる | |
| **walk the chalk mark** ● チョークの線の上を歩く➡正しく行動する | |
| **walk the hospitals** ● 病院を歩く➡(医学生が) 病院に実習勤務する | |
| **walk the plank** ● 海に突き出た板を歩く➡海賊が捕虜を処刑する | |
| **walk the streets** ● 街路を歩く➡売春婦の生活をする | |
| **Walk up!** ● こっちへ歩け➡さあ、いらっしゃい | |
| **walk up to ~** ● ~に歩み寄る➡~に歩いて行く | |

# wash = 洗う

★ wash は「洗う」。wash one's hands「手を洗う」。I wash once a week. だと「週1回洗濯(せんたく)する」。「体を洗う」なら I wash に myself がつく。Where can I wash my hands? はトイレの位置をきくときに使う。

★ 手を洗えばきれいになるから、wash one's hands of 〜 は「〜から手を切る」「関係を断つ」。日本語では、手でなく、「足を洗う」だが。

★ wash away は「洗い去る」から「押し流す」。大水が wash away a bridge は「橋を押し流す」。時勢に wash away されないように。

## wash one's hands of 〜

〜から手を洗う → 〜から手を切る

| | |
|---|---|
| **wash a person overboard** ● 人を甲板から洗う➡(波が) 人をさらう |
| **wash against ~** ● ～に対して洗う➡(波が) ～に打ちつける |
| **wash away** ● 洗い去る➡洗い落とす、押し流す |
| **wash away one's guilt** ● 罪を洗い落とす➡罪をそそぐ |
| **wash down** ● 洗い落とす➡(流水で)すすぎ落とす、(食物をのどに)流し込む |
| **wash for aliving** ● 生活のために洗う➡洗濯屋をやる |
| **wash gravel for gold** ● 金のために砂利を洗う➡砂金をとる |
| **wash off** ● 洗い去る➡洗い落とす |
| **wash one's dirty linen at home** ● 汚れたリネンを家で洗う➡うちわの恥を世間に知らせない |
| **wash one's dirty linen in public** ● 汚れたリネンを公然と洗う➡うちわの恥を世間にさらす |
| **wash one's hands** ● 手を洗う➡便所へ行く |
| **wash one's hands of ~** ● ～から手を洗う➡～から手を切る、関係を断つ |
| **wash oneself** ● 自分自身を洗う➡自分の体を洗う |
| **wash ore** ● 鉱石を洗う➡鉱石を洗って選別する |
| **wash out** ● 外へ洗う➡洗い出す、疲れさせる |
| **wash silver with gold** ● 銀を金で洗う➡銀を金メッキする |
| **wash table with blue** ● テーブルを青で洗う➡青で上塗りする |
| **wash up** ● すっかり洗う➡(使った食器などを) 洗う |
| **wash white** ● 白く洗う➡汚れを落とす |

# wear ＝ 着ている

★ put on は「身につける」（動作）だが、wear は「身につけている」状態を示す動詞。

★ 服やパンティや靴ばかりではない。wear expression「表情をしている」、wear mustache (s)「口ひげを、はやしている」（複数はひげの真ん中が切れている）などにも使う。

★ 長く身につけていれば、「使い古す」ということになる。wear out one's overcoat「オーバーを着古す」だ。

★ さらに発展して、「くたびれさせる」となる。I'm worn out. なら、「へとへとだ」。weary「くたびれた（形容詞）」と形は似ているが実は無関係。

★ さらに、ある状態を「身につけたままでいる」ということから、時がだんだん「経過する」ことにも変わる。

## wear the trousers

・ズボンをはく

・亭主を尻にしく

| | |
|---|---|
| **wear a smile** ● 微笑を着ている➡わざと微笑を浮かべている |
| **wear away** ● 使いつくす➡すり減らす、摩滅させる、経過する |
| **wear badly** ● 悪く着る➡もちが悪い |
| **wear black** ● 黒く着る➡黒衣を身にまとう |
| **wear down** ● すり減らす➡疲れさせる |
| **wear for years** ● 何年も着る➡何年ももつ |
| **wear ill** ● 悪くもつ➡もちが悪い |
| **wear ~ in one's heart** ● 心に~をもつ➡~を大切にする |
| **wear low** ● 低くなるまで着る➡(貯えなどが) 徐々になくなる |
| **wear off** ● すっかり着古してしまう➡すり減らす、なくなる |
| **wear on** ● だんだん経過する➡(時が徐々に) たつ |
| **wear one's heart upon one's sleeve** ● 袖の上に心を着る➡感情を露骨に出す |
| **wear out** ● 着つくす➡すり減らす、使い古す、(時を) 費やす |
| **wear the gown** ● ガウンを着ている➡弁護士である |
| **wear the sword** ● 剣を身につけている➡武士である |
| **wear the trousers** ● ズボンをはく➡(女房が) 亭主を尻にしく |
| **wear thin** ● 薄くなるまで着る➡すり減って薄くなる、(話など) あきられる |
| **wear through the day** ● 日が通過する➡どうやら一日を過ごす |
| **wear well** ● もちがよい➡年をとらない、ふけない |

## win ＝ 勝つ

★ win は、もともと、勝利、賞品、名声、人気…いいものばかりを「得る」という意である。win a lady's hand は「結婚の承諾を得る」である。このときから一生の苦労が始まる? win one's daily bread は「日々の糧を得る」。そういう一家の稼ぎ手を breadwinner という。

★「得る」のはたいてい「勝つ」ことだ。win a race は「レースに勝つ」、ダークホースのこともある。win an election「選挙に勝つ」、テレビのタレントになるのが近道の由。

★会話で勝つことは「説得する」。win one's heart は「人の心を捕える」だが、win a person over は「人を味方に引き入れる」。うまい人がいる。

### win one's spurs

・拍車を得る → ・手柄をたてる

**win a person over** ● 越えて人を説得する➡人を味方に引き入れる

**win back** ● もとへかち取る➡取り返す

**win by ~** ● ~を勝つ➡~を(うまく)のがれる

**win by a head** ● 頭ひとつの差で勝つ➡少しの差で勝つ

**win fame** ● 名声を得る➡有名になる

**win ~ hands down** ● 手をおろしたままで~を勝つ➡やすやすと~を勝つ

**win home** ● 家を得る➡家へ着く

**win one's favor** ● 人の好意を得る➡人に気に入られる

**win one's heart** ● 人の心を得る➡人に好かれる

**win one's spurs** ● (金の)拍車を得る➡爵位を受ける、手柄をたてる

**win one's way** ● 道をかち取る➡(骨折って)道を進む、努力して成功する

**win or lose** ● 勝つか負けるか➡一か八か

**win out** ● 勝って外へ出る➡(困難を)切りぬける、(事業などを)やりとげる

**win over** ● おおうように勝つ➡味方に引き入れる

**win round** ● まわりで勝つ➡味方に引き入れる

**win the day** ● (勝利の)日をかち取る➡戦いに勝つ

**win the field** ● 戦場をかち取る➡戦いに勝つ

**win the summit** ● 頂上をかち取る➡山頂をきわめる

**win through ~** ● ~を通してかち取る➡(困難などを)切りぬける、(事業などを)やりぬく

**win up** ● 上へかち取る➡立ち上がる、馬に乗る

# work＝働く

★1日8時間、週5日でも、頭が、胃が、連想が、機械が、「働く」のはどれも work。work oneself ill はあまり「働きすぎて病気になる」。

★学生にとって、「働く」とは「勉強する」（バイトもあるが）こと。したがって hardworking は「よく働く」「よく勉強する」の両方の意味になる。

★人間だけじゃなく薬などが「働く」と、「効く」。The charm worked well. は「おまじないが効いた」。

★He has worked his way through college. はデモでこわれた大学の道路工夫ではない。「バイトして大学を出た」。

★また、副詞や前置詞がついて、「徐々に進む」、「しだいに～となる」。

## work one's head off

・自分の頭をなくすほど働く

・一心に働く

**work against ~** ● ～に反対して働く➡～に反対する

**work at ~** ● ～において働く➡～に従事する、～を勉強する

**work away** ● どんどん働く➡せっせと働く

**work for ~** ● ～のために働く➡～に雇われている

**work in** ● 中で働く➡紛れ込む、入れる、調和する、引用する

**work in double harness** ● 二重の馬具をつけて働く➡とも稼ぎする

**work it** ● それを働かせる➡思う通りやりおおせる

**work off** ● 徐々に進んでなくす➡徐々に取り除く、売りさばく

**work on** ● 働き続ける➡せっせと働く

**work on ~** ● ～に働く➡～に効く、～に作用する

**work one's head off** ● 自分の頭をなくすほど働く➡一心に働く

**work one's way** ● 働いて自分の道を作る➡困難を克服して進む

**work one's will upon ~** ● ～の上に意志を働かせる➡思うままにする

**work oneself ill** ● 病気になるまで働く➡働きすぎて病気になる

**work oneself into ~** ● 自分自身を～へと徐々に進める➡しだいに～となる

**work out** ● 働き通す➡苦心してやりとげる、作成する

**work the miracle** ● 奇跡を働かす➡奇跡を生む

**work up** ● 徐々に完成へと進める➡徐々に作りあげる、扇動する

**work upon ~** ● ～の上に働く➡～を動かす、～に影響をあたえる

**work wonders** ● 奇跡を働かせる➡奇跡的に効きめがある

# write = 書く

★ write は「字を書く」(マンガを描くなら draw)。write a good hand は「字がうまい」。write with a Mont Blanc「モンブランで書く」。write in magic ink「マジックインキで書く」。

★ 字を書くのは手紙に多いから「手紙を書く」となる。write home は「故郷に手紙を出す」。

★ さらに、「原稿などを書く」ことにもなる。write for Punch「パンチ誌に原稿を書く」、write a will「弁護士にたのんで遺言状を作成してもらう」、write a cheque「小切手にサインする」。

★ write down は「書き留める」。write up だと「書きたてる」。芸能人の結婚やハレンチ行為は、週刊誌が write up する何よりのネタ。

### write a bad hand

・悪い手を書く → 字がへたである

**write a bad hand** ● 悪い手を書く➡字がへたである

**write a good hand** ● よい手を書く➡字がうまい

**write against ~** ● ~に反対して書く➡(新聞などで)人を攻撃する

**write back** ● 書き返す➡手紙で返事をする

**write down** ● 書きくだす➡書きとめる、書きつける；けなす

**write for a living** ● 生活のために書く➡文筆で生活する

**write for a newspaper** ● 新聞のために書く➡新聞に寄稿する

**write home** ● 家へ書く➡家へ手紙を出す

**write ill** ● へたに書く➡書くのがへたである

**write in** ● 中に書く➡書き込む、書き入れる

**write off** ● 即座に書く➡すらすらと書く、筆が早い

**write oneself ~** ● 自分自身を~と書く➡自分の肩書きを~と称する

**write oneself out** ● (作家が)自分を書きつくす➡種ぎれになる

**write out** ● 書きつくす➡詳細に書きしるす

**write out fair** ● きれいに書きつくす➡清書する

**write over** ● すべて書く➡(余白がないほど)いっぱいに書く、書きかえる

**write the music for a song** ● 歌のために音楽を書く➡作曲する

**write to a person** ● 人に書く➡人に手紙を出す

**write up** ● 書きあげる➡(詳細に)記事を書く、(紙上で)ほめる

**write well** ● よく書く➡書くのがじょうずである

# 2 前置詞・副詞ではじまる熟語群

## この章の読み方

　前置詞と副詞は、一人二役のことが多い。副詞はadverb というように、がんらい add + verb つまり動詞に副う詞というわけ。He went before.「彼がさきに行った」の before のように。前置詞とは、がんらい、名詞の前に置く詞。put the cart before the horse「馬の前に車をつける」→「本末転倒」の before のように。このように before は二役をつとめる。とくに、前置詞は、て、に、を、は、のように重要な働きをするから、これをマスターすること。

　前置詞、副詞は、時と場所の両方を表わすことが多い。at eleven p. m.「午後11時に」の at は時刻だが、at Las Vegas「ラスベガスで」の at は場所を示す。その他いろいろな関係を示す。at table

「食事中で」のように「…ちゅう」だの、aim at the bull's-eye「雄牛の眼（→金的）をねらう」のような目的、方角だの、at war「戦争中で」のような状態だの、wonder at the sight「その光景に（→それを見て）驚く」のような原因だの、at top speed「全速力で」のような程度、割合だの、at a good price「いい値段で」のように代価だの、いろいろな意味をもつ。I went to him. なら「私は彼のところへ行った」だが、I went at him. だと、ねらう気持ちだから「何を！と向かって行った」となる。こういう前置詞や副詞の意味と用法をマスターしよう。それはすなわち英語を征服することになる。

# above = 〜の上に

★ above the horizon「水平線の上に」のように above は「〜の上に」(反対は below)。

★「上に」から「〜より高く」で、富士山などが rise above the cloud「頭を雲の上に出す」。

★「上に」から「〜の上流に」、「さかのぼって」。above the bridge は「橋の上に」でなく「橋の上流に」。

★「上」から「より以上に」。above the average は「平均以上に」。marry above her は自分より背の高い人と結婚するのではない、「身分の上の人と結婚する」つまり「玉の輿に乗る」。

★「より以上に」から「超越して」。above praise だと「賞賛を越えて」、つまり「いくらほめてもほめたりない」。

## above oneself

・自分自身以上 → ・身のほどを忘れて

**above a person in rank** ● 位で人の上に➡人より位が上で

**above all** ● 何にもまして➡とりわけ

**above anything else** ● ほかのどんなものをも超えて➡ほかの何よりも

**above asking questions** ● 質問をするのを超えて➡人に聞くのを恥じて

**above ground** ● 地上に現われて➡今なお生きて

**above measure** ● 寸法を越えて➡ひじょうに

**above one's business** ● 職業を超越して➡職業を軽蔑して

**above one's comprehension** ● 理解以上の➡理解できない

**above one's means** ● 資力以上に➡身分不相応に

**above one's understanding** ● 理解以上に➡理解できない

**above oneself** ● 自分自身以上➡身のほどを忘れて

**above price** ● 値段を超えた➡値のつけられないほど貴重な

**above reproach** ● 非難を超えた➡非のうちどころのない

**above sea level** ● 海面上➡海抜

**above suspicion** ● 疑いを超えて➡疑う余地のない

**above telling a lie** ● うそを言うことを超えた➡うそを言わぬ

**above the average** ● 平均以上➡並みはずれて

**above the noise** ● 騒音を超えて➡騒ぎの中でもはっきりと

**above vanity** ● 虚栄心を超えて➡虚栄心のない

**above want** ● 窮乏を越えて➡困らない

# after = ～のあとに

★ after dark「日没後」のように「～のあとで」という時を表わす。half after seven「7時半」のように past の意味にも使う。

★「時」から「場所」の「～の後ろで」にもなる。After you! は「(私は) あなたの後ろから (行く)」で、「どうぞ、おさきに」。とくに、女性に対してはこう言ってゆずるべし。

★ あとからの気持ちから「追求する」感じになる。Girls are running after a boy. は、かよわき「男性が女性どもに追われている」女護が島の風景である。こわい、こわい。

★ あとから追いかけて行く感じから「～にならって」「～に従って」と変わる。after the fashion「流行に従って」は、日本人の特技。

## after one's own heart

・自分の心に従って → ・気にいって

**after a custom** ● 慣習のあとに➡慣習に従って

**after a fashion** ● ある流儀に従って➡どうにかこうにか

**after a sort** ● ある種類に従えば➡ある意味では、いくらか

**after a while** ● しばらくのあとで➡しばらくして

**after all** ● すべてのあとに➡けっきょく

**after all is said and done** ● すべてが言われなされたあとで➡けっきょく

**after all one's labors** ● すべての苦労のあとで➡努力のかいなく

**after dark** ● 暗くなってから➡日が暮れてから

**after hours** ● 就業時間後➡(学校、会社が)ひけたあとで

**after one's own heart** ● 自分の心に従って➡気にいって

**after school** ● 学校のあとで➡放課後

**after sight** ● 見たあとで➡(手形の)一覧後

**after that** ● それのあとで➡その後、それから

**after the day** ● その日のあとで➡その翌日

**after the fashion of ~** ● ~の流儀に従って➡~流に

**after the same pattern** ● 同じ型に従って➡同じ型によって

**after the world** ● 世間のあとに➡世間に従って、世論に従って

**after this manner** ● このやり方で➡こんなふうに

**After us the deluge.** ● われわれのあとに洪水が起きよ➡あとは野となれ山となれ

**After you!** ● あなたの後ろから➡どうぞおさきに

# against = 〜に対して

★ run against a dump-track「ダンプカーに衝突する」のように against は「〜に突き当たって」「〜に向かって」。

★ それから「〜によりかかって」。lean against a tree「木によりかかる」。

★「〜に向かって」から「〜に反対して」「〜に反抗して」と変化する。against war なら「戦争反対」。賛成は for, 賛否は for or against (pro or con)。

★ against rule「反則で」は fair play の精神に反する。

★ さらに「〜に対して」から「〜に備えて」。be proof against fire は「耐火性である」。

★「〜に対して」から「〜を背景にして」。white sails against the dark horizon「暗い沖を背景にした白帆」。

## against a rainy day

・雨の日に備えて

・まさかの時のために

**against a rainy day** ● 雨の日に備えて➡まさかの時のために

**against all chances** ● あらゆる機会に反して➡まったくありそうもない

**against all precedents** ● すべての先例に反して➡先例違反で

**against human nature** ● 人間性に反して➡不人情に

**against odds** ● 優劣の差に対して➡優勢な敵を相手に (戦うなど)

**against one's conscience** ● 自分の良心に反して➡心ならずも

**against one's own will** ● みずからの意志に反して➡心ならずも

**against one's reason** ● 自分の理性に反対して➡理性に反して

**against the bill** ● 法案に逆らって➡法案に反対の (投票をするなど)

**against the blue sky** ● 青空に対して➡青空を背景にして

**against the collar** ● 首輪に反して➡いやいやながら

**against the grain** ● きめに反して➡さかなでして；いやいや

**against the law** ● 法に反して➡違反して

**against the light** ● 光に対して➡光にすかして

**against the plaintiff** ● 原告に不利で➡原告の敗訴で

**against the stream** ● 流れに逆らって➡時勢に逆らって

**against the white snow** ● 白雪に対して➡白雪に映えて

**against the wind** ● 風に逆らって➡風に向かって

**against the world** ● 世界に対して➡世間を敵にして

**against time** ● 時と競争して➡大急ぎで

# all ① = まったく

★「オーライ」なんて言っているが、正しくは All right. このように all は強調するのに用いられることが多い。at once「ただちに」の前につけて、all at once は「まったく突然に」というように。

★ It's all very well to say so, but 〜「それもそうだが、しかし〜」と、相関的な場合や、I love her all the better for her defects.「欠点があるからかえって好き」などという場合もある。

★ all-night service は「終夜運転」、同じような使い方で all-Japan beauty contest「全日本美人コンクール」、all-star game「オールスターゲーム」などのようにも使える。

**all at sea**

・まったく海上で → ・途方にくれて

**all along** ● ずっと沿って➡ずっと、初めから

**all around** ● まったくそこらじゅう➡まんべんなく

**all at once** ● まったく一度に➡まったく突然に

**all at sea** ● まったく (陸の見えない) 海上で➡途方にくれて

**all but ~** ● ほとんど~で➡~といわぬばかり

**all hollow** ● まったくうつろに➡こてんこてんに (負かすなど)

**all in white** ● まったく白で➡全身白衣を着て

**all of a sudden** ● まったく突然に➡まったく不意に

**all one** ● まったく一つ➡まったく同じ

**all out** ● まったく完全に➡全力をつくして

**all over oneself** ● まったく自分自身よりまさって➡ひどく喜んで、うぬぼれて

**all over with ~** ● ~についてまったく終わって➡~はもうだめで

**all quiet** ● まったく健全で➡異常なしで

**all right** ● まったく正しく➡故障なしで、無事で

**all the better for ~** ● ~のためにまったくよりよく➡~だからかえってよい

**all through ~** ● ~を通してずうっと➡~ぶっ通しに

**all to pieces** ● まったく破片へと➡ずたずたに、さんざんに

**all together** ● まったくいっしょに➡いっせいに

**all too soon** ● まったく早く➡あまり早く

**all up with ~** ● ~についてまったく終わって➡~は万事休すで

# all ② = すべて

★ all は、副詞としてのほかに、形容詞、代名詞などで「すべて」という意味がある。関連させて覚えてほしい。all one's life「一生涯」、with all speed「全速力で」、All work and no play makes a child a dull boy.「勉強一方で遊ばせない子どもはバカになる」のように。all the world and his wife「世間のあらゆる人たち」という、『ガリバー旅行記』の作者 Swift のおもしろい表現もある。

★ He is all smiles. なら「彼はまったくニコニコしている」。

★ その他、bone and all「骨ごと」「骨まで」、at all「いやしくも」などいろいろな表現がある。

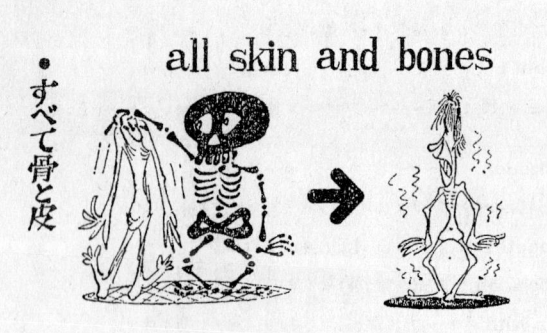

## all skin and bones

・すべて骨と皮

・ひどくやせた

**all and sundry** ● すべてそしていろいろの➡種々様々

**all attention** ● すべてに注意して➡謹聴して

**All change!** ● みんな変えろ➡皆さん乗り換えてください

**all day long** ● 一日じゅう➡終日

**All hail!** ● すべての歓迎➡万歳！、やあ！

**all manner of ~** ● すべての種類の～➡あらゆる～

**all night through** ● 夜の初めから終わりまで➡一晩じゅう

**all of ~** ● すべての～➡たっぷり～

**all one's life** ● 人の生涯じゅう➡一生涯

**all skin and bones** ● すべて骨と皮➡ひどくやせた

**all smiles** ● すべて微笑で➡まったくニコニコして

**all sorts of ~** ● すべての種類の～➡あらゆる種類の～、種々雑多な

**all the go** ● すべて世間で行なわれている➡大流行の

**all the money I have** ● 私の持っているすべての金➡所持金全部

**all the rage** ● まったく流行の➡大流行の

**all the time** ● そのあいだじゅうずっと➡いつも

**all the way** ● 途中ずっと➡わざわざ

**all the world and his wife** ● 世間のすべてと彼の妻と➡世間のだれかれ

**all the year round** ● 年のめぐりのすべての➡一年じゅう

**all too ~** ● ～もすべて➡まったく（早いなど）

# as ① = 〜と同様に

★asは、副詞、前置詞、接続詞などさまざまな品詞に区分されている。しかし、all soをちぢめたものという成立過程を考えると、副詞としての意味が語源上もっとも妥当である。

★まず、as 〜 as 〜「〜と同じくらい〜である」の、前のほうのas「〜と同様に」。A is as old as Bは「AはBと同じくらい年とっている」(老人同士の場合)とも、「AはBと同じ年だ」(赤ん坊同士の場合)ともなる。

★as far as 〜 は「〜ほど遠く」と「〜な限り」。farには距離と程度の二つの意味がある。

## as good as one's word

・自分の言葉と同じだけよく

・りっぱに約束を実行して

**as ~ as any** ● どれとも同じくらい～な➡誰にも負けぬくらい～な

**as ~ as ever** ● いつもと同じくらい～な➡いつもと変わらず～な

**as ~ as possible** ● 可能なだけ～➡できるだけ～

**as far as ~** ● ～なだけ遠くに➡～ほど遠く、～な限り

**as far as I can** ● 私のできるだけ遠くに➡私のできるだけは

**as far as ~ is concerned** ● ～が関係する限り➡～の関する限り

**as good as ~** ● ～と同じくらいよく➡同然に

**as good as one's word** ● 自分の言葉と同じだけよく➡りっぱに約束を実行して

**as hard as you can** ● できるだけ熱心に➡一生けん命に

**as large as life** ● 実物と同じくらい大きく➡実物大の

**as likely as not** ● ありそうでないと同じくらいありそうな➡どうやら

**as long as ~** ● ～なだけ長く➡～な限り、～ほど長く

**as many as ~** ● ～と同じくらい多数の➡～と同じほど多く

**as much as ~** ● ～と同じくらい多量の➡～と同じほど多く

**as much as to say ~** ● ～と言うのと同じくらい多量の➡～と言わんばかりに

**as often as ~** ● ～と同じくらいしばしば➡～するといつでも

**as often as not** ● 度々でないと同じほど度々➡しばしば

**as old as ~** ● ～と同じくらい古く➡～と同じくらい年をとった；と同年の

**as soon as ~** ● ～と同じくらい早く➡～するやいなや

**as well as ~** ● ～と同じくらいよく➡～と同様に

# as ② = ～ほど

★ as ～ as ～ の後の as は、「～ほど」である。as ～ as ～ という比喩が、人はよほど好きらしく、数が多い。ここでは、後の as のあとに、具体的な物が来る。

★ as dead as ～ の～に来るものはいろいろある。as dead as a doornail (鋲釘<sub>びょうくぎ</sub>)、as dead as mutton, as dead as four o'clock, as dead as a nit (シラミの卵) など、「まったく死んで」もいろいろ。

★前の as を省いて black as a raven「カラスのように黒い」のようにも言う。

## as cool as a cucumber

・キュウリのように冷静な → ・たいへん冷静な

**as black as a raven** ● カラスのように黒い➡真黒な

**as black as pitch** ● 石炭かすのように黒い➡真黒な

**as blind as a bat** ● コウモリのように盲目の➡まったく盲目の

**as busy as a bee** ● ハチのように忙しい➡たいへん忙しい

**as cool as a cucumber** ● キュウリのように冷静な➡すごく冷静な

**as dead as a doornail** ● 飾り釘のように死んだ➡まったく死んだ

**as drunken as a lord** ● 君主のように酔って➡ひどく酔って

**as fit as a fiddle** ● バイオリンのように丈夫な➡まったく丈夫で

**as full as an egg** ● 卵のようにいっぱいの➡ぎっしりいっぱいの

**as happy as a king** ● 王のように幸福に➡大得意で

**as hungry as a hunter** ● 猟犬のように空腹の➡腹ぺこの

**as like as two peas** ● 二つの豆のように似て➡ウリ二つで

**as old as hills** ● 丘のように古く➡たいへん古く

**as poor as a church mouse** ● 教会のネズミのように貧乏で➡ひどく貧乏で

**as proud as a peacock** ● クジャクのように高慢で➡ひどく高慢で

**as rich as Croesus** ● クリーサス王のように金持ちで➡大金持ちで

**as sick as a horse** ● 馬のように病気の➡大病で

**as silent as a grave** ● 墓のように静かな➡まったく静かな

**as sure as eggs is eggs** ● 卵が卵であるように確かに➡確実に

**as white as a sheet** ● シーツのように白い➡(顔が) 真青な

# as ③ = 〜のように

★ as one man「ひとりの人間のように」つまり「いっせいに」のように、as には「〜のように」の意味もある。

★ さらに接続詞で、as it were「いわば」、as if 〜「まるで」と使うと、じっさいそうではないのをたとえたので、仮定法になる。

★ さらに、as the world goes は「世間がそうであるように」。as it is called「それがいわれているように」は「いわゆる」で、やはりこの中に入れて考えてよい。いずれも副詞としての as から派生したものであるから、ここで覚えておこう。

as one man

ひとりの人間のように → いっせいに

**as above** ● 上と同様に➡上のように

**as before** ● 前と同様に➡前のように

**as below** ● 下と同様に➡下のように

**as concerns ~** ● ~に関するように➡~に関しては

**as follows** ● 次と同様に➡下のように

**as if ~** ● もしも~のように➡まるで~のように

**as is often the case with ~** ● ~によくある場合のように➡~によくあるように

**as it were** ● それがそうであるように➡あたかも、いわば

**as mentioned above** ● 上に述べたと同様に➡上に述べたように

**as of old** ● 古いのと同様に➡むかしのように

**as one man** ● ひとりの人間のように➡いっせいに

**as saying goes** ● 諺がやっているように➡諺にあるように

**as such** ● そんなように➡それとして

**as the crow flies** ● カラスが飛ぶように➡まっすぐに

**as the world goes** ● 世間がやってゆくように➡世間が言うように

**as things go** ● ものごとがやってゆくように➡世間で言うように言えば

**as usual** ● いつもと同様に➡いつものように

**as well ~** ● ~と同じようによく➡~もまた、~でもよい

**as you call ~** ● あなたが~と呼ぶように➡いわゆる~

**as you know** ● あなたが知っているように➡ご存じのように

# as ④ = ～しながら

★「～しているとき」のように「時」を表わす場合がある。We felt a shock as we were having our lunch.「昼食を食べていると、地震があった」のように。

★さらに、継続的な感じが出て、「～しながら」。She got angry as she spoke. は「彼女は話しているうちに腹が立ってきた」。

★また、「～だから」という理由も示す。As I'm busy, I can't go.「私は忙しいので行けない」。米国では because を使うことが多い。as は意味が多く、誤解を招くから。

★そして、資格、役割を表わして、「～として」。act as go-between「仲人(なこうど)の役をつとめる」。

as times go

・この時勢では

・時節がら

**as a general rule** ● 一般の法則として➡概して

**as a general thing** ● 一般のものごととして➡概して

**as a matter of course** ● 当然のこととして➡もちろん、当然

**as a matter of fact** ● 事実のこととして➡実は

**as a result of ~** ● ~の結果として➡~の結果

**as a rule** ● 規則として➡概して、だいたい

**as a whole** ● 全体として➡概して

**as against ~** ● ~に対して➡~に比較して

**as between the two** ● 二つの間としては➡両者どちらかといえば

**as compared with ~** ● ~と比較するときに➡~と比較すれば

**as for me** ● 私はどうかというと➡私などは

**as it is** ● 事実は(そうでないから)➡事実は(これに反して)

**as it stands** ● それが立っている所では➡現状では、実際問題として

**as it was** ● 事実は(そうでなかったから)➡そのときの実状では

**as of ~** ● ~のときに➡(何日)現在の、(何日)から

**as one runs** ● 人が走っているときに➡走りながら

**as regards ~** ● ~に関しては➡そのことならば

**as times go** ● この時勢では➡時節がら

**as to ~** ● ~へとしては➡~については、~はどうかというと

**as yet** ● 今までとしては➡今までのところは(ない)

# at ① = 〜の所に

★ at the door「ドアの所に」、at the dentist's「歯医者で」のように、at は「〜の所に」で、「場所」を表わす。

★ aim at a bird「鳥を狙う」のように、at はがんらい小さい「点」を表わしていた。arrive at track 13「13番線に着く」は at だし、arrive in America「アメリカに着く」は in で、場所の大小がわかる。

★ I went to him. は「私は彼の所に行った」だが、I went at him. となると、at のほうが小さい地点をさすから、「めがけて」の感じになる。したがって「私は、何を！と彼に向かって行った」くらい。

at home

・家で

・くつろいで

**at a distance** ● ある距離で➡ちょっと離れて

**at all points** ● すべての点で➡どう見ても、完全に

**at heart** ● 心では➡心底は、実際は

**at home** ● 家で➡くつろいで、らくに

**at its height** ● その高さで➡絶頂で

**at one end** ● 一つの端で➡一端を

**at the back of ~** ● ～の後ろに➡～の背後に

**at the bottom of one's heart** ● 自分の心の底で➡心底では、下位に

**at the center** ● 中央に➡中心に

**at the door** ● ドアの所に➡戸口に、入口に

**at the end of the street** ● 通りの端に➡突き当たりに

**at the foot of ~** ● ～の足もとに➡～のふもとに

**at the head** ● 頭に➡へさきに

**at the head of the page** ● ページの頭に➡ページの上部に

**at the point of ~** ● ～の点で➡～しようとして

**at the point of death** ● 死の点で➡死にかけて

**at the point of the bayonet** ● 銃剣の先で➡武力で

**at the rear of ~** ● ～の後ろに➡～の背後に、裏に

**at the top** ● 頂上に➡一番で

**at this point** ● この点で➡この地点で

## at ② = 〜のときに

★ at はまた「〜のときに」で「時刻」を表わす。at 11 p.m.「夜の 11 時に」とか、at high noon「正午きっかりに」のように。だいたい時の一点をさす場合が多いが、at night のように幅広いこともある。

★「時」から「年齢」をも表わす。at her age「あの年で」、at the age of ten「10 歳のときに」のように。

★ さらに幅広いとき「時節」を示す。at Christmas「クリスマスに」、at this time of the year「一年のこの時節に」。

## at peep of day

・日がのぞくときに

・夜明けに

**at all times** ● あらゆる時に→いつも

**at any event** ● どんな事にも→とにかく、いずれにしても

**at any moment** ● どんな瞬間にも→いつでも

**at dead of night** ● 夜のもっともひっそりしたときに→真夜中に

**at long last** ● 長い最後に→とうとう

**at no time** ● どんなときでもない→けっして (〜でない)

**at odd moment** ● はんぱの瞬間に→はんぱな時間に、余暇に

**at once** ● 一度に→すぐに

**at one time** ● ひところは→むかし

**at other times** ● 他のときに→平素は

**at peep of day** ● 日がのぞくときに→夜明けに

**at present** ● 現在の時点では→現在は

**at some time or other** ● あるときまたは他のときに→そのうちいつか

**at that time** ● そのときに→当時は

**at the appointed time** ● 約束された時間に→約束の時間に

**at the beginning of ~** ● 〜を始めるときに→〜の初めに

**at the end of ~** ● 〜を終わるときに→〜の終わりに

**at the outset** ● 着手のときに→最初に

**at the same time** ● 同じ時に→同時に；けれども、やはり

**at times** ● ときどき→たまには

# at ③ = 〜のたびに

★ at は at a time「一度に」、at a blow「ひと打ちで」のように「〜のたびに」と「度数」を表わすこともある。at a 〜 で始まる類似表現は多い。

★「少なくとも」、「おそくとも」などの極限も、at the least、at the latest のように at を用いて表わす。the はよく省く。

★「最初に」、「最後に」などの「順序」も at first、at last など、at をとる。

★「等級」をも表わす。at any rate「とにかく」は「どんな等級でも」から。

at some length

・相当の長さで

・相当詳しく

| | | |
|---|---|---|
| **at a blow** ● | 一つの打撃で | ➡ ひと打ちで |
| **at a bound** ● | 一つの跳躍で | ➡ ひと飛びで |
| **at a breath** ● | 一つの息で | ➡ ひと息に |
| **at a draught** ● | 一回の飲みで | ➡ ひと飲みで |
| **at a glance** ● | 一回見ただけで | ➡ ひと目で |
| **at a mouthful** ● | ひと口分で | ➡ ひと口に |
| **at a sitting** ● | ひとすわりで | ➡ 一気に（飲むなど） |
| **at a stretch** ● | 引き続いて | ➡ 一気に（片づけるなど） |
| **at a stroke** ● | 一撃で | ➡ 一挙に |
| **at a time** ● | ひとときに | ➡ 一度に |
| **at best** ● | 最もよくても | ➡ せいぜい |
| **at every turn** ● | 角を曲がるごとに | ➡ いたるところに |
| **at first** ● | 最初に | ➡ まず |
| **at last** ● | 最後に | ➡ とうとう、ついに |
| **at least** ● | 最も少なくても | ➡ せいぜい |
| **at length** ● | 長さで | ➡ とうとう、ついに |
| **at most** ● | 最も多くても | ➡ せいぜい |
| **at some length** ● | 相当の長さで | ➡ 相当詳しく |
| **at the longest** ● | 最も長くても | ➡ せいぜい |
| **at the worst** ● | 最も悪くても | ➡ せいぜい |

# at ④ = ～の状態に

★ present at meeting「会に出席している」のように at は「～の状態に」である。すなわち「状態」を表わす。at peace は「平和の状態に」で、けっこうだが、いつ at war「戦争の状態に」なるかもわからない。

★ When the cat is away, the mice are at play.「ネコの留守にネズミは遊ぶ」(鬼のいぬ間に命の洗濯) の at play のように、playing のような進行形と同じ意味によくなる。What are you at?「何してるの」で What are you doing? というのに近い。

★「状態」を表わす at-phrase として最上級のついた at one's best 型がある。

at bay

・ほえ声に

・窮地にいる

**at a loss** ● 損をして➡途方にくれて、当惑して

**at a standstill** ● 静止の状態で➡行きづまりで

**at anchor** ● 錨を降ろした状態に➡碇泊中

**at bay** ● ほえ声に（追いつめられて）➡にっちもさっちもいかない、窮地にいる

**at church** ● 教会に➡礼拝中

**at ease** ● 安楽に➡気楽に

**at fault** ● 失敗の状態で➡当惑して

**at odds with ~** ● ～と不和で➡～と争って

**at one's books** ● 自分の本（を読んでいる状態）で➡勉強中

**at one's wit's end** ● 自分の知恵の終わりに➡途方にくれて

**at prayer** ● お祈りをして➡祈禱中

**at sea** ● 海に➡航海中

**at table** ● 食卓に➡食事中

**at the bar** ● 法廷で➡審理中

**at the mercy of ~** ● ～の慈悲のままに➡～のなすがままに

**at the stake** ● 火刑で➡火あぶりにあって（死ぬなど）

**at the wheel** ● 舵で➡舵をとって

**at work** ● 仕事をして➡仕事中

# at ⑤ = ～して

★ wonder at the riot policemen「機動隊を見て驚く」のように「～して」など、喜怒哀楽その他、感情の原因を表わすのに at をよく用いる。そのさい「見て」、「聞いて」のように動詞を用いて訳すとはっきりする場合がある。tremble at a sound「音を聞いてふるえる（泥棒ではないか）」。

★ be surprised at the news「その知らせに（を聞いて）驚く」。at the thought of ～「～のことを考えてみると」つまり「～を思うだに」。

★「～して」から「～に応じて」「～に従って」ともなる。at your request は「あなたのリクエストによって」。

## at one's beck and call

・うなずきと要求で → ・人の言うなりに

351

**at hearing it** ● それを聞くことで➡それを聞いて

**at liberty** ● 自由で➡勝手に

**at one's beck and call** ● うなずきと要求で➡人の言うなりに

**at one's bidding** ● 人の命令で➡人の命令によって

**at one's command** ● 人のさしずで➡自由になるように、命令で

**at one's convenience** ● 自分の便利で➡自分の都合のいいように

**at one's insistance** ● 人の提案で➡人に勧められて

**at one's own disposal** ● 自分自身の処理で➡自分の思うままに

**at one's remark** ● 人の言葉に➡人の言葉を聞いて

**at one's request** ● 人の依頼で➡人に頼まれたので

**at one's summons** ● 人の呼び出しで➡呼び出しに応じて

**at that** ● それで➡それを聞いて、それを見て

**at the bare idea of ~** ● たんなる~の思いで➡~を思うだけで

**at the instigation of ~** ● ~の扇動で➡~に扇動されて

**at the mere thought of ~** ● たんなる~の考えで➡~を考えるだに

**at the news** ● そのニュースに➡知らせを聞いて

**at the sight of ~** ● ~の光景に➡~を見て

**at the sound** ● 音に➡音を聞いて

**at will** ● 意志で➡思うままに

**at your earliest convenience** ● あなたのもっとも早い都合で➡都合がつきしだい

## at ⑥ = 〜のわりで

★ at the ratio of ten to one「10対1の割合で」のように、at は「〜のわりで」で「割合」を示す。

★「割合」から「速力」。at a high speed「高速で」。at a gallop は「かけ足で」、それから「一足飛びに」と変わる。gallop は馬が一歩ごとに四足とも地上から離れる。trot「速歩」は歩みと走りの中間。

★「値段」も表わす。at 10 dollars「10 ドルで」。

★「値段」から「費用」。at the cost of 〜 は「〜を払って」。

★「出費」は「犠牲」「危険」になる。at the risk of 〜「〜の危険をおかして」。

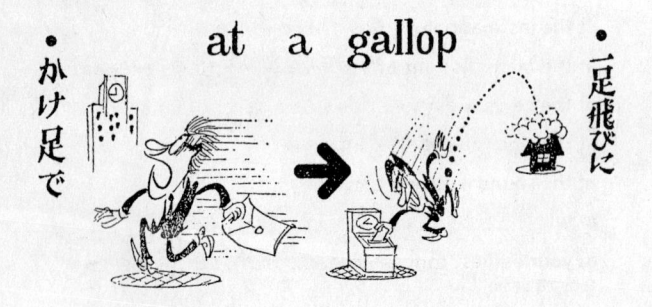

at a gallop

・かけ足で

・一足飛びに

**at a good price** ● よい値段で ➡ よい値で

**at a great cost of ~** ● 大きな~の費用で ➡ 多くの~を犠牲にして

**at a high salary** ● 高い給料で ➡ 高給で

**at a venture** ● 冒険で ➡ 運まかせに、当てずっぽうに

**at all hazards** ● あらゆる危険をおかして ➡ ぜひとも

**at any cost** ● どんな費用でも ➡ ぜひとも

**at foot's pace** ● 足の歩みで ➡ 並み足で

**at full speed** ● いっぱいのスピードで ➡ 全速力で

**at one's own expense** ● 自分自身の費用で ➡ 自費で

**at one's own risk** ● 自己の危険で ➡ 責任を負って

**at random** ● むやみな行動で ➡ 手当たりしだいに（読むなど）

**at the expense of ~** ● ~の費用をかけて ➡ ~を犠牲にして

**at the hazard of ~** ● ~の運まかせで ➡ ~を賭けて

**at the price of ~** ● ~の代価で ➡ ~を犠牲にして

**at the ratio of ~** ● ~の割合で ➡ ~のわりで

**at the risk of ~** ● ~の危険で ➡ ~を賭けて

**at the sacrifice of ~** ● ~の犠牲で ➡ ~を犠牲にして

**at the stake of ~** ● ~の賭けで ➡ ~を賭けて

**at the top of one's voice** ● 自分の声の最高で ➡ できるだけ大声で

**at top speed** ● 最高のスピードで ➡ 全速力で

# before＝〜のまえに

★ before sunrise「日の出まえに」のように、「〜のまえに」と「時」を表わす。接続詞になって before you can say Jack Robinson だったら、「ジャック・ロビンソンとみなまで言わないうちに」とは「すぐに」。

★「時」から「場所」を表わして「〜の前に」。before God「神の前で」「神に誓って」のように。ただし、「場所」には in front of 〜 がふつう。

★「〜の前に」から「〜よりむしろ」( = rather than)。Money before love. は「愛よりも金」、Death before dishonor.「恥をかくくらいなら、いっそ死んだほうがまし」。

## before the wind

・風下に

・順調に

**before and after** ● 前と後に→前後に

**before Christ** ● キリストの（生まれる）まえに→西暦紀元前

**before dark** ● 暗くなるまえに→暗くならないうちに

**before everything** ● すべてのもののまえに→まず、何はさておき

**before God** ● 神の前に→神に誓って

**before Heaven** ● 天の前の→天下晴れての

**before long** ● 長くならないうちに→まもなく、やがて

**before noon** ● 正午のまえに→午前に

**before now** ● 今のまえに→今までに

**before one** ● 人の前に→前途に

**before one's eyes** ● 人の目の前で→眼前に

**before one's face** ● 面前で→公然と、かくさないで

**before one's time** ● 時がこないうちに→月たらずで

**before sunrise** ● 日の出のまえに→夜明けまえに

**before sunset** ● 日没のまえに→日の暮れないうちに

**before the fact** ● 事実のまえに→犯行以前に

**before the mast** ● 帆柱の前に（水夫部屋があるから）→水夫になって

**before the wind** ● 風下に→順調に

**before the world** ● 世間の前に→公然と

**before us** ● われわれの前に→当面の

## behind = 後ろに

★ hind はもともと「お尻」だから、behind は「〜の後ろに」。behind the hill は「丘の背後に」。behind the scenes だと、ロボットを先に立てて、自分は「黒幕で」いること。

★ 場所の「後ろに」から、時間の「あとに」「遅れて」。behind time は「時間に遅れて」「遅刻して」。behind the times だと「時勢に遅れて」。「時勢に先んじて」は ahead of time。

★「遅れて」から「劣って」。behind others in English は「英語では他の者に劣っている」。

### behind a person's back

・人の背の後ろで

・ないしょで

**behind a closed door** ● 閉じた戸の後ろに➡こっそりと、ひそかに

**behind a door** ● ドアの後ろに➡ドアの陰に

**behind a person in ~** ● ~の点で人より後ろに➡~が人より劣って

**behind a person's back** ● 人の背の後ろで➡陰で、ないしょで

**behind a person's words** ● 人の言葉の後ろに➡言葉の真意には

**behind a tree** ● 木の後ろに➡木の陰に

**behind guns** ● 銃の後ろの➡銃後の、銃後で

**behind in ~** ● ~が遅れて(いる)➡~が劣って

**behind in its time** ● その時間の後ろに➡(列車などが)定刻より遅れて

**behind in one's preparation** ● 準備において後ろに➡準備が遅れて

**behind in one's rent** ● 自分の家賃において遅れて➡家賃をためて

**behind in one's work** ● 自分の仕事において後ろに➡仕事が遅れて

**behind one's words** ● 言葉の裏に➡ほのめかして

**behind other persons of one's age** ● 自分の年の他人より後ろに➡同年者より劣って

**behind schedule** ● 予定の後ろに➡予定に遅れて

**behind the curtain** ● 幕の後ろに➡黒幕で;秘密に

**behind the scenes** ● 舞台の後ろに➡黒幕で、内幕に通じて

**behind the season** ● 季節の後ろに➡季節に遅れて、旬はずれの

**behind the times** ● 時勢の後ろに➡時勢に遅れて

**behind time** ● 時間の後ろに➡時間に遅れて

# between = 〜の間に

★ between の tween は、がんらい two「二つ」という意味。twilight も明暗二つの間に光だから「たそがれ」。
★ between は二つのものの間を表わす。between Scylla and Charybdis「シラ（巨岩）とカリブデス（大渦巻）の間」とは「進退きわまって」。シラは6頭12足の怪物、および、その住む巨岩。カリブデスは大渦巻。まさに前門の虎、後門の狼。
★ go-between は、「仲人」のこと。
★「三つ以上の間」なら among を使う。

## between two fires

・二つの火の間に　→　・はさみ打ちに

**among other things** ● その他にもいろいろあるが➔とりわけ

**among the missing** ● 行方不明で➔なくなって

**among the rest** ● 他のもののなかでも➔とくに

**among themselves** ● 彼らのなかで➔仲間同士で

**between each act** ● 幕と幕の間に➔幕間ごとに

**between hay and grass** ● 乾草と草の間➔おとなと子どもの中間の

**between heaven and earth** ● 天地の間に➔宇宙に

**between ill health and worries** ● 不健康と心配の間で➔不健康やら心配やらで

**between life and death** ● 生と死の間で➔生死のいずれかを

**between ourselves** ● われわれの間で➔ここだけの話だが

**between the cup and the lips** ● 杯と唇の間で➔もう一息というところで

**between the devil and the deep sea** ● 鬼に追われて前は海➔進退きわまれり

**between the lines** ● 行と行の間を➔言外の意味を

**between times** ● 時の間に➔おりおり、ときどき

**between two fires** ● 二つの火の間に➔はさみ打ちに、板ばさみで

**between two stools** ● 二つの腰掛けの間で➔両者に依頼して

**between wind and water** ● 風と水の間に➔(船の) 水線に；急所に

**between you and me** ● あなたと私の間に➔ここだけの話だが

**between you and me and the gatepost** ● あなたと私と門柱の間で➔ごく内密に

**between whiles** ● 時間の間に➔ときどき、合間合間に

## beyond＝〜の向こうに

★ beyond the river「川の向こうに」のように、beyond は「〜の向こうに」「〜のかなたに」の意。go to the beyond といえば「あの世へ行く」ということ。これは名詞だが、「かなたに」という感じはよくわかる。

★場所のつぎには程度、能力などの「〜以上に」を表わす。beyond one's power は「力を超えた」「能力以上の」である。beyond me も「私の能力を超えた」「私にはできない」。beyond hope は「希望よりもっとよい」「実現疑いなし」と思うと大間違い、「絶望で」である。

### beyond one's depth

・自分の背の高さを越えて → ・背の立たない所に

**beyond all praise** ● すべての賞賛を超えて➡とてもほめきれない

**beyond all question** ● まったく疑問の余地のない➡もちろん

**beyond comparison** ● 比較を超えた➡比較にならないほどすぐれた

**beyond description** ● 描写を超えた➡とても表現できない

**beyond dispute** ● 議論の余地のない➡明白な

**beyond hope** ● 希望を超えた➡絶望して

**beyond measure** ● 測量を超えた➡並みはずれて

**beyond one's control** ● 制御を超えた➡制御できない、力にあまる

**beyond one's depth** ● 自分の背の高さを超えて➡背の立たない所に、深みに

**beyond one's income** ● 収入を超えた➡収入以上の

**beyond one's intelligence** ● 自分の知恵を超えた➡自分にはわからない

**beyond one's strength** ● 力を超えた➡力およばぬ

**beyond price** ● 値段を超えた➡値のつけられないほど高価な

**beyond reason** ● 理屈を超えて➡理屈に合わない

**beyond seas** ● 海の向こうに➡海外へ

**beyond the grave** ● 墓の向こうまで➡あの世に

**beyond the horizon** ● 地平線の向こうに➡地平線のかなたに

**beyond the mark** ● 的をはずれて➡度を超して

**beyond the usual hour** ● いつもの時間を超えて➡いつもより遅くまで

**beyond time limit** ● 制限時間を超えて➡制限時間すぎまで

# by ① ＝〜のそばに

★ by the fire「火のそばに」のように、by は場所を示して、「〜のそばに」「〜のかたわらに」の意味がある。side by side なら「ならんで」である。

★ 場所から時間になると、「〜までに」と期間を示す。by tomorrow は「明日までに」。till tomorrow「明日まで」と区別すること。

★ さらに、「昼は〜夜は〜」のように、時間の経過を示す。sleep by day, work by night は「昼は眠り、夜は働く」。こういう職業の人も多い。

★ 副詞としては「そばに」。

★ さらに「過ぎて」。

## by daylight

・日光のそばに → ・昼は

**by and again** ● ふたたび過ぎて➡ときどき

**by and by** ● 過ぎてまた過ぎて➡やがて、そのうち

**by and large** ● そばに大きい範囲で➡全般にわたって

**by day** ● 昼の経過のうちに➡昼は

**by daylight** ● 日光のそばに➡昼は

**by me** ● 私のそばに➡手もとに

**by moonlight** ● 月光のそばで➡月の光をあびて

**by night** ● 夜の経過のうちに➡夜は

**by night and by day** ● 夜も昼も➡昼夜兼行で

**by one's bedside** ● 人のベッドのそばで➡ベッドのそばに

**by that time** ● その時までには➡その時はもう

**by the appointed time** ● 約束された時までに➡約束の時間までに

**by the by** ● そばのそばに➡ちなみに、ついでだが

**by the fireside** ● 炉のそばに➡炉ばたに

**by the roadside** ● 道ばたのそばで➡道ばたに

**by the sea** ● 海岸のそばで➡海岸に

**by the side of ~** ● ~の側のそばに➡~のそばに

**by the wayside** ● 道のそばに➡道ばたに

**by this time** ● この時までには➡今ごろはもう

**by tomorrow** ● 明日という期間までには➡明日までには

# by ② = ～によって

★ be killed by the villain「悪人によって殺される」のように、受身の「～によって」も by。

★手段や事故、規制などに「よって」の場合も、by を使う。by computer は「計算機で」、by accident は「事故で」「偶然に」。by traffic rule は「交通法規によって」、by mistake は「誤って」のようになる。

★ by water は「水路で」「船で」。

★さらに動作の仲立ちをするものも by で表わす。pull a girl by the hair は「女の子を髪によって引っ張る」ではまずい。「女の子の髪の毛を引っ張る」だ。pigtail（おさげ）なんて、ちょっと引っ張ってみたくなるだろう。

by accident

・事故で

・偶然に

**by all means** ● すべての手段によって➡ぜひとも

**by any chance** ● なんらかのチャンスで➡ひょっとして

**by chance** ● 偶然によって➡ふと、たまたま

**by compromise** ● 妥協によって➡妥協で、示談で

**by contract** ● 契約によって➡契約で

**by dint of ~** ● ~の力によって➡~によって

**by force** ● 力によって➡力ずくで

**by force of ~** ● ~の力によって➡~の力で

**by heart** ● 心によって➡そらで

**by means of ~** ● ~の手段で➡~によって

**by no means** ● どんな手段にもよらないで➡決して~でない

**by retail** ● 小売りによって➡小売りで

**by reason of ~** ● ~という理由で➡~だから

**by sight** ● 見ることによって➡見て

**by surprise** ● 奇襲によって➡ふいに

**by virtue of ~** ● ~の力で➡~によって

**by way of ~** ● ~の道によって➡~経由で

**by wholesale** ● 卸し売りによって➡卸し売りで

**by wire** ● 電線によって➡電報で

**by word of mouth** ● 口の上で➡直接に

# by ③ = ～で

★「～によって」から、尺度や標準を表わす「～で」に変わる。サラリーや宿賃など、1週間単位で払うことが、外国では多いが、それは pay by the week ということ。by the hour だと、「1時間いくらで」ということになる。

★「～で」から、差などを表わす「～だけ」ともなる。She is my senior by 7 years.「彼女はぼくより七つ上」のように。The bullet missed me by the skin of my teeth. は「弾丸は危ういところでそれた」。

## by long odds

・長い差で → ・はるかに

**by a boat's length** ● 一つのボートの差で➡1艇身差で (勝つなど)

**by a half length** ● 半分の長さで➡半馬身で

**by a long way** ● 長い道のりで➡はるかに

**by a minute** ● 1分の差で➡1分のところで

**by a narrow margin** ● せまい余地で➡小差で

**by far** ● 遠い差で➡はるかに

**by half** ● 半分で➡半分に

**by hundreds** ● 幾百という尺度で➡数百 (単位) で

**by long odds** ● 長い差で➡はるかに

**by much** ● 多量な差で➡はるかに

**by one point** ● 1点で➡1点差で

**by the day** ● 日という尺度で➡1日 (いくら) で

**by the dozen** ● ダースという尺度で➡1ダース (いくら) で

**by the gallon** ● ガロンという尺度で➡1ガロン (いくら) で

**by the hour** ● 時間という尺度で➡1時間 (いくら) で

**by the piece** ● 個という尺度で➡1個 (いくら) で

**by the pound** ● ポンドという尺度で➡1ポンド (いくら) で

**by the quart** ● クォートという尺度で➡1クォート (いくら) で

**by the week** ● 週という尺度で➡1週 (いくら) で

**by thousands** ● 幾千という尺度で➡数千で

## by ④ = 〜に関しては

★ one by one は「一人ずつ」。by twos and threes は「二人または三人ずつ」、日本語なら「三々五々」にあたる。このように by は連続したことも表わす。

★ また、「〜によって」から、関係を表わす、「〜の点では」「〜に関しては」に発展する。Nixon by name「名まえはニクソン」、She is cunning by nature.「彼女の性質は狡猾(こうかつ)だ」のように。

★「〜の点では」から、「〜に対して」となって、toward と同意。

★ さらに、祈りや誓いを表わす「〜に誓って」「〜の名において」。

### by twos and threes

・二人三人ずつ → 三三五五

| | | |
|---|---|---|
| **by birth** | ● 生まれに関しては | ➡生まれは (イギリスなど) |
| **by blood** | ● 血に関しては | ➡血縁は (いとこなど) |
| **by fits and starts** | ● 発作的に | ➡不規則に |
| **by God** | ● 神に対して | ➡神かけて |
| **by halves** | ● 半分に関して | ➡半分ずつ |
| **By Heaven!** | ● 天に誓って！ | ➡ああ、なむさん |
| **by inches** | ● 1インチずつ | ➡少しずつ |
| **by leaps and bounds** | ● とんだりはねたりして | ➡とんとん拍子で |
| **by me** | ● 私に関しては | ➡私は (オーケーだよ、など) |
| **by name** | ● 名前に関しては | ➡名前は (ヨハネなど) |
| **by nature** | ● 性質に関しては | ➡性質は (おしなしいなど) |
| **by one's friends** | ● 友人の点では | ➡友人に対して |
| **by one's parents** | ● 両親の点では | ➡両親に対して |
| **by profession** | ● 職業に関しては | ➡職業は (弁護士など) |
| **by sight** | ● 見ることに関しては | ➡顔は (知っているなど) |
| **by slow degrees** | ● おそい度合で | ➡少しずつ |
| **by the way** | ● 途中で | ➡ところで |
| **by trade** | ● 商売に関しては | ➡商売は (大工など) |
| **by turns** | ● 連続して順番に | ➡かわるがわる |
| **by twos and threes** | ● 二人三人ずつ | ➡三々五々、ちらほら |

## down = 下に

★ go down「下へ行く」のように、down は「下に」「下へ」。食事だと言われて、come down するのは、寝室が2階、食堂が下だから。

★おもに be について、「(静止の状態で) 〜している」というものが多い。He is down with illness.「病気で寝ている」、The moon is down.「月は沈みぬ」のように。

★空間的な意味から、時間や身分について「下って」、「遠くに」。from the king down to the beggar「王様から乞食まで」、live down in the country「いなかに住んでいる」。

### down in the mouth

口の中で沈んで → がっかりして

**down and out** ● 落ちて終わって➡まったく落ちぶれて、アウトされて

**down at the heel** ● かかとにおいて減って➡靴のかかとがすり減って

**down in health** ● 健康において下がって➡健康が衰えて

**down in the country** ● (都会を)くだっていなかに➡いなかに(住むなど)

**down in the mouth** ● 口の中で沈んで➡がっかりして

**down in the world** ● 世間で下がって➡零落して

**down on a person** ● 人にくってかかって➡人をいじめて

**down on one's back** ● 自分の背の上に落ちて➡あお向けに倒れて

**down on one's luck** ● 自分の運が下がって➡運が向かないで

**down the stream** ● 流れをくだって➡下流に

**down the wind** ● 風の下に➡風下に

**down to date** ● 今日まで➡最近の

**down to one's last cent** ● 自分の最後の1セントまで➡文なしに

**down to posterity** ● 子孫へと下がって➡子孫まで(伝わるなど)

**down to the ground** ● 地に落ちて➡まったく、すっかり

**down to the present day** ● 現在の時代へと下がって➡現代まで

**down to zero** ● 零へと下がって➡零度まで(下がるなど)

**down upon ~** ● ~の下に➡~を攻撃して、~を怒って

**Down with ~** ● ~を倒せ➡~打倒、~をたたんじまえ

**down with influenza** ● インフルエンザで倒れて➡インフルエンザにかかって

# far＝遠く

★ far には「遠く」という距離と、「ずっと」という程度の表現とある。far away「遠くに」のような場合と、far gone「病気がよほど進んだ」のような場合と。

★ far from ～ には「～から遠く」と「～どころか」という、二つが含まれる。

★一方、near は「近く」で、far の反対。nearly「ほとんど」の意味に近いこともある。

★ near akin to ～ は「～にごく近い」。Pity is near akin to love. は「憐れみは愛にごく近い」。憐れんでいるうちに愛情になる。「かわいそうなは惚れたってことよ」というおもしろい訳が漱石の『吾輩は猫である』にある。

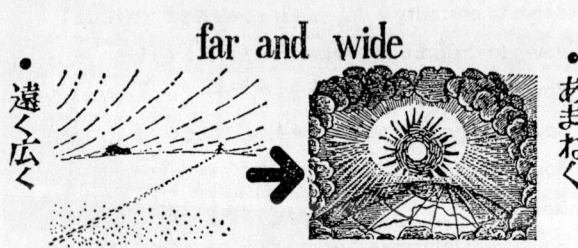

## far and wide

遠く広く → あまねく

**far and away** ● 遠く向こうに➡はるかに、断然

**far and near** ● 遠くまた近く➡いたる所に

**far and wide** ● 遠く広く➡あまねく

**far away** ● 遠く離れて➡遠くに

**far back** ● はるか後ろに➡はるかむかし

**far be it from me to do** ● …することは私から遠い➡…するつもりはまったくない

**far between** ● 間隔が離れた➡まれな

**far from ~** ● ~から遠い➡少しも~ではない

**far gone** ● 遠くまで進んだ➡(病気が)よほど進んだ、(借金が)かさんだ

**far into the night** ● 夜まで遠く➡夜ふけまで

**far off** ● 遠く離れて➡遠くに、ずっと向こうに

**far other result** ● 遠く離れたちがう結果➡たいへんちがう結果

**near akin to ~** ● ~に似かよっている➡~にごく近い

**near as one can guess** ● 推量できる近くに➡察しうるかぎりでは

**near at hand** ● 手に近く➡手近に、近々に

**near by** ● かたわら近くに➡すぐ近くに

**near each other in blood** ● それぞれ血縁が近く➡縁が近い

**near one's end** ● 終わりに近い➡末期で

**near to do ~** ● ~するのに近い➡もう少しで~する

**near upon 70** ● 70へと近くに➡70歳近い

# for ① = 〜の間

★ for 10 days「10日の間」のように for は「〜の間」という時間を表わす。I haven't seen you for ages.「幾時代もお目にかからなかった」は「いやあ、しばらく」のオーバーな言い方。for ever「永遠に」の for もこれ。

★ We are through for today. を「今日のために通り抜けた」とやった人がいる。授業などで「今日はこれまで」。

★時から距離の「〜の間」にもなる。for miles は「何マイルも（の間）」である。

**for days and days**

・何日もの間

・くる日もくる日も

| | | |
|---|---|---|
| **for a day** | ● 一日の間 | ➡日帰りで |
| **for a moment** | ● 瞬時の間 | ➡ちょっと |
| **for a time** | ● ある時の間に | ➡しばらく |
| **for a while** | ● 少しの間 | ➡ちょっとの間 |
| **for ages** | ● 幾時代もの間に | ➡長年、長い間 |
| **for all time to come** | ● 来たるべきすべての時の間に | ➡永遠に |
| **for an age** | ● ある時代の間に | ➡長らく、久しく |
| **for days and days** | ● 何日もの間 | ➡くる日もくる日も、果てしなく |
| **for ever** | ● いつまでも | ➡永久に |
| **for good (and all)** | ● 永久に | ➡これを最後に |
| **for hours** | ● 幾時間もの間 | ➡何時間も |
| **for life** | ● 生涯の間 | ➡一生、初めから終わりまで、終身 |
| **for long** | ● 長い間 | ➡長期間 |
| **for that day** | ● その時代の間 | ➡当時としては |
| **for the future** | ● 将来としては | ➡今後は、将来は |
| **for the night** | ● その夜の間 | ➡その夜は；眠るために |
| **for the nonce** | ● 当座の間は | ➡かりに |
| **for the occasion** | ● その場合は | ➡臨時に、特別に |
| **for the present** | ● 現在の間 | ➡現在は、当分 |
| **for the time being** | ● いまのところ | ➡さし当たり、当分 |

## for ② = 〜のために

★ What for?「何のために?」、dress for dinner「晩餐(ばんさん)のために正装をする」、のように for は「〜のために」「〜のための」という目的を表わす。something to live for「そのために生きる何か」は「生きがい」。

★「〜のために」から「〜を求めて」「〜を得るために」。動詞とのコンビが多い。cry for help「助けを求めて叫ぶ」「タ・ス・ケ・テ・エ…と言う」。look for a seat「席を捜す」、wait for a chance「チャンスを待つ」などの for もこれ。

★原因、理由も表わす。for fear「恐怖のために」、famous for smog「煙霧で有名な」。

for a change

転換のために → 気分転換に

**for a change** ● 転換のために➡気分転換に

**for any sake** ● どんな利益のためでも➡とにかく

**for appearance' sake** ● 外見上のために➡外見上、世間のてまえ

**for brevity's sake** ● 簡潔のために➡簡略のために

**for caution's sake** ● 用心のために➡用心に

**for conscience' sake** ● 良心のために➡良心を安めるために、気安めに

**for convenience' sake** ● 便利のために➡便宜上、便利のために

**for God's sake** ● 神のために➡どうか、お願いだから

**for old sake's sake** ● 昔のためのために➡昔のよしみで

**for one's name's sake** ● 名前のために➡名前の手前、名誉のために

**for lack of ~** ● ~の欠乏のために➡~がないので

**for pleasure** ● 楽しみのために➡楽しみに

**for shame** ● 恥のために➡恥じて、恥ずかしくて

**for some reason or other** ● ある理由か他の理由のために➡なんらかの理由で

**for the benefit of ~** ● ~の利益のために➡~のために

**for the good of ~** ● ~の利益のために➡~のために

**for the land's sake** ● 主のために➡後生だから

**for the purpose of ~** ● ~の目的のために➡~のために

**for the sake of ~** ● ~の利益(理由)のために➡~のために

**for want of ~** ● ~の欠乏のために➡~がないので

# for ③ = 〜の代わりに

★ give up the sword for the pen「剣を捨てペンに変える」のように for は「〜の代わりに」の交換を表わす。act for father は「父の代理をつとめる」。

★ 聖書の an eye for an eye は「目には目を」で、「同じ種類の報復」のこと。tit for tat「打たれたら打ち返す」「しっぺ返し」の for もこれ。

★ I wouldn't tell it for the world. は「世界のためにそんなことは言わない」などという個人主義ではなく、「かりに世界と取りかえっこしても」つまり「どうあっても口は割らん」。

★ その他、「〜の償いに」という埋め合わせの意味も出てくる。

**for a mere song**

・単なる歌にかえて → 二束三文で

**for a fault** ● 過失の代わりに➡過失を償って

**for a mere song** ● 単なる歌にかえて➡二束三文で

**for all ~** ● ~のすべてにかえても➡~にもかかわらず

**for all one is worth** ● 価値あるものすべてにかえて➡精いっぱい

**for all one's fault** ● 欠点にかえても➡欠点にもかかわらず

**for all that** ● それのすべてにかえても➡それにもかかわらず

**for all the world** ● 全世界にかえても➡どんなことがあっても

**for all the world like ~** ● まるで~のようで➡~によく似て

**for another** ● 他人の代わりに➡人に代わって

**for breakfast** ● 朝食と交換に➡朝食代に

**for love or money** ● 愛や金にかえても➡どうしても (~でない)

**for me** ● 私の代わりに➡代理に

**for nothing** ● 無と交換で➡無料で

**for one's life** ● 自分の命にかえても➡命がけで

**for one's master** ● 自分の主人の代わりに➡主人の代理で

**for one's pains** ● 苦労の報いとして➡苦労したあげく

**for one's service** ● 人の奉仕の報いに➡人の労に対して

**for saving life** ● 命を救った代わりに➡人命救助のほうびに

**for the life of me** ● 私の命にかえても➡どうしても (~でない)

**for 10 dollars** ● 10ドル払って➡10ドルで

# for ④ = ～として

★ for には「～にとって」「～に対して」の意もある。たとえば、good for the health「健康に（とって）よい」、bad for the eyes「目に（とって）悪い」のように。

★例の too difficult for me to do「私にとって～するのはむずかしすぎる」「私にはあまりにむずかしくて～できない」の for me もこれ。

★「～に対して」から「～のわりに」。able for his age「年齢のわりに有能な」のように。

★「～と」とか「～として」ともなる。pass for a rich man「金持ちとして通る」など。

★「～の点では」ともなる。for that は「その点においては」。

## for oneself

・自分自身として → ・独力で

**for all I know** ● 私の知っているすべてとしては➡たぶん、おそらく

**for all me** ● 私のすべてとしては➡私としては、私に関する限りでは

**for all of ~** ● ～のすべてとしては➡～については、～に関する限り

**for aught I know** ● 私の知っている何ものとしても➡たぶん

**for better (or) for worse** ● よりよいとしてもより悪いとしても➡よかれあしかれ

**for certain** ● 確かであるとして➡確かに

**for example** ● 例として➡たとえば

**for instance** ● 例として➡たとえば

**for lost** ● 失ったものとして➡ないものとして、だめだと考えて

**for my part** ● 私の職分としては➡私としては

**for once** ● 一度として➡一度だけは、とくに

**for one thing** ● 一つのものとして➡まず、第一に

**for one's age** ● 年齢として➡年のわりには

**for oneself** ● 自分自身として➡独力で、自分のために

**for the first time** ● 最初の回として➡初めて

**for the last time** ● 最後の回として➡最後に

**for the matter** ● その事にとって➡その点では

**for the most part** ● 最大の部分として➡大部分は、多くは

**for the rest** ● その他としては➡その他は、あとは

**for this once** ● この一度として➡今度だけ、今度に限り

# from ＝ 〜から

★ be absent from school「学校を欠席する」、escape from the front「戦線から逃げ出す」のように、from は「〜から」を表わす。

★ 場所のほか from the beginning「初めから」のように、「時」もある。

★ I come from Oregon. は「オレゴン州の生まれ」、fresh from the oven は「焼きたての」である。

★「〜から」に「〜まで」がついておさまる場合が多い。したがって、from 〜 to 〜 は類例が多い。from mouth to mouth「口から口へ」のように、同じ語のくり返しと、from beginning to end「初めから終わりまで」のように違う場合とある。from behind the tree「木の後ろから」のように副詞句の前にもつく。

**from hand to mouth**

・手から口へ → ・その日暮らしで

| | | |
|---|---|---|
| **from bad to worse** | ● 悪いからもっと悪いに | ➡ ますます悪く |
| **from cover to cover** | ● カバーからカバーまで | ➡ 本を一冊 (全部) |
| **from day to day** | ● 日から日へ | ➡ 一日一日と、毎日 |
| **from door to door** | ● ドアからドアへ | ➡ 家ごとに |
| **from far and near** | ● 遠くや近くから | ➡ あちこちから |
| **from habit** | ● 習慣から | ➡ 癖で、惰性で |
| **from hand to mouth** | ● 手から口へ | ➡ その日暮らしで |
| **from head to foot** | ● 頭から足まで | ➡ 全身に、すっかり |
| **from memory** | ● 記憶から | ➡ そらで |
| **from now on** | ● 今から続けて | ➡ 今後、今から後ずっと |
| **from old age** | ● 老齢から | ➡ 年をとったので |
| **from over the sea** | ● 海の向こうから | ➡ 海外から |
| **from stem to stern** | ● (船の) へさきからともまで | ➡ 船じゅうに |
| **from the cradle to the grave** | ● ゆりかごから墓場まで | ➡ 一生涯 |
| **from the look of the sky** | ● 空の様子から | ➡ 空模様からすると |
| **from this cause** | ● この理由から | ➡ この理由で |
| **from time immemorial** | ● 記憶できないほどの時から | ➡ 太古から |
| **from top to toe** | ● 頭のてっぺんから爪先まで | ➡ 全身に、すっかり |
| **from want of ~** | ● ~の欠乏から | ➡ ~の欠乏のために |
| **from what I hear** | ● 私の聞いているところから | ➡ うわさでは |

# in ① = 〜の中に

★ a bird in a cage「かごの(中の)鳥」のように、「〜の中に」という「場所」が in の基本的な意味。as snug as a bug in a rug は「じゅうたんの中のナンキン虫のようにぬくぬくと」。

★ in the world は「世界に」だが、What in the world is this?「いったいこれはなんだ」のように強めの「いったい」もある。

★ in the east は「東部に」(to the east は「東方に」、on the east は「東境に」)。

★ sit in a chair はスッポリはいるような掛け心地のいい椅子にすわっていること。

## in one's mind's eye

・心の目の中に

・想像で

**in a boat** ● ボートの中に ➡ ボートに乗って

**in all directions** ● すべての方角の中に ➡ 四方八方に

**in between** ● 間の中に ➡ 中間に

**in broad daylight** ● 広く注がれた日光の中に ➡ 真昼間に

**in camera** ● 判事の私室で ➡ 秘密に

**in everybody's mouth** ● みなの口に ➡ 人びとのうわさになって

**in front of ~** ● ～の前方の位置に ➡ ～の前に

**in itself** ● それ自身の中に ➡ 本質的に、ほんらい

**in one's hearing** ● 人に聞こえるところで ➡ わざと

**in one's mind's eye** ● 心の目の中に ➡ 想像で

**in one's way** ● 行く道に ➡ じゃまに

**in the air** ● 空中に ➡ 飛んで；ばくぜんとして；うわさが広まって

**in the dark** ● 暗い中に ➡ 知られていない

**in the distance** ● 距離の中に ➡ 遠方に

**in the middle of ~** ● ～の中央の位置に ➡ ～のまん中に；最中に

**in the neighborhood** ● 隣り近所の範囲の中に ➡ 近所に

**in the open** ● 開けた所に ➡ 野外に

**in the rear of ~** ● ～の後方に ➡ ～の後ろに

**in the shade** ● 日陰に ➡ 目立たずに

**in the sun** ● 日なたに ➡ 公衆の注目のまとに

# in ② = 〜のうちに

★ in spring「春に」、in December「12月に」のように、in は時を示して、「〜のときに」となる。just at 1 o'clock「きっかり1時に」などとくらべて、in のほうが幅がある。

★ in one's teens は「10代に」。in her early teens なら「彼女が13、4のころに」。

★ in the r months は「rのつく月」つまり September から April までの月、この間ならカキ (oyster) を食べてよいことになっている（夏場はくさりやすく中毒しやすい）。

★ in the long run をマラソン競走だと思う人がいる。じつは「けっきょく」。

★ また、副詞として、「中へ」。

in the spring of life

・人生の春に

・若い時代に

**in all ages** ● あらゆる時代に➡今もむかしも

**in all my born days** ● 私の生まれてからのすべての日々のうちに➡生まれてからずっと

**in days gone by** ● 過ぎ去った日々のうちに➡過ぎた日に

**in former days** ● 以前の日々のうちに➡むかしは

**in future** ● 未来のうちに➡未来に、将来

**in one night** ● 一晩で➡一夜のうちに、たちまちに

**in one's childhood** ● 人の幼年時代のうちに➡幼年時代に

**in one's day** ● 人の日に➡盛りの時代に

**in one's lifetime** ● 人の一生のうちに➡一生涯

**in one's old age** ● 老齢で➡あの年で

**in one's time** ● 人の時代に➡人の代に

**in one's youth** ● 青年時代のうちに➡青年時代に

**in the daytime** ● 昼間のうちに➡昼間

**in the early part of last month** ● 先月の早い部分のうちに➡先月の初めごろ

**in the near future** ● 近い将来のうちに➡近い将来に

**in the past** ● 過去の中で➡過去において

**in the prime of life** ● 生涯のもっともいい時代のうちに➡さかんな時代に、壮年時代に

**in the short run** ● ちょっと続いて➡目先だけのことを考えると

**in the spring of life** ● 人生の春に➡若い時代に

**in time of need** ● 欠乏のときに➡まさかのときに

# in ③ = ～ちゅう

★時の中でも特別な時、とりわけ「盛んな時」を示す表現で、「～ちゅう」。in the height of time その他がある。

★in season は魚や果物などが「旬の」。その反対は out of season「季節はずれ」。

★また in those days は「当時は」であるが、in these days となると「近ごろは」である。なおそれと同じ意味で nowadays がある。now-a-days と区切って考える人は、days に a がつくなんておかしいと思うだろう。しかし、じつは、in our days（今日）のつまった形である。

## in the flower of youth

- 花の若さのうちに
- 若い盛りに

| | |
|---|---|
| **in an evil hour** ● 悪いときに➡運悪く | |
| **in bad time** ● 悪い時に➡遅れて | |
| **in due time** ● 適当な時に➡時満ちて | |
| **in good season** ● よい時節に➡折りよく | |
| **in good time** ● よい時に➡まに合って | |
| **in one's own time** ● 自分自身のよい時に➡自分の都合のよい時に | |
| **in season** ● 時節の➡旬の | |
| **in season and out of season** ● 時節に合うときも合わないときも➡いつも、のべつまくなしに | |
| **in season for ~** ● ～への時節の中に➡～にまに合って | |
| **in the depth of ~** ● ～の真盛りに➡～の最中に | |
| **in the end** ● しまいには➡結局 | |
| **in the flower of youth** ● 花の若さのうちに➡若い盛りに | |
| **in the flush of youth** ● バラ色の若さのうちに➡若い盛りに | |
| **in the heat of day** ● 日の暑さの中に➡日盛りに | |
| **in the height of the season** ● 時節の最高頂のうちに➡真盛りに | |
| **in the nick of time** ● 時の刻み目に➡ちょうどいい時、きわどい時に | |
| **in the small hours** ● 1、2時のころに➡真夜中に | |
| **in these days** ● この時代に➡最近 | |
| **in those days** ● あの時代に➡当時は | |
| **in time of old** ● 古い時代に➡むかしに | |

# in ④ = 〜かかって

★ in a week は「1週間で」という「経過」を表わす。in は「〜かかって」(アメリカでは「以内」の意味ともなるが)。なお after a week なら「1週間以後」。

★ in a few years は「数年したら」で幅がある。

★「〜かかって」から「〜うちに」に変わってくる。in time は「まに合って」、just in time だと授業にすべりこみセーフ。on time は、2時なら2時「ちょうどに」、behind time は「遅れて」。

★ in a twinkling は「まばたきするうちに」つまり「たちまちに」。しかし in no time のほうが短かろう。

★ さらに「〜間のうちで」。the coldest day in 10 years は「10年間で一番寒い日」。

in a twinkling

・まばたくまに → ・すぐに

| | |
|---|---|
| **in a crack** ● | ぱちっといううちに➡たちまちに |
| **in a day** ● | 1日のうちに➡短期日で、一朝一夕に |
| **in a day or two** ● | 1日か2日のうちに➡一両日したら |
| **in a few minutes** ● | 2、3分のうちに➡すぐに |
| **in a flash** ● | ぱっと光るうちに➡たちまちに |
| **in a jiffy** ● | 一瞬のうちに➡たちまち |
| **in a long time** ● | 長い時のうちに➡長い間 |
| **in a moment** ● | 一瞬のうちに➡たちまち |
| **in a trice** ● | 一瞬のうちに➡たちまち |
| **in a twinkling** ● | まばたくまに➡すぐに |
| **in a week's time** ● | 1週間の時のうちに➡1週間たてば |
| **in all seasons** ● | 四つの季節に➡一年中 |
| **in an instant** ● | 一瞬のうちに➡たちまち |
| **in due course of time** ● | 時の正しい経過のうちに➡時がきて |
| **in no time** ● | 時がないうちに➡即座に |
| **in the course of time** ● | 時の経過のうちに➡時がたつにつれ、やがてそのうち |
| **in the fullness of time** ● | じゅうぶんな時がたって➡機が熟して、時満ちて |
| **in the year one** ● | 紀元元年に➡大むかしに |
| **in time** ● | 時のうちに➡まに合って |
| **in years** ● | いくつもの年のうちに➡数年間 |

# in ⑤ = ~の状態で

★ in apple-pie order といえば、「アップルパイを並べたように」すなわち「整然と」で、in は「状態」または「ありさま」を表わす。

★ 体の状態で、「健康状態」を表わすようになる。in good health なら「健康で」、反対は in poor health である。

★ in a person's good graces は「人の気に入って（いる）」。

★ その他、奴隷状態、不安、混乱、荒廃…といろいろな状態を並べてみると、だんだん世相に近くなってくる。

## in fetters

・足かせの中で

・束縛されて

| | | |
|---|---|---|
| **in alphabetical order** | アルファベットの順序に | ➡ ABC順に |
| **in apple-pie order** | アップルパイを並べたように | ➡ 整然と |
| **in bad shape** | 悪い調子の中に | ➡ 健康がすぐれないで |
| **in chaos** | こんとん状態で | ➡ 混乱して |
| **in charge of ~** | ~の管理の中に | ➡ ~を管理して、~に管理されて |
| **in comfort** | 安楽の中に | ➡ 安楽に |
| **in confusion** | 混乱の中に | ➡ 混乱して、あわてふためいて |
| **in embryo** | 胎児の状態で | ➡ 初期に；未発育で |
| **in fetters** | 足かせの中で | ➡ 束縛されて、拘束されて |
| **in full bloom** | いっぱいの開花の中に | ➡ 満開で |
| **in good condition** | よい状態の中に | ➡ よい状態に、破損せずに |
| **in good trim** | よい整頓状態の中に | ➡ きちんと整頓されて |
| **in no small danger** | 小さくない危険の中に | ➡ 少なからぬ危険に |
| **in order** | 秩序の中に | ➡ 整然と |
| **in order of size** | サイズの順序に | ➡ 大きいものから小さいものへ |
| **in regular order** | 整然とした順序の中に | ➡ 順序正しく |
| **in ruins** | 荒廃の中に | ➡ 荒廃して |
| **in safety** | 安全の中に | ➡ 安全に |
| **in the family way** | 家族への道の中に | ➡ 妊娠して |
| **in the raw** | 自然のままで | ➡ 裸で |

# in ⑥ = 〜の気持ちで

★喜怒哀楽などの感情や動揺、狼狽などの心の状態を表わすのに、in「〜の気持ちで」を用いることが多い。

★ in joy and in sorrow「喜ばしい時も悲しい時も」あなたはこの人と…を誓いますかと、結婚式のとき牧師が、新郎新婦にたずねる。

★ in a box というと、「箱の中に」から変わって、「まったく困って」となる。せまい箱の中に入れられれば、なるほど困るわけである。

★ vein は鉱脈だから、そのように人の性質のなかにある、特異な気質、気分を表わす。だから、in light vein は「軽い気持ちで」となる。

## in a haze

・もやの中に → ・もうろうとして

| | | |
|---|---|---|
| **in a corner** | 片隅にいるように | ➡困って |
| **in a fit of passion** | 激情の発作の中に | ➡かっと怒って、かんしゃくを起こして |
| **in a haze** | もやの中に | ➡もうろうとして |
| **in a huff** | 不機嫌の中に | ➡ひどく怒って |
| **in a pretty fix** | かなりの苦境の中に | ➡すっかり困って |
| **in bad humor** | 悪い気分の中に | ➡不機嫌で、打ち明けて |
| **in confidence** | 信頼の中に | ➡信頼して |
| **in despair** | 絶望の中に | ➡絶望して |
| **in dilemma** | 板ばさみの中に | ➡板ばさみになって、進退きわまって |
| **in earnest** | 本気の中に | ➡本気で |
| **in fun** | おもしろさの中に | ➡おもしろがって、冗談に |
| **in great agonies** | 大きな苦悩の中に | ➡七転八倒の苦しみで |
| **in great haste** | 大きな急ぎの中に | ➡大急ぎで |
| **in high spirits** | 高い元気の中に | ➡元気がよく |
| **in hurry and scurry** | 急ぎと急ぎの中に | ➡大あわてにあわてて |
| **in joy and in sorrow** | 喜びの中でも悲しみの中でも | ➡うれしい時も悲しい時も |
| **in lighter vein** | より軽い気分の中に | ➡軽い気分で |
| **in no mood for joking** | 冗談への気分のない中で | ➡冗談どころなく |
| **in tears** | 涙の中に | ➡涙ながらに、泣きながら |
| **in the blues** | 憂うつさの中に | ➡憂うつで |

# in ⑦ = ～の形で

★状態のなかでも、とくに形状を表わす in「～の形で」がある。It is oval in shape.「形は楕円形だ」、gold pieces in great heaps「山と積んだ金貨」のように。

★形からさらに、色をも表わす。a woman in white は「白衣の女性」。

★まえの例でもわかるとおり服装の場合にも使う。in full dress は「正装して」。劇場の dress circle といういい席は full dress でなければはいれなかったところから。

★さらに高さ、深さ、広さなどもみな in をとる。

**in full dress**

完全な服装で → 正装で

**in a big circle** ● 大きな円の状態で➡大きな円を描いて、大きな輪になって

**in a body** ● 一体となって➡いっせいに

**in a crowd** ● 群の状態で➡群をなして、どやどやと

**in a group** ● 群の状態で➡群をなして

**in a queue** ● 行列の状態で➡列を作って

**in a row** ● 列の状態で➡並んで

**in clusters** ● かたまりの状態で➡かたまって

**in detail** ● 細部にわたって➡詳細に

**in full dress** ● 完全な服装で➡正装で

**in heap** ● 山盛りの状態で➡山をなして

**in human shape** ● 人間の形で➡人間の皮をかぶった

**in kind** ● 同種のもので➡(支払いが金でなく) 品物で；本来の性質が

**in large numbers** ● 大きな数の状態で➡たくさんの数で

**in length** ● 長さにおいて➡長さで

**in rags** ● ぼろの中に➡ぼろを着て

**in some measure** ● いくらかの量で➡いくらか (量)

**in spectacles** ● メガネの状態で➡メガネをかけて

**in store** ● 貯えて➡用意されて

**in the bud** ● つぼみの状態で➡つぼみのうちに (摘むなど)

**in uniform** ● 制服を着て➡制服で

# in ⑧ = ～で

★ in は「～で」で道具、材料を表わす場合がある。in pencil「鉛筆で」、in blue black ink「ブルーブラックインクで」のように。また、in brass は「真鍮で」、in ivory は「象牙で」。in black and white は「墨絵で」のように。

★声にも in をつけることがある。in a still small voice だと、「静かな小さい声で」つまり「良心の声で」のこと。

★なお、in return for ～「～への返事に」とか in reply「返事に」など、理由も表わすことができる。

**in black and white**

黒と白で → 墨絵で

| | |
|---|---|
| **in a person's place** ● 人の場所で➡人の代理で | |
| **in a small way** ● 小さい行き方で➡ささやかに | |
| **in a still small voice** ● 静かな小さな声で➡良心のささやきで | |
| **in ball pen** ● ボールペンで➡ボールペンを使って | |
| **in black and white** ● 黒と白で➡墨絵で | |
| **in bronze** ● 青銅という材料で➡青銅で | |
| **in cash** ● 現金という手段で➡現金で | |
| **in chorus** ● コーラスで➡いっせいに | |
| **in farewell** ● 別れの中で➡別れに | |
| **in foreign style** ● 外国のスタイルで➡外国風に | |
| **in Indian accent** ● インド風のアクセントで➡インドなまりで | |
| **in oils** ● 油絵具という道具で➡油絵具で | |
| **in one way or other** ● ある方法か他の方法で➡なんらかのやり方で | |
| **in one's own handwriting** ● 自分自身の手書きで➡直筆で、自筆の | |
| **in plain English** ● やさしい英語で➡卒直に言えば | |
| **in pursuit** ● 追跡の中に➡追跡して | |
| **in return for ~** ● ～への返事に➡～への返報に | |
| **in round number** ● だいたいの数字で➡端数を省いた数で | |
| **in the capacity of ~** ● ～という資格で➡～の資格で | |
| **in the light of ~** ● ～の光に照らしてみれば➡～の点から | |

## in ⑨ = 〜のために

★ They erected a monument in memory of Kennedy.「ケネディを記念するために、碑を立てた」のように、in は「〜のために」で目的を示すことがある。in honor of 〜 は「〜に敬意を表するために」つまり、「〜に敬意を表して」、また、「〜を記念するために」すなわち「〜を記念して」、さらに「〜を祝うために」つまり「〜を祝って」など。in token of my gratitude なら「私の感謝を表わすために」である。

★ おなじみの in spite of 〜「〜にかかわらず」の spite は「憎しみ」「悪意」という意味。

in token of 〜

〜のしるしとして

〜を表わして

| | | |
|---|---|---|
| **in anticipation of ~** | ● ~の予想の中に | ➡ ~を予想して |
| **in case of ~** | ● ~の場合の中に | ➡ ~の場合に |
| **in command of ~** | ● ~の指揮のために | ➡ ~を指揮して |
| **in consideration of ~** | ● ~の考えの中で | ➡ ~を考慮して |
| **in defense of ~** | ● ~の弁護に | ➡ ~を弁護するために |
| **in explanation of ~** | ● ~の説明に | ➡ ~を説明して |
| **in illustration of ~** | ● ~の例証に | ➡ ~を例証して |
| **in imitation of ~** | ● ~の模倣の中に | ➡ ~をまねて |
| **in memory of ~** | ● ~の記念に | ➡ ~を記念するために |
| **in possession of ~** | ● ~の所有に | ➡ ~を占領して |
| **in presence of ~** | ● ~の存在するところで | ➡ ~の前で |
| **in proof of ~** | ● ~の証明のために | ➡ ~を証明して |
| **in respect of ~** | ● ~の点で | ➡ ~に関して、~については |
| **in spite of ~** | ● ~を憎んで | ➡ にもかかわらず；~をものともせず |
| **in support of ~** | ● ~の支持に | ➡ ~を支持するために |
| **in the absence of ~** | ● ~の不在の中で | ➡ ~のない場合には |
| **in the event of ~** | ● ~の起こった場合には | ➡ まんいち~の場合には |
| **in token of ~** | ● ~のしるしとして | ➡ ~を表わして |
| **in view of ~** | ● ~を考えて | ➡ ~にかんがみて |
| **in want of ~** | ● ~の必要の中に | ➡ ~が入用で |

# little = ほとんど〜ない

★形容詞の little は、がんらい「小さい」意だが、副詞になって a little と a がつけば「少しばかりある」、a がつかないと「ほとんど〜ない」で、いずれも量を表わす。I know very little about electronics. は「私は電子工学のことをごく少ししか知らない」という意味。

★さらに強まって、「まったく〜ない」(= not at all) となる。dream などについて、I little dreamed of my success.「自分が成功するなどとは夢にも思っていなかった」。

★little の比較級は less、最上級は least。

little imagine

まったく想像しない → 夢にも思わぬ

**least of all** ● すべてのうちで最少の→もっとも~でない

**Least said and soonest mended.** ● 少なく言って早くなおす→言わぬが花

**least wise** ● 最小の方法で→少なくとも、せめて

**less and less** ● より少なくそしてより少なく→だんだん少なく

**less known** ● より少なく知られて→あまり知られていない

**Less noise, please!** ● どうぞ、もうすこし騒音を少なく→もうすこし静かに願います

**less valued** ● より少なく尊重されて→軽視されて

**little better than ~** ● ほとんど~よりよくはない→まず~と同じくらいである

**little by little** ● 少しまた少し→少しずつ

**little dreamed** ● 夢にも思わなかった→思いもかけなかった

**little, if any** ● 何かあるとしても少し→もしあるとしてもわずか

**little, if anything** ● 何かあるとしてもほとんどない→ほとんどない

**little imagine** ● まったく想像しない→夢にも思わぬ

**little less than ~** ● ~より少ないことはほとんどない→同じくらい

**little more than ~** ● ~より多いことはほとんどない→~そこそこで

**little or no** ● ほとんどまたはぜんぜんない→ほとんどまったくない

**little or nothing** ● ほとんどないか無→ほとんどあるいは何もない

**little short of ~** ● ~にたりないことはほとんどない→ほとんどある

**little summer of St. Luke** ● 聖ルカの小さな夏→10月中旬の好天気

**little thought** ● まったく考えなかった→夢にも思わなかった

# much = たいそう

★ Thank you very much.「おおきに」のように、much は「たいそう」で量的な感じを表わすことはご存じのとおり。

★ not がついて、not much of a golfer となると「たいしてゴルフがうまくない」。

★ much の比較級は more、最上級は most。more than 〜 は「〜より以上」だが、more than I can understand は「理解できる以上に」だから「理解できない」。He is more than a match for me. なら「彼は私にとって相手以上」だから、「私は彼にとてもかなわない」となる。

more than I can understand

理解できる以上に → 理解できない

**more and more** ● より多くより多く➡だんだん多く

**more by token** ● しるしによってより多く➡その証拠には、その上、それで見れば

**more likely than not** ● そうでないよりはありそう➡たぶん

**more often than not** ● たびたびないよりはもっとたびたび➡たいてい

**more or less** ● 多かれ少なかれ➡多少の差はあれ

**more than all** ● すべてより多くの➡なかんずく

**more than ever** ● ふつうより多くの➡いよいよ多くの

**most likely** ● もっとも多くありそうな➡もっとありそうな

**most of ~** ● ~の最大の➡~の大部分の

**most of all** ● すべてのうちで最大の➡なかんずく

**much as ~** ● 多く~のように➡~とほとんど同じほど

**much better** ● 多くよりよい➡ずっとよい

**much good** ● たいそうよい➡たくみな

**much less** ● はるかに少ない➡ずっと少ない

**much more** ● 多くより多い➡ずっと多い、まして

**much of ~** ● ~の多い➡たいした~

**much of a sort** ● ほとんど一つの種類の➡だいたい同じ種類の

**much of an age** ● ほとんど一つの年齢の➡だいたい同じ年齢の

**much on ~** ● ~において多く➡~が得意で

**much the same** ● 多く同じ➡ほとんど同じ

## no ① = 少しも〜ぬ

★ no は、比較級といっしょに用いて、「少しも〜ぬ」。I have no more to say.「もうこれ以上言うことがない」のように。No more of that! は「もうそんなことはよせ！」。

★ than を用いて比較するときは、「同様〜ない」の意。Things are no better than before. は「景気はあいかわらず悪い」。Mary is no less beautiful than Jane. は「メアリもジェインも同じように美しい」、Mary is not less beautiful than Jane. は「メアリはジェインにまさるとも劣らず（同等以上に）美しい」。

### no better than a beggar

・こじきよりよいことは少しもなく
・こじきも同然

**no better than ~** ● ～よりよくなく➡～と同様悪い

**no better than a beggar** ● こじきよりよいことは少しもなく➡こじきも同然

**no bigger than ~** ● ～と同様大きくなく➡同様小さく

**No farther.** ● より遠くなく➡もういいよ

**no fewer than ~** ● ～と同様少なくない➡～ほども(多く)

**no further objection** ● より以上の反対はなく➡これ以上の反対はない

**no less a person than ~** ● ～にほかならぬ➡だれあろう

**no less than ~** ● ～と同様多く➡～に劣らず多く

**no less A than B** ● Bと同様Aである➡Bと同じくAである

**no longer ~** ● ～より長くなく➡もはや～でない

**no more** ● より多くなく➡もうしない

**No more Hiroshima!** ● 広島はもういい➡広島の悲劇をくり返すな

**No more of your joke.** ● きみの冗談はもういい➡冗談はよせ

**no more than ~** ● ～より以上でなく➡たった～にすぎない

**no more A than B** ● Bよりも多くAでない➡Bと同じくAでない

**No more, thank you.** ● ありがとう、もういい➡もう結構です

**no other than ~** ● ～より以外まったくない➡～にほかならぬ

**no other A than B** ● Bより他ではAでない➡AのほかにはBはない

**no sooner than ~** ● ～すると同じほど早く➡～するやいなや

# no② = なにも〜ない

★no は、副詞のほかに、名詞の前について形容詞にもなる。①と関連させて覚えておいたほうがよい。I have no money with me.「金の持ち合わせが少しもない」のように、no は「なにも〜ない」。

★さらに、「けっして〜ない」となって、be の補語だったり、他の形容詞について、ただの打消しではなく、反対の方向に強める場合がある。He is no fool. は「彼はバカではない」でなく、「バカどころか、たいしたやつだ」となり、no good は「よくない」ではなく、「悪い」。

★省略文で「〜しちゃならぬ」「〜反対」。

★また、there is no 〜 ing. は it is impossible to 〜 と同じこと。

No flowers
例 花はなく
例 献花はご辞退

**No Admittance** ● 入場許可でない➡入場禁止

**no business of yours** ● おまえの仕事でない➡おまえの知ったことか

**no distance** ● ちっとも遠くない➡近い

**no doubt** ● 疑いもなく➡明らかに

**No flowers** ● 花はなく➡弔花はご辞退（死亡広告）

**no joke** ● 冗談ではない➡たいへんなこと

**no joking** ● 冗談言うな➡冗談じゃない

**no man** ● だれもない➡一人もない

**no match for ~** ● ~に匹敵しない➡~にはとてもかなわない

**no matter** ● 何でもないこと➡つまらぬこと

**no matter how ~ may** ● どんなに~でも➡どんなに~であろうと

**no one** ● 一人もない➡だれもいない

**no one but ~** ● ~のほかは一人もいない➡~だけ

**No parking** ● 駐車するな➡駐車禁止

**no scholar** ● 学者どころではない➡ものを知らない人間

**no small number** ● 少なからぬ数➡多数

**No surrender!** ● 降伏するな！➡降伏反対！

**No talking in the class.** ● 教室でしゃべるな➡授業中雑談禁止

**no A without B** ● BなしにAはなく➡BがなければAもない

**no wonder** ● ふしぎもなく➡当然

# not ① = ～でない

★ He is not a mere nobody.「彼はとるにたりない人ではない」、He won't ( = will not) want it.「彼はそれを望まぬだろう」のように、not は「～でない」と否定を表わす。

★「～でない」を強めるには not に at all や by all means などを添えるほか、a bit「すこしもない」など強めの語を用いる。do not care の次に a fig, a pin, a cent, a penny, a stone, a nail, a button など、とるにたりないものをくっつけて、「少しも気にしない」。

★ また、「雨が一滴も降らない」not a drop of rain,「一睡もしない」not a wink of sleep などのような表現法がある。

・not a drop of rain

・雨の一滴もない → 雨がぜんぜん降らない

**not a bit** ● 少量もない➡すこしもない

**not a breath of air** ● 風のそよぎもない➡そよとも風が吹かない

**not a drop of rain** ● 雨の一滴もない➡雨がぜんぜん降らない

**not a hair** ● 髪一本もない➡少しもない

**not a man** ● 人ひとりもいない➡だれもいない

**not a wink of sleep** ● またたく間ほどの眠りもなく➡一睡もしない

**not a word** ● 一つの言葉もない➡一語もない

**not at all** ● すべてにおいてない➡まったくない

**not because A, but because B** ● AだからでなくBだから➡AのためでなくBのため

**not by all means** ● すべての手段を使ってもない➡けっしてない

**not for the world** ● 世界とかえてもない➡けっしてない

**not in any way** ● どんな点でもない➡けっしてない

**not in the least** ● 最小においてもない➡すこしもない

**not merely A, but likewise B** ● たんにAでなくBもまた➡AばかりかBも

**not only A but also B** ● たんにAでなくBも➡AばかりかBも

**not that ~** ● ～というわけでなく➡～とはいうものの

**not that A but that B** ● AのためでなくBで➡AというわけでなくBで

**not to mention** ● 言うことなく➡言わずもがな

**not to say** ● 言えなくて➡とは言えないまでも、でなくても

**not to speak of ~** ● ～を言うことなく➡～は言うまでもなく

# not ② = 必ずしも〜でない

★ not を用いた遠回しの言い方がある。not a few だから「少数ではない」というのかと思うとさにあらず、それでは弱い。「少なからず」から「多く」で many と同じ。

★ また、「必ずしも〜ない」ともなる。not が all など全部、完全さを表わす語といっしょになると、「全部が〜というわけではない」、「まったく〜というわけではない」と部分否定になる。All is not gold that glitters. は「光るもの必ずしも金ならず」。

not reluctant

・いやどころではなく

・よろこんで

**not a few** ● 少なからぬ➡多数の

**not a little** ● 少なからぬ➡多量の

**not all ~** ● すべての~ではない➡全部が全部~というわけではない

**not altogether ~** ● まったく~ない➡まったく~というわけではない

**not always ~** ● つねに~ではない➡つねに~というわけではない

**not both ~** ● ~というのは両方ともでない➡両方とも~というわけではない

**not A but B** ● BせずにAしない➡Bすれば必ずAする

**not every ~** ● みな~ない➡みながみな~というわけではない

**not exactly ~** ● 正確に~ではない➡正確に~というわけではない

**not infrequently** ● たびたびでないわけではなく➡多く

**not much of a scholar** ● 学者としてたいしたことはない➡たいした学者ではない

**not nearly** ● ほとんどない➡けっしてない

**not necessarily ~** ● 必ず~というわけでない➡必ずしも~ではない

**not once or twice** ● 1度や2度ではなく➡何度も

**not quite ~** ● まったく~というのではない➡すこしは~である

**not reluctant** ● いやどころではなく➡よろこんで

**not seldom** ● まれどころではない➡たびたび

**not too well** ● たいしてよくなく➡かなり悪く

**not A without B** ● BしないでAすることはなく➡Aすれば必ずBする

# not ③ = 〜ない

★ not と形容詞のコンビが、比較の打消しに用いられる場合がある。A is not as 〜 as B.「A は B ほど〜でない」。

★ not smaller than 〜 は「〜より小さくはない（むしろ大きい）」だが、no smaller than 〜 は「〜と同じように大きい」であることは、no の項でも説明した。

★ I cannot swim any more than a pig can fly. は「私は泳げない。豚が飛べないと同様」で、I can no more swim than a pig can fly. と同意。

## not smaller than 〜

・〜より小さくはなく

・〜よりむしろ大きい

**not any** ● どんなものもない➡すこしもない

**not ~ any longer** ● どんなに長くても~でない➡もはや~でない

**not any more ~** ● どんなに多くても~でない➡もう~でない

**not any more A than B** ● Bでないと同様Aでない

**not as A as B** ● BのようにAではない➡BほどAではない

**not A because B** ● AではなくBだから➡BだからといってAではない

**not better than ~** ● ~よりよくはない➡~以上ではない、~に過ぎない

**not greater than ~** ● ~より大きくなく➡~よりむしろ小さい

**not in the least** ● 最小限においてもない➡すこしもない

**not less beautiful than ~** ● ~より美しくないわけではない➡~より美しい

**not less than ~** ● ~より少なくはない➡~よりむしろ多い

**not A long before B** ● Bするまえに長くAしない➡あまりAしないうちにBする

**not more than ~** ● ~より多くはない➡~以上ない

**not more A than B** ● Bより多くAではない➡B以上にAではない

**not smaller than ~** ● ~より小さくはなく➡~よりむしろ大きい

**not so A as B** ● BのようにそんなにAではない➡BほどAではない

**not so much as ~** ● ~ほどでもない➡~さえもない

**not so much A as B** ● Bのようにそう多くAではない➡AというよりむしろB

**not the least ~** ● 最小限の~でない➡最小の~もない

**not A until B** ● BまではAでない➡BしてはじめてAする

# of ① = ～の

★ of は、ほんらい位置や距離を表わして、「～の」「～から」である。

★空間から時間を表わすようになる。of eight (years old) は「8歳の」、a girl of eight は「8歳の少女」。of late は「最近」( = lately) で副詞句。days は時代を表わすので、people of other days「むかしの人びと」、the best singer of his days「当時の最優秀歌手」のようにもなる。

★そして、習慣的行為を表わす of a Sunday は「日曜などに」となるが、やや古い言い方である。

★さらに on Sunday of all days に変わると、「日もあろうに日曜に」で「よりによって日曜に」。

## of tender age

・かよわい年の

・若年の

| | | |
|---|---|---|
| **of a certainty** | ● 確実の | ➡ 確かに |
| **of a morning** | ● 朝などに | ➡ よく朝などに |
| **of a sudden** | ● 突然の | ➡ 突然に |
| **of a Sunday morning** | ● 日曜の朝などに | ➡ よく日曜の朝に |
| **of age** | ● 年の | ➡ 歳の；成年の |
| **of all ages** | ● すべての年齢の | ➡ 老人も若ものも |
| **of all days** | ● すべての日のうちで | ➡ 日もあろうに |
| **of all things** | ● あらゆる物の中で | ➡ こともあろうに |
| **of an evening** | ● 夕方の | ➡ 夕方などに |
| **of course** | ● とうぜん | ➡ もちろん、いうまでもなく |
| **of late** | ● 最近 | ➡ 最近の |
| **of late years** | ● ここ数年の | ➡ 近年 |
| **of noble birth** | ● 気高い生まれの | ➡ 名門の |
| **of old** | ● 古い (時の) | ➡ むかしの |
| **of one's days** | ● 人の時代の | ➡ 当時の |
| **of other days** | ● 他の時代の | ➡ むかしの |
| **of recent years** | ● 最近の数年の | ➡ 近年 |
| **of tender age** | ● かよわい年の | ➡ 若年の |
| **of the days** | ● その時代の | ➡ 現代の |
| **of the hour** | ● その時間の | ➡ 現代の |

# of ② = 〜から

★ of は「〜から」で起原・原因を示す。die of hunger「飢えで死ぬ」のように。

★ さらに of importance となって「重要性のある」、つまり形容詞 important と同じ意味を作る。この熟語は形容詞などがとれて便利。of great importance「たいへん重要な」、of no importance「少しも重要でない」など。

★ of a trade は「同じ職業の」で、two of a trade になると「同じ職業の二人」で「商売がたき」ということ。ちょうど birds of a feather が「同じ色の羽の鳥」のように。

★ of my own は「私自身の」だから、a house of my own は「私自身の家」。また、of one's own choosing は「自分で選んで」。

of frost 霜の → 氷点下

**of a kind** ● 一種類の➡いいかげんな

**of a mind** ● 一つの心の➡同じ考えの

**of consequence** ● 重要性のある➡重要な

**of frost** ● 霜の➡氷点下

**of help** ● 助けのある➡役に立つ

**of one's own accord** ● 自分自身の同意の➡みずから進んで、自発的に

**of oneself** ● 自分自身の➡ひとりでに、自然に

**of moment** ● 重要さの➡重要な

**of necessity** ● 必要さの➡必要な

**of no account** ● 重要さなしの➡すこしも重要でない

**of no avail** ● 益なしの➡益のない、役に立たない

**of no interest** ● 興味なしの➡興味のない

**of note** ● 注意のある➡注目の

**of one's own** ● 自分自身の➡自分の所有の

**of service** ● 奉仕の➡役に立つ

**of some length** ● ある長さの➡そうとう長い

**of the name of ~** ● ~の名まえの➡~という名の

**of the world** ● 世間の➡世俗の

**of use** ● 使用の➡有用な

**of value** ● 価値の➡価値のある

# off = ～から離れて

★ Keep off the grass.「芝生から離れていろ（近づくな）」のように、「～から離れて」の意。off-hand「即座の」、standoffish「よそよそしい」、off limits「立入禁止地区」なども参照。

★「離れて」から「はずれて」「狂って」となる。off the sill「しきいからはずれて」、off one's head「気がふれて」のように。

★「離れて」から「～の沖合に」。off the coast「海岸の沖合に」。on the coast なら「海岸に」。なお offing「沖」という語もある。

★ゴルフで play off 3 といえば、「3ハンディをつけてプレーする」ことである。

★これは副詞だが、Off with you! は「立ち去れ」ということ。

**off one's head**

・頭を離れて → ・発狂して

**off and on the shore** ● 岸から離れたりついたり➔(船などが)岸へ近づいたり離れたり

**off base** ● 基礎を離れて➔まったくまちがって

**off duty** ● 義務を離れて➔非番で

**off one's balance** ● 平衡を失って➔調子が狂って、どぎまぎして

**off one's eggs** ● 卵を離れて➔誤解している

**off one's guard** ● 警戒を離れて➔警戒せずに、油断して

**off one's hands** ● 手を離れて➔責任がすんで

**off one's head** ● 頭を離れて➔発狂して

**off one's legs** ● 脚を離れて➔休んで

**off one's onion** ● たまねぎ(頭)を離れて➔気がふれて

**off the beaten track** ● 常道をはずれて➔常軌を逸して

**off the coast** ● 海岸を離れて➔沖合に

**off the hinges** ● ちょうつがいがはずれて➔調子が狂って

**off the map** ● 地図にない➔重要でない

**off the mark** ● 的をはずれて➔中心がぼやけて

**off the point** ● 要点を離れて➔ポイントをそれて、中心をはずれて

**off the reel** ● (糸などが)リールを離れて➔すらすらと

**off the road** ● 道路から離れて➔本道からはずれて

**off the stage** ● 舞台を離れて➔舞台の陰で

**off the track** ● 軌道を離れて➔脱線して

## on ① = 〜の上に

★ on は「〜の上に」という場所に接触していることを示す。a church on the hill「丘の上に教会がある」、appear on TV「テレビに出る」、the label on the bottle「ビンのレッテル」、a butterfly on the rose「バラにとまったチョウ」のように、「(くっついて) 〜の上に」である。

★さらに「〜に」「〜の境に」と接触を示す。on the east「東境に」、on the Mississippi「ミシシッピー河畔に」のように。

★「〜に」は方向も表わす。on the right「右側に」、on this side「こちら側に」など。

**on the air**

・電波の伝わる空中に

・放送中で

**on both sides of the Atlantic** ● 大西洋の両側に➡北米と欧州とに

**on horseback** ● 馬の背の上に➡馬に乗って

**on my part** ● 私の部分の上で➡私としては

**on the air** ● 電波の伝わる空中に➡放送中で

**on the back of ~** ● ~の裏に➡~に引き続いて；~に加えて

**on the black list** ● ブラックリストに載って➡注意人物の

**on the highroad to ~** ● ~への街道に➡~になろうとして

**on the left** ● 左の側に➡左側に

**on the outside of ~** ● ~の外側に➡~の周辺に

**on the raw** ● すりむけて痛い所を➡弱点を

**on the screen** ● スクリーンに➡銀幕に、映画で

**on the sea** ● 海の上に➡海上に、船に乗って、海に臨んで

**on the side of ~** ● ~の側に➡~に味方して

**on the street** ● 街頭に➡宿なしに、浮浪者・街娼となって

**on the tip of one's tongue** ● 舌の先で➡あやうく口から出かかった

**on the top of ~** ● ~の頂上で➡~の上に、おまけに

**on the verge of ~** ● ~の縁に➡まさに~しようとして

**on this side of 40** ● 40のこちら側に➡まだ40歳まえで

**on top** ● 頂上に➡群をぬいて

**on top of the world** ● 世界の絶頂で➡有頂天の

# on ② = 〜のときに

★ on Sunday「日曜に」のように、曜日には on をつける。
★ on は、on the morning of 27.「27 日の朝に」のように、「〜のときに」と時を表わす。
★ on time は、12 時なら 12 時「きっかりに」である。
★ on the eve of 〜 は「〜の前夜に」だが、比喩的に on the eve of revolution「革命の前夜に」と用いる。「まさに〜しようとして」という意味。
★「〜に」からもっと切迫した「〜するとすぐに」。on arriving「到着するとすぐ」のように、同時の時を表わす。as soon as 〜、immediately 〜 と同じ意。

## on the eve of 〜

・〜の前夜に

・まさに〜しようとして

**on a sudden** ● 突然のときに➡突然

**on and after ~** ● ～日とそのあと➡(何日) 以降

**on arrival** ● 到着の上で➡着くとすぐ

**on delivery** ● 配達と同じときに➡配達されしだい

**on demand** ● 要求と同じときに➡要求しだい

**on examination** ● 調査の上で➡くわしく調べてみて

**on inquiry** ● 質問のときに➡質問がありしだい

**on investigation** ● 調査の上で➡調べてみると

**on one occasion** ● 一つの機会のときに➡ある機会に、あるときに

**on reflection** ● 反省の上で➡反省してみると

**on second thought** ● 二度の考えの上で➡もう一度考えて

**on the eve of ~** ● ～の前夜に➡まさに～しようとして

**on the hour** ● 時間に➡1分もちがわず

**on the instant** ● 瞬間的に➡即座に

**on the morrow of ~** ● ～の翌日に➡～の直後に、～の翌朝に

**on the point of ~** ● ～の地点の上に➡まさに～しようとして

**on the spot** ● その地点で➡即座に

**on the spur of the moment** ● 瞬間の刺激で➡時のはずみで、思慮なく

**on the stroke of ~** ● ～時を打つと➡打つやいなや

**on time** ● 時間の上に➡時間通りに；分割払いで

## on ③ = 〜している

★on は「〜している」と、状況の経過を表わす場合がある。Miss Universe is on parade.「ミス・ユニバースがパレードしている」のように。

★また、「〜している」で状態をも表わす。The house is on fire.「家が燃えている」のように。on fire は、だから、burning におきかえられる。on the wing「飛んで (いる)」、on the watch「警戒して (いる)」などもこのなかにはいる。なお、on the increase「増大して (いる)」(= increasing) の反対は、on the decrease である。

on the square

・真四角の状態で

・正直に

**on camera** ● テレビの前で➡あがって

**on display** ● 陳列の状態で➡陳列されて

**on duty** ● 任務で➡当番で

**on one's guard** ● 警戒の状態で➡警戒して、用心して

**on parade** ● 行列の状態で➡オンパレードで、行列して

**on record** ● 記録の上に➡記録されて

**on sale** ● 売りの状態で➡売られて、売出し中で

**on strike** ● ストライキの状態で➡ストライキ中で

**on the average** ● 平均の上で➡平均して

**on the bias** ● 斜めに➡ゆがんで

**on the chain** ● 鎖の状態で➡鎖でしばられて

**on the cheap** ● 安く➡安っぽく

**on the go** ● やっている状態で➡たえず活動して；いま出たばかりで

**on the increase** ● 増大の状態で➡増大して

**on the lookout** ● 警戒の状態で➡警戒して

**on the QT (=quiet)** ● 静かな状態で➡ひそかに

**on the sly** ● ずるい状態で➡こっそりと

**on the square** ● 真四角の状態で➡正直に、公平に

**on the stretch** ● 張った状態で➡緊張して

**on the wane** ●(月が)欠ける状態で➡(月が)欠けて；だんだん弱まって

## on ④ = ～して

★ on tiptoe といえば「爪先で」、つまりぬき足さし足しのび足で「そっと」という動作を表わす。ここの on は、「～して」で体の動作や状態を表現する。

★ lie on one's back は「背中の上に寝る」のだから「あお向けになる」。walk on all fours は、fours が 2 本の手と 2 本の足であるから、「よつんばいになってはう」。人間は、赤ん坊ではよつ足で、成長して 2 本になり、年とって杖をたよりに 3 本足になる。これがスフィンクスのナゾナゾ話。

★ 体の部分を on に続けるとまだまだできる。stand on one's head は「逆立ちする」。

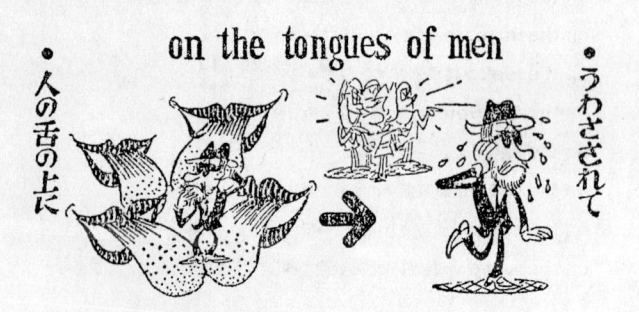

### on the tongues of men

・人の舌の上に  ・うわさされて

**on all fours** ● すべての四つ (の手足) の上に➡よつんばいになって

**on all hands** ● すべての手の上に➡四方八方に

**on foot** ● 足の上で➡徒歩で；動いて；進行して

**on hand** ● 手の上に➡持ちあわせて、出席して

**on one's face** ● 自分の顔の上に➡うつぶせになって

**on one's hands and knees** ● 自分の手と膝の上に➡よつんばいになって

**on one's heels** ● 自分のかかとの上で➡かかとで (回るなど)

**on one's knees** ● 自分の膝の上に➡ひざまずいて

**on one's last legs** ● 最後の足で➡弱りはてて、死にかかって

**on one's legs** ● 自分の足の上に➡独立して

**on one's side** ● 自分の横腹の上に➡横向きに (寝るなど)

**on one's stomach** ● 自分の腹の上に➡はらばいになって

**on one's toes** ● 自分の爪先の上に➡爪先で；機敏で；待ちかまえて

**on the heels** ● かかとに接して➡すぐ後から

**on the knees of God** ● 神の膝の上に➡人間の力では決まらない、いずれとも決まらない

**on the move** ● 動きの上に➡動いて

**on the tip of one's tongue** ● 舌の先端に➡のどまで出かかって

**on the tongues of men** ● 人の舌の上に➡人の口にのぼって、うわさされて

**on the wing** ● 翼の上に➡飛んで

**on tiptoe** ● 爪先で➡そっと；期待して

## on ⑤ = 〜について

★ on は「〜の用向きで」を表わす。on business は「用事で」である。go on a journey は「旅行に行く」。start on an expedition to the South Pole は「南極探検にいでたつ」。

★ 用向きから話題に変わり、「〜に関して」「〜について」をも表わす。speak on the subject of 〜「〜について語る」など。

★ さらに「〜で」で、手段、器具をも表わす。write a letter on typewriter「タイプライターで手紙を書く」のように。

★ また別に、「途中」を表わす。on the way「途中で」のように。on one's way to Ghana は「ガーナへ行く途中で」、on one's way from Disneyland は「ディズニーランドから帰る途中で」。

## on a fool's errand

・ばかの使いで

・むだ足を踏んで

| | | |
|---|---|---|
| **on a fool's errand** | ● ばかの使いで | ➡ むだ足を踏んで |
| **on a journey** | ● 旅行という用事で | ➡ 旅行に |
| **on a mission** | ● 伝道という用事で | ➡ 伝道に |
| **on a pilgrimage** | ● 巡礼という用事で | ➡ 巡礼に |
| **on a visit** | ● 訪問という用事で | ➡ 訪問に |
| **on cow's milk** | ● 牛の乳で | ➡ 牛乳で、母乳でなく |
| **on electric computer** | ● 電算機という器具で | ➡ 電算機で |
| **on furlough** | ● 休暇という手段で | ➡ 休暇をとって |
| **on leave** | ● 休暇という手段で | ➡ 休暇で |
| **on mother's milk** | ● 母の乳で | ➡ 母乳で |
| **on one's salary** | ● 自分の給料という手段で | ➡ 給料で |
| **on one's way back** | ● 自分の帰りの道の上で | ➡ 帰る途中で |
| **on rice** | ● 米という手段で | ➡ 米を食べて |
| **on the house** | ● 会社の負担で | ➡ ただで |
| **on the piano** | ● ピアノという器具で | ➡ ピアノで |
| **on the radio** | ● ラジオという器具で | ➡ ラジオで |
| **on the subject of ~** | ● ～の問題に関して | ➡ ～という問題で |
| **on the telephone** | ● 電話という器具で | ➡ 電話で |
| **on the topic of ~** | ● ～の話題に関して | ➡ ～という話題で |
| **on urgent business** | ● 緊急の用事で | ➡ 急用で |

# on ⑥ = ～にもとづいて

★ on は、「～の上に」から「～にもとづいて」と、基準を示すことがある。

★基準から、立場を表わし、on the same footing「同一立場で」などとなる。

★さらに根拠や理由を示す「～によって」と変わる。on what ground「いかなる根拠で」などのように。おなじみの on account of ～「～のために」もこのなかにはいるが、この場合 account は「理由」という意味。on the strength of one's popularity といえば、「顔で」。

★根拠から「～の方法で」と発展する。流行の「月賦計画で生活する」のは、live on instalment plan である。

## on credit

・信用にもとづいて　→　・かけ売りで

| | |
|---|---|
| **on a level with ~** ● | ~といっしょの基準の上に➡~と同じ基準で |
| **on a solid basis** ● | 堅い基礎の上に➡しっかりした基盤にもとづいて |
| **on account of ~** ● | ~の理由で➡~のために |
| **on an equal footing with ~** ● | ~について同じ立場の上で➡~と同じ立場で |
| **on behalf of one's friend** ● | 友人の利益の上に➡友人のために |
| **on credit** ● | 信用にもとづいて➡信用貸しで、かけ売りで |
| **on good authority** ● | よい権威にもとづいて➡確かな筋によると |
| **on good terms with ~** ● | ~とともによい仲で➡~と仲よく |
| **on monthly instalments** ● | 月の分割払いにもとづいて➡月賦で |
| **on no evidence** ● | ない証拠にもとづいて➡証拠がないのに |
| **on one's honor** ● | 自分の名誉にもとづいて➡名誉にかけて、誓って |
| **on one's word** ● | 自分の言葉にもとづいて➡言葉にかけて、誓って |
| **on purpose** ● | 目的にもとづいて➡わざと |
| **on small salary** ● | 少ない給料にもとづいて➡安月給で |
| **on suspicion** ● | 疑いにもとづいて➡嫌疑で、疑われて |
| **on the advice of ~** ● | ~という忠告にもとづいて➡~という忠告で |
| **on the chance of ~** ● | ~の機会にもとづいて➡もしや~かと思って |
| **on the ground that ~** ● | ~という地の上で➡~という根拠で |
| **on the strength of ~** ● | ~の力の上で➡~を当てにして |
| **on the understanding of ~** ● | ~という理解の上で➡~という了解で |

## out ① = 外へ

★ out は「外へ」である。go out「外へ出る」、drive out「追い出す」のように。

★「外へ」ということは中から見ると、「離れて」「不在で」ということになる。He is out. だと、「彼は留守だ」となる。keep a person out は「人を外へ保っておく」から「人を中へ入れない」。

★ さらに発展して、「世に出て」「露見して」などとなる。The murder is out. は「人殺しが露見する」つまり「人殺しがばれた」となる。

★ ほかに、「心がけて」「熱中して」などの意味が出てきた。

out from under

・下から外へ

・危機をのがれて

| | |
|---|---|
| **out and about** ● 外へ周辺へ➡(病人が) 外出できるようになって |
| **out and away** ● 外へそして向こうへ➡とくにすぐれて、群をぬいて |
| **out and home** ● 外へと家へと➡行きも帰りも |
| **out and out** ● 外へまた外へ➡完全に、徹底的に |
| **out at sea** ● 海の外へ出て➡外海へ出て、沖へ出て |
| **out for a row** ● 騒動を求めて外へ➡騒動をたくらんで |
| **out for a walk** ● 散歩のために外へ➡散歩に出かけて |
| **out for happiness** ● 幸福のために外へ➡幸福になろうとして |
| **out for some trouble** ● ある面倒を求めて外へ➡問題を起こそうとたくらんで |
| **out from under** ● 下から外へ➡危機をのがれて |
| **out hunting** ● 狩りのために外へ➡狩りに出て |
| **out in one's calculation** ● 自分の計算において外へ➡計算ちがいで |
| **out in the country** ● 外へ出ていなかに➡いなかに、郊外に |
| **out in the field** ● 外へ出て野原で➡野外で |
| **out on the tiles** ● タイルの口に出て➡遊び回って、放蕩して |
| **out there** ● そこの外に➡向こうに |
| **out to ~** ● ~へと外へ➡~しようと努力して |
| **Out upon you!** ● なんということだ!➡ばかな! |
| **Out with ~ !** ● ~に関して外へ!➡~を追い出せ! |
| **out with one's friend** ● 友人に関して離れて➡友人と仲たがいして |

## out ② = 外に出て

★ out「外に出て」は of を後ろにとって、out of 〜 となることが多く、out のいろいろな意味に応じて、out of の意味も変化する。

★ まず、「〜の中から」と場所の移動を示すことがある。out of doors は「戸外に」のように。out of the frying pan into the fire は「フライパンから火の中へ」で、「小難をのがれて大難に（おちいる）」。場所の「外」から抽象的な「範囲外に」に発展する。Out of sight, out of mind. は「見えなくなるものは忘れられてゆく」で、「去るもの日々にうとし」ということ。I'm out of it. は「私はそれに関係ない」という意味になる。

**out of the frying pan into the fire**

フライパンから火の中へ　　小難をのがれて大難に

**out of date** ● 時代の外に➡時代おくれで

**out of debt** ● 借金の外に➡借金をしないで

**out of hearing** ● 聞くことの外で➡聞こえない所で

**out of mind** ● 心の範囲外に➡忘れられて

**out of one's beat** ● 自分の持ち場の外で➡商売ちがいの

**out of one's line** ● 自分の範囲外で➡専門外で

**out of one's pocket** ● 自分のポケットから➡自腹を切って

**out of one's range** ● 自分の範囲の外に➡届かずに

**out of proportion** ● つりあいの外に➡つりあいのとれない

**out of reach** ● 届く範囲の外に➡届かぬ所に

**out of sight** ● 視界の外に➡見えなくて

**out of stock** ● 在庫の外に➡在庫品がきれて

**out of the common** ● 普通から出て➡非凡な

**out of the question** ● 問題の外で➡問題外の、思いもよらない

**out of the way** ● 道から外へ➡人里離れた、じゃまにならぬ；並みはずれた

**out of time** ● 遅れて➡時候はずれの；拍子はずれの

**out of touch** ● 接触から離れて➡連絡できない

**out of trouble** ● 苦労の外に➡苦労しないで

**out of work** ● 仕事の外に➡失業中

# out ③ ＝ 外に向かって

★ out of は場所や範囲から、動機や気持ちを表わして「〜の気持ちから」のような意味になる。out of curiosity「好奇心から」「めずらしさのあまり」のように用いる。

★ さらに、材料などを表わして、「〜を使って」となる。make a house out of paper and wood は「紙と木で家を作る」、out of one's head は「自分の頭を使って」である。

★「外に出る」から「〜を使って」「〜が欠乏して」ということになる。run out of ink「インクがきれる」にように。

★ また、「〜を超えて」の意になり、times out of number「回数を超えて」つまり「何度も何度も」。

out of joint

・関節のはずれた　　・調子が狂った

| | | |
|---|---|---|
| **out of breath** | 呼吸のそとに | ➡息が切れて |
| **out of charity** | 慈悲から | ➡あわれんで |
| **out of courtesy** | 礼儀から | ➡おせじに |
| **out of curiosity** | 好奇心から | ➡ものめずらしさのあまり |
| **out of fashion** | 流行をはずれて | ➡流行おくれの |
| **out of humor** | 機嫌を失って | ➡不機嫌な |
| **out of joint** | 関節のはずれた | ➡調子が狂った |
| **out of kindness** | 親切な気持ちから | ➡親切心から |
| **out of love** | 愛の気持ちから | ➡愛情から |
| **out of mischief** | いたずら心から | ➡いたずらに |
| **out of necessity** | 必要から | ➡必要にかられて |
| **out of one's element** | 自分の住み場を失って | ➡いごこちの悪いところに |
| **out of one's senses** | 自分の感覚を失って | ➡気が狂って |
| **out of pity** | 哀れみから | ➡哀れに思って |
| **out of politeness** | ていねいな気持ちから | ➡おせじに |
| **out of season** | 季節をはずれて | ➡季節はずれの |
| **out of sorts** | 品質からはずれて | ➡健康のすぐれない |
| **out of spite** | 悪意から | ➡腹いせに |
| **out of temper** | 機嫌を失って | ➡怒った、かんしゃくを起こして |
| **out of tune** | 調子がはずれて | ➡調子はずれの |

# over = ～の上に

★ over は「(離れた) ～の上に」「上に」で、真上のことが多い。

★ さらに、「～をおおって」「おおって」と発展し、

★「～を超えて」「超えて」ともなる。場所にかぎらず、時間や年齢を超えるのにも使う。

★「～をおおって」から「～しながら」。talk over coffee は「コーヒーを飲みながら話す」。It's no use crying over spilt milk. は「こぼれたミルクを嘆いてもむだだ」つまり「後悔さきに立たず」。

★ おおう感じから「～に押しかぶさって」。Sleep came over me. は「眠気がおそってきた」。

★ 他に、「支配して」「離れた所に」「くり返して」。

**over head and ears in love**

恋のために頭と耳の上に → 恋にのぼせて

**over a cheerful glass** ● 楽しい杯をあげながら➡楽しく飲みながら

**over a fire** ● 火の上をおおって➡火にかけて

**over a good distance** ● かなりの距離をおおって➡かなりの距離にわたって

**over a long term of years** ● 長い期間の年月にわたって➡長年

**over a series of years** ● 一連の年月をおおって➡数年にわたって

**over against ~** ● ~と反対の位置に➡~と向かい合って

**over all** ● すべての部分をおおって➡端から端まで

**over and above** ● 越えてしかもその上に➡はるかに

**over and over** ● ➡くり返してまたくり返して➡何度も

**over head and ears in debt** ● 借金のために頭と耳の上に来て➡借金で首が回らず

**over head and ears in love** ● 恋のために頭と耳の上に来て➡恋にのぼせて

**over here** ● 越えてこちらに➡こちらのほうへ

**over hill and dale** ● 山や谷を越えて➡遠くまで

**over one's shoulder** ● 人の肩を越えて➡肩越しに

**over the head of ~** ● ~の頭を越して➡~の先を越して

**over the left** ● 左側を越して➡逆に言えば

**over the wire** ● 電線で➡電話で

**over there** ● 離れてあちらに➡向こうのほうに

**over today** ● 今日を越えて➡明日までに

**over 1000 people** ● 千人を超えて➡千人以上 (千人ははいらない)

## so = そう

★ I think so.「そう思います」のように、日本語の「そう」と同じ。Tom is happy, so is Jane.「トムは幸せだ。ジェーンもそうだ」、So I hear.「そう聞いている」のように。

★「そう」から「そんなに」「たいへん」に変わる。I'm so tired.「私はひどく疲れている」のように。

★ so … that 〜 からは「ひじょうに…だから、それで〜」または「〜するほど、そんなに…」。so that 〜 とくっついてしまうと、結果で「それで〜」となる。べつに、目的を表わして so that … may 〜「…が〜するように」がある。混同しないよう気をつけること。

so long

・そんなに長く → ・さよなら

**so and in no other way** ● それだけで他の方法はなしに➡方法はそれだけ

**so and so only** ● それでそれだけ➡方法はそれだけ

**so as not to do** ● …しないように (そんなに) ➡…しないよう

**so as to do** ● …するように (そんなに) ➡…するように

**So do I.** ● そう私もする➡私も同様である

**so far** ● そんなに遠くまで➡そこまでは、今までに

**so far as ~** ● ~のようなそんな遠さで➡~の限りでは、~さえすれば

**So I do.** ● そう私はする➡そのとおりである

**so long** ● そんなに長く➡さよなら

**so long as ~** ● ~のようなそんな長さで➡~ある限り、~でさえあれば

**so many** ● そのように多数の➡いくついくつ、それだけの

**so much** ● そのように多量の➡いくらいくら、それだけの

**so much for ~** ● ~に対してはその量で➡~はそれくらいにして、~はそんなところ

**so much more** ● なおさら➡ますます

**so saying** ● そのように言いながら➡そう言いながら

**so so** ● そんなもので➡まずまずで

**so that ~** ● それで~➡その結果~、そのために~

**so A that B** ● そんなにAなのでその結果Bとなる➡たいへんAなのでBである

**so that A may B** ● AがBできるようにそんなに➡AがBできるように

**so to say** ● まあ言ってみれば➡いわば、さながら

## to ① = ～へ

★ go to the north「北方へ」、keep to the right「右側を通行する」のように、to は方向を表わして、「～へ」となる。

★方向から時間を表わすように変わると、「～まで」となる。10 minutes to 3 o'clock は 3 時までに 10 分あるから「3 時 10 分まえ」である。ただし、米国では of 3 のように of もよく使う。from Sunday to Monday「日曜から月曜まで」のように、「～まで」は till ばかりではない。

★さらに、「～のために」と目的、運命などをも表わす。drink to one's health は「健康を祝して乾杯する」である。To your health! のようにも言う。

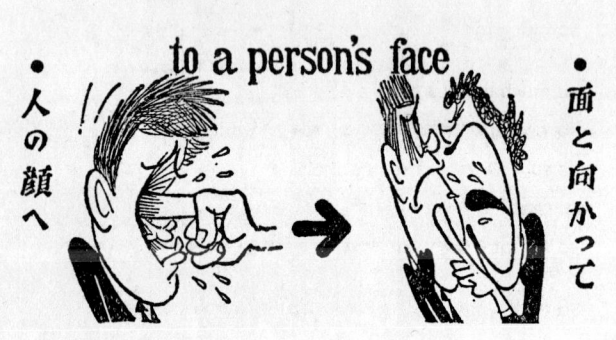

**to a person's face**

- 人の顔へ
- 面と向かって

**To arms!** ● 武器へ！➡武器をとれ！

**to a person's face** ● 人の顔へ➡面と向かって、じかに

**to and fro** ● あっちこっちへ

**To horse!** ● 馬へ！➡馬に乗れ！

**to one's dying day** ● 自分の死ぬ日まで➡臨終の日まで

**to one's health** ● 人の健康に対して➡人の健康を祝して（乾杯するなど）

**to one's rescue** ● 人の救助へ➡人の救助に（おもむくなど）

**to the bitter fate** ● きびしい運命に➡せつないさだめに（生まれる）

**to the end** ● 終わりへ➡終わりまで

**to the end of the chapter** ● 章の終わりへ➡章の終わりまで

**to the end of the world** ● 世界の果てまでも➡永遠に

**to the end of time** ● 時の終わりまで➡いつまでも

**to the leeward** ● 風下へ➡風下に

**to the purple** ● 紫色（高貴な色）へ➡高貴な身分に（生まれるなど）

**to the right** ● 右へ➡右側へ

**to the south** ● 南へ➡南方へ

**to the windward** ● 風上へ➡風上に

**to this day** ● この日まで➡今日にいたるまで

**To work!** ● 仕事へ！➡仕事につけ！

**To your success!** ● あなたの成功へ！➡ご成功を祈る！

## to ② = 〜になるまで

★ fight to the last「最後まで戦う」、be burnt to ashes「灰になるまで燃える」つまり「灰燼(かいじん)に帰す」などと、to は「〜になるまで」という限度を表わす。あるいは「消えて灰になった」と結果を表わすものと考えてもいい。

★ cut to the quick は、quick が「なま身の肉」(quick silver も「生きているように動く銀」から「水銀」)だから、「その肉の部分まで切る」つまり、「人の痛いところを突く」という意味。

### to a T

・丁字形へと → ・きちんと

**to a certain extent** ● ある程度まで➡ある点までは、やや、いくぶん

**to a degree** ● 一つの程度まで➡ひじょうに、そうとう

**to a nicety** ● 正確さへと➡きちんと、正確に、ちょうどよく

**to a T** ● T字形へと➡きちんと、ぴったりと

**to an inch** ● 1インチまで➡精密に

**to ashes** ● 灰へと➡灰になるまで

**to perfection** ● 完全へ➡完全に

**to the backbone** ● 背骨にまでも➡背の髄まで、どこまでも

**to the best of one's ability** ● 能力のぎりぎりまで➡できるだけ

**to the bone** ● 骨にまでも➡骨髄までも、ぐさりと

**to the bottom** ● 底へ➡底まで、根底まで

**to the brim** ● ふちへ➡ふちにまで、ふちいっぱいに

**to the core** ● しんへ➡しんまで、徹底的に

**to the death** ● 死へ➡死ぬまで、最後まで、ひどく

**to the last penny** ● 最後の1ペニーまで➡1文も残らず

**to the letter** ● 文字どおりに➡寸分たがわず

**to the minute** ● 分までも➡1分も遅れずに、かっきり

**to the quick** ● なま身にまで➡(人の) 痛いところを (突くなど)

**to the skin** ● 肌へ➡肌までも (ぬれるなど)

**to the utmost** ● 極限にまで➡極度に、この上なく

# to ③ = 〜したことに

★to はまた、感情の原因を表わして、「〜したことに」となる。たとえば、to my surprise「驚いたことには」など。
★ところが I have learned to my sorrow what it is to have a foolish wife. などは、「ばかな女房を持つのがどんなことか知って悲しく思う」のように結果を表わすこともある。drink oneself to death なども「死ぬまで飲む」と限度を表わすと考えてもいいが、「飲みすぎて死ぬ」のように結果にもとれる。
★なお、to は他に、6 months to a day「1日もたがえず6カ月」のように、「ちょうど」「きっちり」を表わす。

**to one's heart's content**

・自分の心の満足に
・思うぞんぶん

**to no end** ● 結果のないのに➡むなしく、かいなく

**to no purpose** ● なんのかいもなく➡むなしく、役に立たないで

**to one's advantage** ● 自分の利益に➡有利に

**to one's astonishment** ● 自分の驚きに➡驚いたことには

**to one's cost** ● 自分の損失に➡ひどい目にあって

**to one's credit** ● 自分の信用に➡感心なことに

**to one's delight** ● 自分の喜びに➡うれしいことには

**to one's disappointment** ● 自分の失望に➡がっかりしたことには

**to one's great distress** ● 自分の大きな困難に➡ひじょうに困ったことには

**to one's great relief** ● 自分の大きな救いに➡ほっとしたことに

**to one's heart's content** ● 自分の心の満足に➡思うぞんぶん

**to one's joy** ● 自分の喜びに➡ひじょうにうれしいことには

**to one's mind** ● 自分の心に➡自分の考えでは、気に入って

**to one's perplexity** ● 自分の当惑に➡困ったことに

**to one's regret** ● 自分の後悔に➡残念なことには、遺憾ながら

**to one's satisfaction** ● 自分の満足に➡思いどおりに

**to one's shame** ● 自分の恥に➡恥ずかしいことには

**to one's sorrow** ● 自分の悲しみに➡悲しいことには

**to one's surprise** ● 自分の驚きに➡驚いたことには

**to one's wishes** ● 人の望みに➡人の希望どおりに

# to ④ = 〜すると

★ to tell the truth「本当を言うと」のように、「〜すると」という意味を、to 〜 という不定詞句は表わす。これは truth to tell のようになることもあるし、telling the truth と分詞構文になることもある。

★以上、前置詞としての意味のほかに、副詞として、状態を示して「止まって」、その逆の「活動して」の意味がある。lie to「止まる」、trun to「(仕事を) 始める」というように使われるのである。

**to crown all**

・加うるに

・あげくのはてに

**to be frank with you** ● あなたに率直に言うと➡うちあけて言えば

**to be sure** ● 確かであることに➡なるほど、もちろん

**to begin with ~** ● ~で始めると➡まず第一に~

**to conclude ~** ● ~を結ぶことに➡~の終わりに当たって

**to confess the truth** ● 真実を白状すると➡実を言うと

**to crown all** ● 加うるに➡あげくのはてに

**to do a person justice** ● 人に公平にすると➡人を公平に評すると

**to make a long story short** ● 長い話を短くすると➡要するに

**to make matters worse** ● ものごとをより悪くすることに➡さらに悪いことには

**to make sure** ● 確かにするために➡念のために

**to retern (to my subject)** ● 本題にもどると➡閑話休題

**to save disappointment** ● 失望をさけるために➡失望しないように

**to say least of it** ● その最小限を言うと➡少なくとも

**to say nothing of ~** ● ~は言うまでもなく➡~はもちろん

**to see ~** ● ~を見ることに➡~に会えて

**to speak the truth** ● 真実を言うと➡実を言えば

**to start with** ● 手初めに➡まず第一に

**to sum up** ● まとめて言うと➡要するに

**to think that ~** ● ~を考えると➡~ということを考えると

**to trouble you** ● あなたをわずらわせると➡ごめんどうですが

# under ① = 〜の下に

★ under the roof「屋根の下に」のように、over「〜の上に」に対して、「〜の下に」を表わす。under the ground は「地面の下に」「地下に」。「アングラ」は underground。from under the tree は「木の下から」。

★「〜の下に」から「〜以下に」に変わる。under thirty は「30歳以下」(「以上」は、over thirty)。年齢のほか、地位の「以下」もある。army officers under captain は「大尉以下の陸軍将校」。

★ under the bridge は「橋の下で」だが、below the bridge は「橋の下流で」。

## under the rose

・バラの下で → ・ないしょで

**under a hill** ● 丘の下に ➡ 丘のふもとに

**under a load** ● 重い荷の下で ➡ 責任が重いので

**under a lucky star** ● 幸運の星の下に(生まれる) ➡ 幸せに

**under a person's roof** ● 人の家に(泊まって) ➡ 世話になって

**under a tree** ● 木の下で ➡ 木陰で

**under age** ● 成年以下の ➡ 未成年の

**under arms** ● 武器の下で ➡ 武装して

**under canvas** ● 帆を上げて ➡ 船が走って

**under fire** ● 砲火の下で ➡ 弾雨の下で

**under lock and key** ● 錠前と鍵をかけて ➡ 厳重に

**under one's arm** ● 腕の下に ➡ 脇の下に

**under one's breath** ● 息の下で ➡ 低い声で

**under one's nose** ● つい鼻の先で ➡ 目の前で

**under sail** ● 帆を上げて ➡ 船が走って

**under the lee of ~** ● ～の風下に

**under the original price** ● 原価以下で ➡ 原価をわって

**under the rose** ● バラの下で ➡ 秘密で、ないしょで

**under the skin** ● 皮膚の下に ➡ 皮下に(注射するなど)

**under the sun** ● 日の下に ➡ 天下に

**under water** ● 水の下に ➡ 水中に、水びたしになって

# under ② = 〜のもとに

★「〜の下に」から「〜のもとに」「〜を受けて」と手術、圧迫、影響、条件などを表わす。under suspicion「嫌疑(けんぎ)を受けて」、under arrest「逮捕されて」、under torture「拷問(ごうもん)を受けて」、殺されて死因は under secrecy「秘密にされて」いるなど。

★そして、支配、指導、保護、仮面などを表わす。under control「支配されて」、study under a teacher「教師に指導されて研究する」、under the pretext「口実のもとに」。

★ fall under the head「項目のもとにはいる」。

★「〜のもとに」から「〜の最中」の意に変わる。under construction「建築中」。

## under one's thumb

・人の親指のもとに → ・ぴたりと押えられて

**under arrest** ● 逮捕を受けて➡逮捕されて

**under construction** ● 建築の最中で➡建築中

**under cultivation** ● 耕作のもとに➡耕作されて

**under custody** ● 留置を受けて➡留置されて

**under difficulties** ● 困難のもとに➡困難な事情のもとに

**under discussion** ● 議論の最中で➡議論中

**under false colors** ● にせの国旗のもとに➡他国旗をかかげて、偽善的に

**under investigation** ● 調査の最中で➡調査中

**under one's charge** ● 人の担任のもとに➡担任されて

**under one's hand and seal** ● 自分の字と印のもとに➡署名捺印(なついん)して

**under one's notice** ● 人の注意のもとに➡注目されて

**under one's superintendence** ● 人の監督のもとに➡監督されて

**under one's thumb** ● 人の親指のもとに➡ぴたりと押えられて

**under one's treatment** ● 人の治療のもとで➡治療を受けて

**under one's wings** ● 人の翼のもとに➡保護されて

**under repairs** ● 修理の最中で➡修理中

**under suspicion** ● 嫌疑のもとに➡嫌疑を受けて

**under the circumstances** ● この事情のもとで➡こういう事情なので

**under the hammer** ● (競売のとき)ハンマーのもとで➡競売されて

**under the way** ● 航海中で➡事が進行中で

## under③ = ～を受けて

★「～の支配下に」「～の影響下に」「～に保護されて」などは under ～ of ～ という形で表わされる。類例が多い under the influence of alcohol なら「アルコールの影響で」、くだいていえば「酒の勢いをかりて」である。

★おおう、隠れるの感じから、under を用いて under ～ of ～「～に隠れて」の表現もたくさんできる。under the mask だけで「仮面のもとに」「仮面に隠れて」。under the mask of ～ なら「～という仮面をかぶって」「～に隠れて」。～のところに democracy だの a virtuous woman だの、いろいろ入れてごらんなさい。

### under the mask of ～

～という仮面をかぶって → ～に隠れて

| | |
|---|---|
| **under (the) cover of ~** | ●　～のおおいのもとに➡～に隠されて |
| **under favor of ~** | ●　～の好都合のもとで➡～に乗じて |
| **under penalty of ~** | ●　～の罰のもとに➡～の刑罰で |
| **under sentence of ~** | ●　～の宣告のもとに➡～という宣告を受けて |
| **under the auspices of ~** | ●　～の主催のもとに➡～の主催で |
| **under the control of ~** | ●　～の支配のもとに➡～に支配されて |
| **under the excuse of ~** | ●　～の弁解のもとに➡～という口実で |
| **under the guise of ~** | ●　～の仮面のもとに➡～に隠れて |
| **under the impression of ~** | ●　～の印象のもとで➡～という印象を受けて |
| **under the influence of ~** | ●　～の影響のもとに➡～の作用で |
| **under the name of ~** | ●　～の名前のもとに➡～という名で |
| **under the necessity of ~** | ●　～の必要のもとに➡～の必要から |
| **under the patronage of ~** | ●　～の庇護のもとに➡～に庇護されて |
| **under the plea of ~** | ●　～の口実のもとに➡～という口実で |
| **under the pretext of ~** | ●　～の口実のもとに➡～という口実で |
| **under the protection of ~** | ●　～の庇護のもとに➡～に庇護されて |
| **under the rule of ~** | ●　～の支配のもとに➡～の支配下に |
| **under the sway of ~** | ●　～の支配力のもとに➡～の支配下に |
| **under the vows of ~** | ●　～の誓いのもとで➡～という誓いを立てて |
| **under the yoke of ~** | ●　～のくびきのもとに➡～に支配されて |

# up = 上に

★もともと jump up「上に飛ぶ」「飛び上がる」のように、up は「上に」である。反対は down。

★「上に」から「中心のほうへ」となる。come up to the capital は「上京する」。up-train は「上り列車」。

★さらに「上がる」感じから、「(〜し) つくす」、「すっかり (〜する)」と強勢や完結を表現するようになる。eat up「ぺろりと平らげる」、light up「ぱっと輝く」のように。

★and と結びついて、「起きて〜 (している)」。The patient is up and about.「病人はもう起きて (働いて) いる」、up and doing「せっせと努力して」のように。

★さらに、up to 〜 となり「〜までずっと」。up to that time は「その時まで」。He is up to the job. は「その仕事に適任だ」。

**up to the ears in debt**

・耳まで借金の中にほどで → ・借金で首が回らない

**up a tree** ● 木の上で➡追いつめられて

**up against ~** ● ～に対して立ち上がって➡～に直面して

**up and about** ● 起きて周辺に➡(病人が)もう起きている、よくなって

**up and coming** ● 奮起して➡新進の、元気いっぱいの

**up and doing** ● 奮起して行動して➡せっせと努力する

**up and down ~** ● ～の上へ下へ➡～を上がったり下がったり、あちこち

**up hill and down dale** ● 丘を越え谷を渡り➡徹底的に

**up in ~** ● まったく～の中に➡～に精通している

**up the spout** ● 質倉(の樋の)上に➡質にはいって；落ちぶれて

**up there** ● そこの上へ➡あそこで

**up till ~** ● まったく～まで➡～までずっと

**up to a thing or two** ● 多少物事を知っている➡抜けめがない

**up to date** ● いまの時代にまで➡新式の、現代的な

**up to snuff** ● 起きて息をふんふん吸って➡体の調子がいい、標準に発達した

**up to the ears in debt** ● 耳の上まで借金にはいって➡借金で首が回らない

**up to the minute** ● ずっと分にまで➡きわめて最近の

**up to the work** ● まったく仕事に➡仕事に適して

**up to this time** ● ずっとこの時まで➡この時まで

**up to you** ● まったくあなたに➡あなたの自由で、あなたの責任で

**Up with you!** ● あなたについて上へ➡立て！

# with ① = 〜といっしょに

★ Gone with the wind「風とともに去りぬ」のように、with は「〜といっしょに」の意味である。
★ with が様子、態度を表わすようになると、with pleasure「喜んで」、with a smile「にっこりして」のようになる。
★ さらに、抽象名詞を後ろにつけて、副詞的な熟語を作る。with reason = reasonably, with care = carefully のように。
★ また、with a snap「ぽきっと」、with a slap「ぴしゃっと」のような擬音を表わす表現もある。
★ be tired with walking「歩き疲れている」、die with hunger「飢え死にする」となると、理由、原因を表わす。

## with one voice

・一声で
・満場一致で

**with a bad grace** ● 悪い優雅さをもって➡しぶしぶ

**with a few exceptions** ● 2、3の例外とともに➡少数を除いて

**with a good grace** ● よい優雅さをもって➡いさぎよく

**with a grain of salt** ● 一塩入れて➡多少しんしゃくして

**with a sigh** ● ため息とともに➡ため息をして

**with a vengeance** ● かたき打ちで➡やけに

**with a will** ● 意志をもって➡身を入れて

**with age** ● 年で➡老齢で

**with all one's heart** ● 自分のすべての心をもって➡心のかぎり

**with anger** ● 怒りとともに➡怒って

**with cold** ● 寒さで➡寒くて

**with courage** ● 勇気をもって➡勇敢に

**with difficulty** ● 困難をもって➡やっと

**with ease** ● 容易さをもって➡容易に

**with excitement** ● 興奮をもって➡興奮して

**with heart and soul** ● 心と魂をもって➡熱心に

**with might and main** ● 力をもって➡根の続くかぎり

**with one bound** ● 一跳びで➡一気に

**with one voice** ● 一声で➡満場一致で

**with shame** ● 恥とともに➡恥じて

# with ② = 〜して

★ a glamor girl with blonde hair「ブロンドの髪をしたグラマー」のように「〜を持った」の意がある。a man with a tattoo は「入墨（いれずみ）の男」、a man with a long purse「長い財布を持った男」とは「金持ちの男」。

★「〜を持った」から、「〜して」「〜しながら」という付帯状況を表わす。with one's mouth full「食物をほおばって」のように。be born with a silver spoon in one's mouth「銀のさじをくわえて生まれてくる」は「金持ちの家に生まれる」ということ。

★ with the object of 〜 は「〜という目的を持って」から「〜のために」。その他、with the best of intentions「心がけがいいにもかかわらず」のような熟語も多い。

## with the tail between one's legs

・両足の間に尻尾をいれて　→　しょげかえって

| | |
|---|---|
| **with a foot in the stirrup** ● あぶみに片足をかけて➡門出に |
| **with all ~** ● ～があるのに➡～にもかかわらず |
| **with an eye to ~** ● ～に目をつけて➡～するために |
| **with one's foot in the grave** ● 墓に片足入れて➡死に近くなって |
| **with one's hands in one's pockets** ● 両手をポケットに入れて➡傍観して |
| **with one's head on one side** ● 首を傾げて➡不審そうに |
| **with one's tongue in one's cheek** ● ほおをふくらませて➡皮肉そうに |
| **with reference to ~** ● ～への関係で➡～に関して |
| **with regard to ~** ● ～への関係で➡～に関して |
| **with respect to ~** ● ～への点で➡～に関して |
| **with tears** ● 涙とともに➡泣きながら |
| **with tears in eyes** ● 目に涙をためて➡目をうるませて |
| **with that** ● あれで➡ああ言って |
| **with the intention of ~** ● ～の意図で➡～するために |
| **with the tail between one's legs** ● 両足の間に尻尾を入れて➡こそこそと |
| **with the view of ~** ● ～のもくろみで➡～するために |
| **with this** ● これで➡こう言って |
| **with you away** ● あなたが遠いので➡あなたがいないので |
| **with your permission** ● あなたのお許しをもって➡ごめんこうむって |

# within＝〜以内に

★ within the campus「大学構内に」（機動隊がはいる）のように、もともとは「区域内に」と場所を示した。

★ within me は「私の心の中に」（恋が生まれた）のように「心中」。これに対して inside me は「おなかの中に」（回虫がいる）のように精神的でない。

★ 場所から時を示す。within a week は「1週間以内に」。in a week「1週間めに」とはちがう。

★「以内に」から「範囲内に」で within the laws「法律の範囲内で」のように抽象的になる。

★ within reach になると「手の届く所に」で「近所に」ともなれば、「容易に」ともなる。

## within doors

・ドアの中に → ・外出せずに

**within a stone's throw of** ● 石を投げて届く範囲に➡近くに

**within an ace of ~** ● (〜の) ごく近い範囲で➡危うく〜しようとして

**within an inch of one's life** ● 命から1インチ以内の所まで➡危うく死ぬところで

**within call** ● 呼ぶ声の範囲内に➡呼べる所に

**within doors** ● ドアの中に➡外出せずに

**within easy distance** ● 容易に行ける距離内で➡ごく近くに

**within hail** ● 声の届く以内に➡呼べば聞こえる所に

**within hearing** ● 聞こえる所で➡呼んだら聞こえる所で

**within limits** ● 限度以内で➡ある程度まで

**within one's income** ● 収入以内で➡身分相応に

**within one's means** ● 自分の資力以内で➡借金せずに

**within one's power** ● 力の及ぶ範囲内で➡できるだけ

**within one's range of vision** ● 視界中に➡見える所に

**within oneself** ● 自分自身の範囲内で➡ひかえめに

**within range** ● 範囲内に➡着弾距離内に

**within reach** ● 容易に達する範囲内で➡近くに

**within sight of ~** ● 〜の見える所まで➡〜に接近して

**within the limits of ~** ● 〜の制限の中に➡〜の範囲内に

**within the sound of the sea** ● 海の音の聞こえる範囲内で➡海にごく近く

**within these walls** ● これらの壁の中に➡この室内に

# without ＝ 〜なしに

★ without は、がんらい「〜の外に」、without the house「家の外に」のような意味であった。

★ それから「〜以外に」「〜なしに」となった。いまはこれが圧倒的。make bricks without straw「ワラなしにレンガを作る」、つまり「むりな仕事をする」（聖書より）。They never meet without quarreling. は「ふたりはけんかすることなしには会わぬ」つまり「会えば、必ずけんかする」。

★ (handle a culprit) without gloves も「手袋をはめずに（犯人を扱う）」とは「情け容赦もなく」。without price は「値段がないほど、無価値な」ではなく、「値がつけられないほど貴重な」である。cold without だけで（sugar がなくても）「砂糖を入れないウォッカの水割り」。

**without book**

・本なしで → ・そらで

**without a hitch** ● 故障なく➡無事に

**without anyone hearing** ● だれも聞く者なしに➡だれも聞かないで

**without book** ● 本なしで➡そらで

**without ceremony** ● 儀式ばらずに➡くつろいで

**without day** ● 日限なく➡無期限に

**without difficulty** ● 困難なしに➡容易に

**without end** ● 終わりなく➡永久に

**without fail** ● 失敗なしに➡きっと、まちがいなく

**without fear** ● 恐れなしに➡平気で、勇敢に

**without hesitation** ● ちゅうちょなく➡ためらわずに、すぐに

**without notice** ● まえもって断わりなく➡不意に

**without number** ● 数えられないほどの➡無数の

**without pains** ● 苦労なしに➡楽々と

**without question** ● 疑いもなく➡確かに、もちろん

**without reluctance** ● 気が進まないことをなく➡いやがらずに

**without reserve** ● 遠慮なく➡腹蔵なく、無条件で

**without so much as ~** ● ~ほど多いことなしに➡~さえなしに

**without stint** ● 惜しみなく➡惜しげもなく

**without the knowledge of ~** ● ~の知識なしに➡~に知られずに

**without warning** ● 警告なしに➡不意に

# 3 その他の品詞ではじまる熟語群

## この章の読み方

　名詞・形容詞などからは、いろいろな意味が派生し、変化する。

　たとえば、black はまず「黒い」がもとの意味。black coal「黒い石炭」black soot「黒いすす」のように。black eye は「黒目がちの美人」ではなく、なぐられてできた「目の回りの黒ずんだあざ」である。それから「光明のない」「暗い」という感じになる。black despair「暗い絶望」のように。楽しかった日曜の次の月曜日を blue Monday「ゆううつな月曜日」というが、まとまった休暇あけの月曜日は、そんな程度ではないから、black Monday「黒い月曜日」という。さらに「怒った」「険悪な」といっそう悪化する。にらまれたときの顔つきは look black である。「黒人の」の意味もある。black power「黒人の力」はご存じのとおり。

　catは、なかなか死なない、しつこい性質から、A cat has nine lives.「ネコには九つの命あり」とか、Care killed the cat.「心配は不死身のネコをも殺すもの」→「心配は身の毒」のように用いる。じっとしていてふいに飛び出す習癖から、the cat jumps「ネコが飛ぶ」→「形勢がはっきりする」となる。鳴き声やひっかく習性からfight like Kilkenny cats「アイルランド・キルケニー地方のけんかネコみたいに戦う」→「もうれつにけんかする」だの、rain cats and dogs「雨がどしゃぶりにふる」など、この中にはいる。

　語感は、日本語と同じのもあるが、英語特有の場合もある。語感をつかむことが何よりだいじ。

## animal = 動物

★animal は「動物」。もともと、animal は「動物」という訳語や animation「動画」など新語からわかるように、「動く」感じが強い。だから、animal spirits「元気」などの熟語ができる。
★また、そこから「霊的」の反対の「肉体的」な意味も出てくる。animal appetite「肉欲」のように。
★beast は「野獣」。
★brute は「畜生」「人でなし」のような抽象的な感じ。
★bird は「鳥」で animal に対するが、人間をよく表わす。an early bird「早起きの鳥」から「早起きの人」、jailbird「囚人」のように。なお、A bird in the hand is better than two in the bush. は「手の中の1羽はヤブの中の2羽にまさる」で「明日の100より今日の50」。

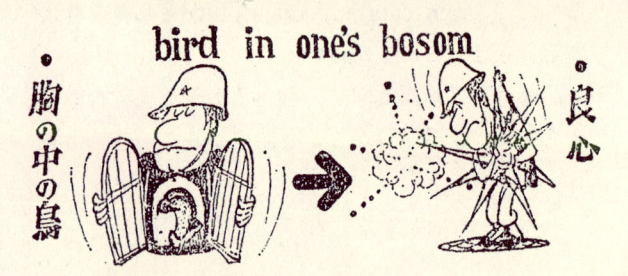

bird in one's bosom

・胸の中の鳥 → ・良心

| | |
|---|---|
| **animal courage** | 動物的勇気➡蛮勇 |
| **animal heat** | 動物の熱➡体温 |
| **animal kingdom** | 動物の王国➡動物界 |
| **animal oil** | 動物性油➡獣油 |
| **animal passion** | 動物の情熱➡肉欲 |
| **animal pole** | 動物の極➡動物極（卵の上極） |
| **beast of burden** | 荷役のけもの➡駄獣（ラクダ、羊など） |
| **beast of prey** | 肉食するけもの➡猛獣（ライオンなど） |
| **bird in one's bosom** | 胸の中の鳥➡良心 |
| **bird of freedom** | 自由の鳥➡米国紋章のハゲワシ |
| **bird of ill omen** | 不吉な鳥➡いつも不吉なことばかり言う人 |
| **bird of night** | 夜の鳥➡フクロウ |
| **bird of passage** | 渡り鳥➡渡り者 |
| **bird of peace** | 平和の鳥➡ハト |
| **bird of prey** | 肉食する鳥➡猛禽（ワシ、タカなど） |
| **bird of wonder** | ふしぎの鳥➡不死鳥（フェニックス） |
| **bird's eye view** | 鳥瞰図➡大要 |
| **birds of a feather** | 同じ羽の鳥➡同類 |
| **brute beasts** | 獣類➡畜生 |
| **brute courage** | 獣の勇気➡蛮勇 |

## black＝黒い

★ black は「黒い」。black ink「黒インキ」のように。blue black はふつうのインキの色。black and blue は「青黒い」あざの色。black eye は、なぐられて目のまわりがぐるっと黒くなっているあの目。

★ 性質につくと「腹黒い」「凶悪な」という意味に変わる。こうなると black list にのるようなことになりかねない。

★ black sheep は白い羊のなかで貴重な感じがするが、じつは、役にも立たない「一家のやっかい者」。親を泣かすのだけが得意。

★ また、皮膚が黒いので「黒人の」。

### black sheep

・黒い羊 → ・一家のやっかい者

| | | |
|---|---|---|
| **black and white** | ● 黒と白 ➡ | 白黒写真、墨絵 |
| **black anger** | ● 黒い怒り ➡ | 黒人の怒り |
| **black art** | ● 黒い術 ➡ | 妖術 |
| **black belt** | ● 黒い地帯 ➡ | 黒人地帯 |
| **black book** | ● 黒い本 ➡ | えんま帳 |
| **black bourse** | ● 黒い取引所 ➡ | やみ相場 |
| **black coffee** | ● 黒いコーヒー ➡ | 砂糖やクリームを入れないコーヒー |
| **black consciousness** | ● 黒い意識 ➡ | 黒人意識 |
| **black diamond** | ● 黒いダイヤ ➡ | 石炭 |
| **black dog** | ● 黒い犬 ➡ | 憂うつ症 |
| **black flag** | ● 黒い旗 ➡ | (黒地に白いガイコツの) 海賊旗 |
| **black ink** | ● 黒インキ ➡ | 帳簿の貸方 |
| **black magic** | ● 黒い魔法 ➡ | 妖術 |
| **black mark** | ● 黒いしるし ➡ | 罰点 |
| **black market** | ● 黒い市場 ➡ | やみ市 |
| **black Monday** | ● 黒い月曜日 ➡ | 休暇明けの月曜日 |
| **black power** | ● 黒い力 ➡ | 黒人の力 |
| **black swan** | ● 黒い白鳥 ➡ | めずらしいもの |
| **black tea** | ● 黒い茶 ➡ | 紅茶 |

# blue＝青い

★ blue「青い」は「高貴な」や、「憂うつな」「寒い」などの意味がある。

★さらに、むかし青い靴下をはいたインテリ女性のグループがあったことから、「インテリ女性の」という意味もできた。

★ green「緑色の」には「未熟な」という連想がある。green hand は手が緑色ではなく、「熟練していない」である。

★信号機の green に対するのは、red「赤い」。そこから「危険な」という連想が出る。さらに、「熱い」「インディアンの」などの意味がある。

★ yellow は「枯れた」「陰気な」「卑怯な」感じがある。

yellow dog

黄色い犬 → 下等な人間

**blue blood** ● 青い血 ➡ 貴族の生まれ

**blue chip** ● ポーカーの高額チップ ➡ 優良株

**blue dahlia** ● 青いダリア ➡ めずらしいもの

**blue devils** ● 青い悪魔 ➡ 憂うつ

**blue ribbon** ● ガーター勲章の青リボン ➡ 最高の名誉

**green cloth** ● 賭博(とばく)テーブルの緑色の布 ➡ 賭博

**green-eyed monster** ● 緑色の目の怪物 ➡ 嫉妬(しっと)

**red heat** ● 赤熱 ➡ 激怒

**red herring** ● 赤いニシン ➡ 注意をわきへそらすもの

**red ink** ● 赤インキ ➡ 赤字、(帳簿の)借方、損失

**red lane** ● 赤い小道 ➡ 食道

**red-letter day** ● 赤い文字の日 ➡ 祝日(喜びの記念として赤字で記す)

**red ray** ● (闘牛の)赤い切れ ➡ 怒らせるもの

**red tape** ● (文書をしばる)赤いひも ➡ お役所風

**yellow dog** ● 黄色い犬 ➡ のら犬、下等な人間

**yellow flag** ● 黄色い旗 ➡ 検疫旗

**yellow journalism** ● 黄色い新聞 ➡ 赤新聞

**yellow leaf** ● 枯れた黄色い葉 ➡ 老境

**yellow peril** ● 黄色い危険 ➡ 黄禍

**yellow streak** ● 黄色い気質 ➡ 臆病

# bread＝パン

★ bread「パン」は、日本の米にあたる欧米の生活の糧。だから bread-winner は一家の「稼ぎ手」。

★ bread にぬるのは butter だから、この二つの単語のはいった熟語がある。butter-fingers は、「よく物を取り落とす人」のこと。

★ cake になると、もっと楽しい感じが出てくる。

★イギリス人は tea-drinking people だ。five o'clock tea では、ハンバーガー料理のようなミートがつくので、high tea ともいう。ちょっと午前午後の休みは tea break、コーヒーを飲む休みなら coffee break。

★会食の席で行なうテーブルスピーチは和製英語。after-dinner speech が正しい。

bread and cheese

・チーズとパン → ・粗食

| | | |
|---|---|---|
| **bread and butter** | ● | パンとバター➡バターつきパン、生活の糧 |
| **bread-and-butter miss** | ● | バタパン娘➡乳くさい娘 |
| **bread and cheese** | ● | チーズとパン➡粗食 |
| **bread and salt** | ● | パンと塩➡歓待の象徴 |
| **bread and scrape** | ● | パンとうすくぬったもの➡バターを申しわけにぬったパン |
| **bread and wine** | ● | パンとブドウ酒➡聖さん式 |
| **bread buttered on both sides** | ● | 両側にバターをぬったパン➡幸運 |
| **bread of life** | ● | 命のパン➡命の糧 |
| **cakes and ale** | ● | お菓子とビール➡人生の快楽 |
| **coffee break** | ● | コーヒーで中断➡コーヒー休み (午前午後15分間くらい) |
| **pudding face** | ● | プディングの顔➡丸くて平べったい顔 |
| **pudding heart** | ● | プディングのような心➡臆病者 |
| **pudding rather than praise** | ● | ほめ言葉よりプディング➡花よりだんご |
| **rice paper** | ● | わら紙➡たばこの巻き紙 |
| **rice water** | ● | 米の水➡おも湯 |
| **soup kitchen** | ● | スープの台所➡無料食堂 |
| **tea ceremony** | ● | 茶の儀式➡茶の湯 |
| **tea service** | ● | ティーセット➡茶道具 |
| **whisky liver** | ● | ウイスキーの肝臓➡酒による肝臓障害 |
| **whisky with water** | ● | 水のはいったウイスキー➡水割り |

# cat＝猫

★ cat と dog は家畜の花形。rain cats and dogs は「どしゃぶりにふる」だし、dog-and-cat life は「犬と猫のいがみ合い」。

★ A cat has nine lives.「猫は九つの命あり」という。それでも、Care killed the cat.「心配は猫をも殺す」つまり「心配は身の毒」。The cat is out of the bag.「猫が袋から出る」とは「秘密がもれる」ことだし、wait for the cat jump「猫が飛ぶのを待つ」は「ひより見をする」こと。

★ dog はあまり優遇されないらしく、dog's death, dog's life どちらにしても「みじめ」である。

cat's paw

ネコの手 → 手先

**cat burglar** ● 猫のような強盗➡屋根からはいる夜盗〔cf. ネズミ小僧〕

**cat fight** ● 猫のけんか➡いがみ合い

**cat ice** ● 猫がやっと歩ける氷➡薄氷

**cat nap** ● 猫のまどろみ➡うたたね

**cat's cradle** ● 猫のゆりかご➡あやとり遊び

**cat's foot** ● 猫の足➡かかあ天下（押えられたネズミを想像せよ）

**cat's meat** ● 猫のえさの肉➡下等肉

**cat's paw** ● 猫の手（サルがイガグリをさわるのに猫の手を使ったイソップの話から）➡手先

**cat's whiskers** ● 猫のひげ➡すてきなもの

**dog collar** ● 犬の首輪➡牧師のまるいカラー

**dog-eared page** ● 犬の耳のようなページ➡すみを折ったページ

**dog fight** ● 犬のけんか➡空中戦、乱戦

**dog in the manger** ● かいば桶の中（にいて馬にかいばを食わせなかった）の犬➡いじわる

**dog lead** ● 犬を引っ張るもの➡犬の鎖

**dog of law** ● 法律の犬➡警官、執達吏

**dog's chance** ● 犬の機会➡わずかな機会

**dog's death** ● 犬のような死➡悲惨な死

**dog's letter** ● 犬（のうなり声のような）字➡R

**dog's life** ● 犬のような生活➡みじめな生活

**dog's meat** ● 犬の食事➡粗食

# cold＝冷たい

★cold は「冷たい」、「寒い」。cold bath「冷水浴」、a cold bed「冷たい寝床」。

★「冷淡な」、「冷酷な」。cold heart「冷たい心」、turn a cold shoulder to 〜 は「〜によそよそしい態度を見せる」だし、throw cold water on 〜 は日英同じで「〜に水をぶっかける」。

★逆に hot は「あつい」。hotdog のように（犬の肉をつかう疑いからだという）。英語には「湯」にあたる一語はない。「あつい水」と考え、hot water。hot spring「温泉」もそれと同じ考え方だろう。

★「あつい」から「〜したての」。hot news のように。

★「あつい」から「激しい」。hot words「激しい言葉」。

★あつくなるから「好色の」ともなる。

cold pig

・冷たいブタ　→　眠けざましに水をかける

| | |
|---|---|
| **cold feet** ● 冷たい足➡逃げ腰 | |
| **cold heart** ● 冷たい心➡冷淡 | |
| **cold news** ● 冷たいニュース➡がっかりするニュース | |
| **cold pig** ● 冷たいブタ➡眠けざましにかけてやる水 | |
| **cold war** ● 冷たい戦争➡冷戦 | |
| **cold wave** ● 冷たい波➡寒波 | |
| **hot air** ● あつい空気➡ほら、むだ話 | |
| **hot and hot** ● すごくあつい➡できたての | |
| **hot and strong** ● あつく強く➡こっぴどく | |
| **hot corner** ● 球の当たりの激しい角➡三塁手 | |
| **hot favorite** ● たいへんな人気者➡(競馬の) 人気馬 | |
| **hot goods** ● 盗んだばかりのほやほやの品➡盗品 | |
| **hot news** ● ほやほやのニュース➡最新のニュース | |
| **hot potato** ● あついイモ➡厄介な問題 | |
| **hot seat** ● あつい席➡電気椅子 | |
| **hot stuff** ● あついもの➡元気もの | |
| **hot under the collar** ● カラーの下があつく➡ぷりぷりして | |
| **hot war** ● あつい戦争➡本格的な戦争 | |
| **hot water** ● 湯➡みずから招いた難儀 | |
| **hot with** ●(砂糖入りの) あつい (酒) ➡ホットブランデー | |

# day＝日

★ day は「日」「昼間」。day-old cake は「1日おいたお菓子」、day clock は「一日巻き時計」。

★ day の反対は、night「夜」「夜間」。ナイターは和製英語で正しくは nightgame。nightman「夜の男」はゲイボーイではなく、「清掃業者」。夜来るから。もっとも nighthawk は「ヨタカ」で、日本語と同様、「鳥」と「女」と両方言う。

★ 夜が明けると morning「朝」となる。朝起きると Good morning だが、morning sickness は「つわり」。

★ morning の反対は evening「夕方」。まさか evening dress を「ねまき」と思う人はいないだろう。よほど早寝の人だ。

night owl

・夜のフクロウ

・よいっぱり

**day about** ● 順番の日➡1日おきに

**day bed** ● 昼間のベッド➡ソファベッド

**day coach** ● 昼間列車➡普通列車

**day nursery** ● 昼間の育児部屋➡託児所

**day off** ● 仕事のない日➡非番

**day shift** ● 昼間の交替➡昼番

**day-to-day work** ● 日々の仕事➡日割り勘定仕事

**evening dress** ● 夜の正装➡夜会服

**evening glory** ● 夕方の輝き➡夕焼け

**evening primrose** ● 夕方の桜草➡月見草

**evening star** ● 夕方の星➡宵の明星

**morning glory** ● 朝の輝き➡朝顔

**morning of life** ● 人生の朝➡青年時代

**morning room** ● 朝家族のいる部屋➡居間

**morning star** ● 朝の星➡明けの明星

**night hag** ●(夜空を飛ぶという) 魔女➡夢魔

**night out** ● 外の夜➡ひまをもらって外出してよい晩

**night owl** ● 夜のフクロウ➡よいっぱり

**night shift** ● 夜の交替➡夜勤

**night soil** ● 夜の土壌➡しもごえ

# dry ＝ かわいた

★ dry は「かわいた」である。dry vegetable は「乾燥野菜」である。

★「かわいた」から「酒なしの」。dry country は「禁酒国」。go dry は「酒ぬきでやる」。have a wet night は「飲みあかす」で、寝小便をするのではない。もっとも動詞で wet one's bed は「ふとんをぬらす」である。

★ なお、dry は「(酒の) 辛口の」である。dry gin などご存じだろう。

★ 日本語でも人間味が「かわいた」は、「情緒のない」である。ドライな人と言うが dry answer は、「そっけない返事」。

★ なお、dry の反対はもちろん wet「ぬれた」「酒のある」。

wet blanket

ぬれた毛布 → けちをつける人

| | | |
|---|---|---|
| **dry battery** ● | 乾質性の電池 ➡ | 乾電池 |
| **dry bread** ● | かわいたパン ➡ | バターをぬらないパン |
| **dry cough** ● | かわいたせき ➡ | からせき |
| **dry cow** ● | かわいた雌牛 ➡ | 乳の出ない牛 |
| **dry dock** ● | かわいたドック ➡ | 乾ドック、水のないドック |
| **dry fruit** ● | かわいた果物 ➡ | 乾燥果物 |
| **dry goods** ● | かわいた商品 ➡ | 呉服物、乾物類 |
| **dry humor** ● | かわいたユーモア ➡ | 知らん顔で言うユーモア |
| **dry measure** ● | かわいたもののはかり ➡ | 乾量（穀物などの計算） |
| **dry milk** ● | かわいたミルク ➡ | 粉乳 |
| **dry nurse** ● | かわいた乳母（うば）➡ | 乳をあたえない乳母 |
| **dry party** ● | かわいたパーティ ➡ | 酒なしパーティ |
| **dry rot** ● | かわいた腐れ ➡ | (木材の)むれ腐れ、社会の腐敗 |
| **dry thanks** ● | かわいた感謝 ➡ | 通りいっぺんの礼 |
| **dry wash** ● | かわいた洗濯物 ➡ | アイロンのかけてないかわいた洗濯物 |
| **wet blanket** ● | ぬれた毛布 ➡ | けちをつける人 |
| **wet goods** ● | かわいていない商品 ➡ | 酒 |
| **wet nurse** ● | かわいていない乳母 ➡ | 乳をあたえる乳母 |
| **wet paint** ● | ぬれたペンキ ➡ | ペンキぬりたて〔掲示〕 |
| **wet State** ● | ぬれた州 ➡ | 非禁酒州 |
| **wet through** ● | すっかりぬれた ➡ | びしょぬれで |

# Dutch＝オランダ人の

★ Persian carpet「ペルシャじゅうたん」のように、国や民族の特徴を示す句がいろいろある。

★女房がなんでえといった「酒の上の空元気(から)」を Dutch courage というように、ふしぎとオランダが多い。先に植民地をとっていたから目のかたきにされたのであろう。

★同様に、先住民族のインディアンについてもいろいろな句があり、Indian corn は「トウモロコシ」。英本国では maize という名があるのに。

★鼻の Greek nose はひたいから曲がらず、つんと通った鼻のこと。Roman nose は「段鼻」、Jewish nose は「ワシ鼻」。

★日本は Japanese smile、あいまいな、ときに陰険と誤解される微笑に由来する。

French leave

・フランス式別れ

・あいさつなしに出て行くこと

| | | |
|---|---|---|
| **Chinese character** | ● 中国の文字 | ➡ 漢字 |
| **Dutch bargain** | ● オランダ式取引き | ➡ 一杯やりながらの取引き |
| **Dutch comfort** | ● オランダ人の慰め | ➡ さっぱりありがたくない慰め |
| **Dutch courage** | ● オランダ人の勇気 | ➡ 酒でつけた元気 |
| **Dutch lunch** | ● オランダ人式ランチ | ➡ 割り勘ランチ |
| **Dutch treat** | ● オランダ人式待遇 | ➡ 割り勘の会 |
| **Dutch uncle** | ● オランダのおじさん | ➡ ずけずけ言う人 |
| **French leave** | ● フランス式別れ | ➡ あいさつなしに出て行くこと |
| **French roll** | ● フランスパンに似たロールパン | ➡ 皮がかたいパン |
| **French window** | ● フランス窓 | ➡ 両開きのガラスドア |
| **Greek to me** | ● 自分にとってはギリシャ語 | ➡ チンプンカンプン |
| **India rubber** | ● インドゴム | ➡ 消しゴム |
| **Indian corn** | ● インディアンの穀物 | ➡ トウモロコシ |
| **Indian giver** | ● インディアンのものを与える人 | ➡ 返礼目あてにサービスする人 |
| **Indian summer** | ● 米国西部の秋の気候 | ➡ 小春日和 |
| **Indian Territory** | ● インディアンの領地 | ➡ インディアン保護の特別州 |
| **Italian warehouse** | ● イタリア食品店 | ➡ マカロニその他を売る店 |
| **Japanese river fever** | ● 日本の川の熱病 | ➡ ツツガ虫病 |
| **Russian blue** | ● ロシアの青 | ➡ 紺青 |
| **Roman numerals** | ● ローマの数字 | ➡ ローマ数字 ( I, II, III, IV…) |

# eye＝目

★体の部分で、eye は肉眼の「目」から「視力」「目の能力」。have an eye for beauty「美しいものがわかる」。
★それから「台風の目」のように「中心」。needle's eye「針の目」のように「目に当たるところ」ともなる。
★ nose は「鼻」。nosegay「花束」もすぐ鼻へもっていくから。「(顔の) 先」nose dive のようにも変わる。
★ mouth や lip は「口」や「唇」から「口先」となる。
★ tongue は「舌」だが tongue-tied は異性の前などで「舌がこわばった」。口をきく器官だから have an evil tongue「邪悪の舌を持つ」とは「口がひどく悪い」。
★ Ears burn.「耳がほてる」のは、だれかが噂しているという言い伝えがある。

eye opener

・目をあけるもの → ・驚嘆事

| | |
|---|---|
| **cheek by jowl** ● ほおにほおをよせて➡ぴったり密着して | |
| **eye of a storm that bit** ● 嵐（台風）の目➡真ん中（昔話から）だけ静かな所 | |
| **eye of day** ● 日の目➡太陽 | |
| **eye opener** ● 目をあけるもの➡驚嘆事 | |
| **face card** ● 顔のカード➡トランプの絵札（キング・クイン・ジャック） | |
| **face to face** ● 顔と顔を➡向き合って | |
| **face value** ● 額面価格➡表面上の価値 | |
| **false tooth** ● にせの歯➡入れ歯 | |
| **hair of the dog** ● 犬の毛（かみついた犬の毛でその傷がなおるという言い伝えから）➡二日酔いの迎え酒 | |
| **lip microphone** ● 唇マイクロフォン➡街頭マイクロフォン | |
| **lip reading** ● 唇を読むこと➡（ろうあ者の）読唇術 | |
| **lip salve** ● 唇なんこう➡おべっか | |
| **lip server** ● 唇だけでサービスする人➡口先だけの親切者 | |
| **mouth friend** ● 口の友➡口先だけの友、実のない友人 | |
| **mouthpiece of public opinion** ● 世論の代弁者➡新聞 | |
| **nose bag** ● 鼻の袋➡（馬などが鼻につるす）かいば袋 | |
| **nose count** ● 鼻を数えること➡人口調査 | |
| **nose dive** ● 鼻先からの下降➡急降下 | |
| **nose rag** ● 鼻に当てる布➡ハンカチ | |
| **tongue twister** ● 舌をもつれさせるもの➡言いにくい言葉（She sells sea shells.など） | |

# fair＝きれいな

★ fair は「きれいな」、fair woman のように。
★「きれいな」から「色白な」、fair complexion は顔の色の白いこと。
★「きれいな」は「公正な」と変わる。fair play は反則や不正をやらない、きれいな試合ということだったが、これから「公正 (な態度)」「きたないことをやらぬこと」となった。
★ foul は fair の反対で「きたない」、foul weather は天気の悪いこと。
★ 抽象的に「不正な」となる。foul play は反則などをやる試合ぶりで、これから「不正な行為」となり「殺人」までも意味するようになった。through fair and foul は「天気でも荒天でも」つまり「いかなる場合でも」である。

**foul tongue**

・きたない舌 → ・悪態

| | | |
|---|---|---|
| **fair and square** | きれいで正しい ➡ | 公平な |
| **fair face** | 美しい顔 ➡ | 美貌、美人 |
| **fair game** | 正当なえもの ➡ | とってよいえもの |
| **fair hair** | 美しい髪 ➡ | 金髪 |
| **fair income** | 相当の収入 ➡ | かなりの収入 |
| **fair promise** | きれいな約束 ➡ | 口先だけの約束 |
| **fair sex** | 美しい性 ➡ | 女性 |
| **fair skin** | 美しい皮膚 ➡ | 色白の皮膚 |
| **fair to middling** | かなりの ➡ | まあまあの |
| **fair trade** | きれいな取引き ➡ | 公正な取引き |
| **fair weather sailor** | 日より時の船頭 ➡ | まさかの時に役立たぬ人 |
| **fair words** | 美しい言葉 ➡ | 巧言 |
| **foul chimney** | きたない煙突 ➡ | 詰まった煙突 |
| **foul dancer** | まずいダンサー ➡ | ダンスのへたな人 |
| **foul deed** | きたない行為 ➡ | 背徳行為 |
| **foul murder** | きたない殺人 ➡ | だましうち |
| **foul stroke** | 不正の漕ぎ方 ➡ | 反則の漕ぎ方 |
| **foul talk** | きたない話 ➡ | わい談 |
| **foul tongue** | きたない舌 ➡ | 悪態 |
| **foul wind** | 悪い風 ➡ | 逆風 |

# gold = 金

★ gold は金属の王様、それを求めて gold rush などさまざまの悲喜劇も起こる。golden balls「金色の三つ玉」は「質屋」の看板。「盛んな時」は golden age。

★ golden wedding は結婚 50 年目である。

★ iron「鉄」、steel「鋼」になると、「かたい」という感じになる。

★ brass は、ピカピカ光る金と楽器の連想が多い。将校の帽子の brass hat や、brass band のように。

★ bronze「青銅」や copper「赤銅」も、色の連想がまずくる。bronze statue「銅像」のように。copper は「銅貨」になるので小銭の印象もある。tin「スズ」はブリキからカンヅメやおもちゃなど。

brass hat

・金ぴか帽

・高級将校

**brass and braid** ● 金ピカとモール➡将校

**brass hat** ● 金ぴか帽➡高級将校

**brass tacks** ● しんちゅうの鋲➡要点

**bronze statue** ● 青銅の像➡銅像

**copper Indian** ● 銅色のインディアン➡赤色インディアン

**gold bug** ● こがね虫➡金本位制論者

**gold digger** ● 黄金狂➡男をたらしこんで金をしぼる女

**gold standard** ● 金の標準➡金本位制

**golden age** ● 金の時代➡黄金時代、最盛期

**iron constitution** ● 鉄の体質➡じょうぶな体質

**iron cross** ● 鉄の十字➡鉄十字勲章

**iron rule** ● 鉄の規則➡冷酷な政治

**iron will** ● 鉄の意志➡強固な意志

**platinum blonde** ● 白金色の➡白金色の髪の女

**silver hair** ● 銀の髪➡銀髪、白髪

**silver streak** ● 銀のすじ➡英国海峡

**tin car** ● ブリキの車➡安い小型車；駆逐艦

**tin god** ● ブリキの神様➡食わせもの

**tin hat** ● 鉄かぶと➡酔っぱらい

**tin-opener** ● ブリキを開けるもの➡カン切り

# heavy = 重い

★ heavy は目方が「重い」、その反対は light「(目方が) 軽い」。プロレスの heavyweight に対して lightweight がある。heavy industries は「重工業」(製鉄、造船、機械工業など) だが、light industries は「軽工業」(たとえば繊維、食料品など)。

★ heavy は抽象的な意味に変わって、「重大な」「重々しい」「重要な」。

★ light はその逆で「軽微な」「軽々しい」「つまらない」。heavy-hearted は「心の重い」「ふさいでいる」だし、light-hearted は「いそいそした」である。a heavy man は悲劇役者だのかたき役など、「まじめな役をする人」。a light woman は「尻軽女」。

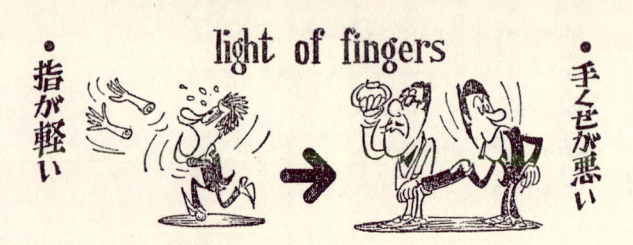

light of fingers

・指が軽い → ・手くせが悪い

| | | |
|---|---|---|
| **heavy food** | (胃に) 重い食物 | ➡ もたれる食物 |
| **heavy in hand** | 手に重い | ➡ (馬が) 御しにくい |
| **heavy metal** | 重金属 | ➡ えらい人 |
| **heavy offense** | 重い罪 | ➡ 重罪 |
| **heavy oil** | 重い石油 | ➡ 重油 |
| **heavy part** | まじめな役 | ➡ かたき役 |
| **heavy smoker** | たくさんたばこをのむ人 | ➡ 大喫煙家 |
| **heavy tidings** | 重苦しい知らせ | ➡ 悲報 |
| **heavy vote** | たくさんの投票 | ➡ 大量投票 |
| **heavy with child** | 子どもで重い | ➡ 妊娠している |
| **heavy with fruit** | 果物で重い | ➡ 果物がたわわにみのった |
| **light beer** | 軽いビール | ➡ 弱いビール |
| **light in hand** | 手に軽い | ➡ (馬が) 御しやすい |
| **light in the head** | 頭がふらふら軽い | ➡ めまいがする、気が変な |
| **light of fingers** | 指が軽い | ➡ 手くせが悪い |
| **light of foot** | 足が軽い | ➡ 足が速い |
| **light offense** | 軽い罪 | ➡ 微罪 |
| **light railway** | 軽い鉄道 | ➡ 軽便鉄道 |
| **light weight** | 目方が軽い | ➡ 目方がたりない |
| **light woman** | 軽い女 | ➡ 浮気女 |

# hen＝めんどり

★鳥類は、色や習性などの特徴を引き出した比喩的表現が多い。

★cuckoo「カッコー」は、他の鳥の卵を一生懸命あたためる習性があるところから、まぬけな感じ。

★pigeon「ハト」は平和や愛情を表わす。ハトの billing and cooing は愛の行為の表現。

★一方 goose は食料だから、cook a person's goose は「人の計画を台なしにする」。

★The old woman is picking her goose. は「雪が降っている」。

★卵を生む「めんどり」は hen で、「女性」「かかあ天下」などを表現する。hen-pecked husband は「めんどりにこづかれる哀れな亭主」で、リップ・バン・ウィンクル、ソクラテス、などなど。hen の亭主は cock。

・アヒルの卵　duck's egg　・零点

| | | |
|---|---|---|
| **cock-and-bull story** | ● おんどりと雄牛の物語（おとぎ話）| ➡ でたらめ話 |
| **cock of the dunghill** | ● ふんの山のおんどり | ➡ お山の大将 |
| **cock sparrow** | ● スズメの雄 | ➡ 勇みはだの小男 |
| **crow's feet** | ● カラスの足 | ➡ 目尻のしわ |
| **cuckoo clock** | ● カッコー時計 | ➡ ハト時計 |
| **cuckoo in the nest** | ● 巣の中のカッコー | ➡ 愛の巣の侵入者 |
| **duck and drake** | ● アヒル遊び | ➡ 水切り遊び |
| **duck soup** | ● アヒルのスープ | ➡ らくな仕事 |
| **duck's egg** | ● アヒルの卵 | ➡ 零点 |
| **goose flesh** | ● ガチョウの肉 | ➡ 鳥肌 |
| **goose that lays the golden eggs** | ● 金の卵を生むガチョウ | ➡ 金づる |
| **hen party** | ● めんどりの会 | ➡ 婦人だけの会合 |
| **owl show** | ● ミミズクのショー | ➡ 深夜興行 |
| **owl train** | ● ミミズクの列車 | ➡ 夜行列車 |
| **parrot cry** | ● オウムの叫び | ➡ 合言葉 |
| **peacock in his pride** | ● 羽をひろげたクジャク | ➡ 見栄をはった人 |
| **pigeon pair** | ● ハトのつがい | ➡ (男女の) ふたりっこ |
| **stork's visit** | ● コウノトリの訪問 | ➡ 赤ちゃんが生まれること |
| **swan dive** | ● 白鳥のダイビング | ➡ スワンダイビング |
| **swan song** | ● 白鳥の歌（白鳥が臨終に歌う歌）| ➡ 最後の作 |

# high = 高い

★ high は「高い」。high mountain「高い山」のように。ソーダで割ったウイスキーの highball は、むかし米国で信号機に金属製の玉を高くかかげて、そこで客にソーダ水をサービスしたところから。

★「高い」から「高度の」で high fidelity は高度な性能の「高忠実度の」つまり「ハイファイ」。

★「高い」から「高級な」。highbrow は「ひたいが高い」ところから「インテリ」「高級」。ひたいのぬけ上がってきた人は、わしは高級になってきたと思って自分を慰めてください。

★「高い」から「たけなわの」。high time はまさに「絶好の時」。

high hat

・シルクハット → ・高慢な人

**high and dry** ● 岸に乗り上げて➡(時代から)見捨てられて

**high and low** ● 高い低いの区別なく➡あらゆる所に

**high and mighty** ● 高くて力ある➡おうへいな

**high area** ● 高い圏➡高気圧圏

**highbrow novel** ● ひたいの高い人(インテリ)向き小説➡高級小説

**high crime** ● 高い罪➡大罪

**high day** ● 高い日➡祝祭日

**high flier** ● 高く飛ぶ人➡飛行家

**high hand** ● 高圧的な手➡高びしゃ

**high hat** ● シルクハット➡高慢な人

**high liver** ● 高度生活者➡ぜいたくな生活をする人

**high noon** ● たけなわの昼➡真昼

**high road to ~** ● ~への本街道➡らくな道

**high roller** ● 高いローラー➡金使いの荒い人

**high seas** ● 公の海➡公海、外海

**highteen** ● 高齢の10代➡17、8、9歳

**high tide** ● 高潮➡絶頂

**high time** ● 潮時➡ゆかいな時、絶好の時

**high treason** ● 高度の反逆➡大逆罪

**high-water mark** ● 高水標➡最高水準

# lion＝ライオン

★ lion は king of the beasts「獣の王様」だから、王者の貫禄や強さや特権などの連想がある。子羊は gentle as a lamb というから、子羊はおとなしい感じ。ass, donkey は愚鈍、fox は狡猾とは日本と同じ受け取り方。bear「熊」は刑罰やいじめの対象になることが多い。wolf はがつがつした、しつこい、残酷なかんじ。

★ monkey も fox もあまり好意は持たれていない。どちらも「悪知恵」など。

★ bull「雄牛」が強いあばれん坊の感じは bulldozer「ブルドーザー」からわかる。「むりやり強行する人」や威嚇用ピストルにもなる。

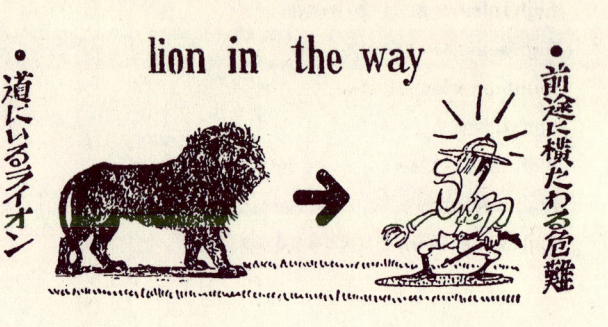

## lion in the way

・道にいるライオン → ・前途に横たわる危難

**bear before punishment** ● 刑罰を受ける熊➡悪条件に耐える人、がんばり屋

**bear leader** ● 熊使い➡(金持ちの息子などの)家庭教師

**bull pen** ● 牛の囲い場➡(野球の)ブルペン

**fox in a lamb's skin** ● 子羊の皮を着たキツネ➡偽善者

**fox sleep** ● キツネの眠り➡タヌキ寝入り

**horse and horse** ● 馬と馬➡五分五分

**horse laugh** ● 馬の笑い➡ばか笑い

**horse of another color** ● 別の色の馬➡同じ性質のことがら

**horse opera** ● 馬のオペラ➡西部劇

**horse sense** ● 馬のように大ざっぱな感覚➡勘

**horse trader** ● 馬の売買者➡かけひきのうまい人

**lion in the way** ● 道にいるライオン➡前途に横たわる危難

**lion's share** ● ライオンの分け前(イソップ物語から)➡最上の取り分

**lion's skin** ● ライオンの皮(ロバがシシの皮をかぶった話から)➡にせ勇気

**monkey business** ● サルのすること➡いんちき、いやがらせ

**monkey suit** ● サルの服➡制服

**Pigs might fly.** ● ブタが飛びかねない➡ふしぎが起こりかねない

**sheep and goat** ● 羊と山羊➡善人と悪人

**sheep without a shepherd** ● 羊飼いのいない羊➡烏合の衆

**wolf in sheep's clothing** ● 羊の皮を着た狼(聖書より)➡危険人物

# long = 長い

★ long は「長い」。a long pigtail「長いおさげ」、a long rain「長雨」のように。make a long nose は鼻を釘ぬきで引っ張るわけではなく、「鼻先に親指をあてがって他の指を扇形に広げて振る」つまり、「人をばかにする」こと。やってごらんなさい。

★「長い」から「先の見通しのきく」とも、「長ったらしい」ともなる。long sight は「先見の明」。

★ short は「短い」、short skirt や short temper「短気」のように。short of ～ は「～が不足」、shortcoming「欠点」もたりないところから。

★ short には「ぱたり」という意味もある。難球をパタリと止めるのが shortstop。

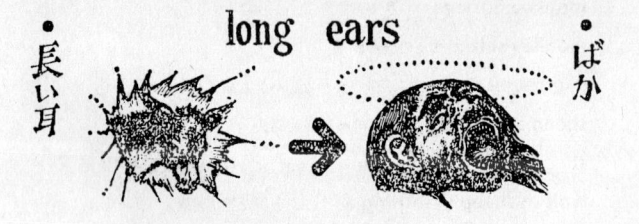

long ears

長い耳 → ばか

| | | |
|---|---|---|
| **long clothes** | ● | 長い着物➡うぶ着 |
| **long dozen** | ● | 長い(標準より多い)1ダース➡13 |
| **long drink** | ● | 深いコップについだ酒➡たくさんの酒 |
| **long ears** | ● | 長い耳➡ばか(ロバからの連想);早耳(長いから) |
| **long face** | ● | 長い顔➡うかぬ顔 |
| **long family** | ● | 長い(多い)家族➡大家族 |
| **long figure** | ● | 長い数字➡(株式)高値 |
| **long friend** | ● | 長い友人➡長年の友人 |
| **long head** | ● | 長い頭➡先見の明 |
| **long home** | ● | 長い間の家➡墓 |
| **long hour** | ● | 長い時間➡夜の11〜12時 |
| **long odds** | ● | 大きな差➡見込みの大きな差 |
| **long purse** | ● | 長い財布➡富 |
| **long robe** | ● | 長衣➡法官 |
| **long suit** | ● | 4枚以上そろったトランプの札➡長所 |
| **long wind** | ● | 息が長く続くこと➡冗舌 |
| **short cut** | ● | 近道➡てっとり早い方法 |
| **short of breath** | ● | 息がたりない➡息切れして |
| **short sight** | ● | 近視➡短見 |
| **short time** | ● | 短い時間➡操業短縮 |

# man＝男性

★ man は「人間」全体をいうが、性別をはっきりさせると「男性」である。とくに成年男子を表わす。

★ それより若い男性はもちろん boy。給仕や小僧も boy でよい。attaboy「すごいぞ」「いよう！」は That's the boy! のつまったもの。

★ man であれば、「紳士」になりたい。それが gentleman.

★ gentleman はさらに、「有閑階級の人」を表わす。gentle man「やさしい男」と gentleman とは必ずしも同じではない。

★ なお、gentler sex といえば「女性」のこと。もっとも、いまは男性のことだという説もある。

man of straw

・わらの男 → ・資産のない男

| | |
|---|---|
| **boy husband** ● 少年の夫➡年若い夫 | |
| **boy's play** ● 子どもの遊び➡容易な事 | |
| **gentleman at large** ● 特定任務のない紳士➡無職の人 | |
| **gentleman of fortune** ● 富を求める紳士➡いかさま師 | |
| **gentleman of the press** ● 新聞の紳士➡新聞記者 | |
| **gentleman of the road** ● 道路の紳士➡追いはぎ、乞食 | |
| **man about town** ● 町にいる男➡遊び人 | |
| **man and wife** ● 男と妻➡夫婦 | |
| **man in the moon** ● 月にいる人間➡仮想の人 | |
| **man of affairs** ● 仕事の人➡事務家 | |
| **man of all work** ● あらゆる仕事の男➡なんでも屋 | |
| **man of blood** ● 血の男➡さつばつな人 | |
| **man of God** ● 神の男➡牧師 | |
| **man of letters** ● 文字の人➡文人、著作者 | |
| **man of straw** ● わらの男➡資産のない男；看板；架空の人物 | |
| **man of the world** ● 世間の人➡世なれた人 | |
| **man of words** ● 言葉の男➡おしゃべり | |
| **man on horseback** ● 馬上の人➡統率者 | |
| **man on the street** ● 町の人間➡一般の人 | |
| **man to man** ● 人間対人間➡個人として比較すると | |

# old = 古い

★ old は「古い」「年とった」で、反対は young「若い」。old miss は和製英語で正しくは old maid。old-maidish はオールドミスみたいに「きちょうめんでうるさい」ということ。

★ 古いものを振り返ると「なつかしい」ことになる。"my old Kentucky home" はおなじみ。old man という親しい呼びかけもある。相手が若くてもかまわない。old familiar faces は「むかしなじみの人びと」。

★ young「若い」から、young moon「三日月」のような熟語ができてくる。親子、兄弟などは二人でも比較級にする。the younger brother「弟」、the younger Pitt「小ピット（政治家）」のように。

old hat

・古い帽子 → ・時代おくれの人

| | |
|---|---|
| **old boy** ● 年とった少年➡卒業生 (O.B.) | |
| **old buffer** ● 年とった男➡頭のかたいじじい | |
| **old fogey** ● 時代おくれの人➡旧式じいさん | |
| **old hand** ● 老練な手➡前科者、常習犯 | |
| **old hat** ● 古い帽子➡時代おくれの人 | |
| **old head upon young shoulders** ● 若い肩にのった年よりの頭➡ませた子 | |
| **old jailbird** ● 年とった刑務所の鳥➡前科者 | |
| **old maid** ● 年とった娘➡老嬢；ばばぬき（トランプ） | |
| **old school tie** ● 母校のネクタイ➡母校自慢、出身校閥 | |
| **old screw** ● 古いネジ➡欲ばりじじい | |
| **old sinner** ● 年とった罪人➡年とっても浮気のやまぬ男 | |
| **Old Stone Age** ● 古い石の時代➡旧石器時代 | |
| **old story** ● 古い話➡よくある話 | |
| **old wive's tale** ● 古女房の話➡ばかげた話（迷信） | |
| **young branch** ● 若い枝➡分家 | |
| **young hopeful** ● 希望にあふれた若者➡前途有望な若者 | |
| **young man in a hurry** ● 急いでいる若い男➡急進的改革者 | |
| **young one** ● 若い人➡若者；子馬 | |
| **young son** ● 若い息子➡下の息子、（長男でないため）貴族だが貧乏な男 |

# round =まるい

★ round は「まるい」。a round peg in a square hole は「四角い穴にまるい釘」で「適当な位置を得ていない人」のこと。
★ 性質が「まるい」と「円満な」となり、さらに「端数のない」「思いきった」と変わってくる。round number は 101 だの 99.6 でなく、100 のように「端数を切り捨てた数」のこと。
★ まるいのと対照されるのが square「四角い」。
★「四角い」から「角ばった」で square jaw は「四角いあご」。
★「角ばった」も「きちょうめんな」「貸借のない」となる。
★「きちょうめんな」から「正直な」と変わる。
★ ほかに「平方の」。1 square meter は「1m²」。

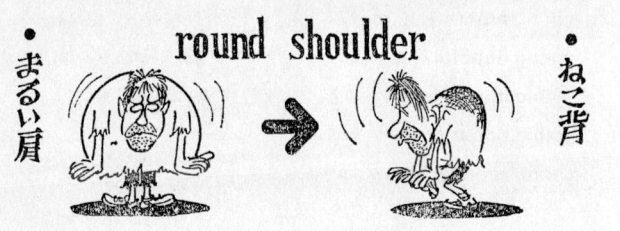

**round shoulder**

・まるい肩 → ・ねこ背

| | | |
|---|---|---|
| **round answer** | ● 完全な答え➡はっきりした答え | |
| **round dance** | ● 円形ダンス➡円舞曲 | |
| **round hand** | ● まるい書体➡まるみのある書体（製図用） | |
| **round lie** | ● 完全なうそ➡まったくのうそ | |
| **round robin** | ● （署名順のわからぬように）円形に署名した請願書➡回状 | |
| **round shoulder** | ● まるい肩➡ねこ背 | |
| **round style** | ● 円満な文体➡流ちょうな文体 | |
| **round sum** | ● 完全な金額➡まとまった金 | |
| **round table** | ● まるいテーブル➡非公式協議 | |
| **round trip** | ● ひとまわりの旅➡一周旅行 | |
| **round worm** | ● まるい虫➡回虫 | |
| **square account** | ● 貸借のない勘定➡清算勘定 | |
| **square deal** | ● 正直な扱い➡公平な取引き | |
| **square knot** | ● 四角な結び➡こま結び | |
| **square meal** | ● 中身のある食事➡実質のある食事 | |
| **square refusal** | ● 絶対的な拒否➡きっぱりした拒否 | |
| **square shooter** | ● 正直な射手➡正直者 | |
| **square shoulder** | ● 四角な肩➡がっちりした肩 | |
| **square toe** | ● 四角の爪先➡旧式なこと | |
| **square with the world** | ● 世間に貸借のない➡だれにも借金のない | |

# sweet = 甘い

★ sweet は「甘い」で、菓子の連想がある。sweet shop「菓子屋」、sweet meats「砂糖菓子類」のように。

★「甘い」から「恋」「やさしい」などの連想がある。sweetheart は「恋人」である。男でも女でもよい。I am sweet on you. は「アイラブユー」。

★ bitter は、「苦い」だが、「激しい」などと変わる。Sweet という名前の学者がいたが、痛烈なことを言うので Bitter Sweet とあだ名された。

★ gin and bitters「ジン・ビター」に対してウイスキーなどにレモンを入れたすっぱい (sour) のは whisky sours。sour grapes はイソップでおなじみ。take the sweet with the sour「すっぱいのといっしょに甘いのを食べる」「人生をのんきにかまえる」。

## sour grapes

・すっぱいブドウ

・負けおしみ

| | | |
|---|---|---|
| **bitter pill** ● | 苦い丸薬 ➡ | 苦い忠告 |
| **bitter sweet** ● | 苦くて甘い ➡ | ほろ苦い |
| **bitter words** ● | 苦い言葉 ➡ | うらみつらみ |
| **sour face** ● | すっぱい顔 ➡ | 不機嫌な顔 |
| **sour grapes** ● | すっぱいブドウ ➡ | (キツネが手の届かぬブドウを苦いと言った) 負けおしみ |
| **sour old lady** ● | すっぱい老嬢 ➡ | いじわるのオールドミス |
| **sour on ~** ● | ～の上にすっぱい ➡ | ～をきらった |
| **sweet and twenty** ● | 甘くて20歳 ➡ | はたちの美人 |
| **sweet meats** ● | 甘い肉 ➡ | 砂糖菓子類 |
| **sweet on ~** ● | ～の上に甘い ➡ | ～にほれて |
| **sweet one** ● | かわいい人 ➡ | ダーリン |
| **sweet potato** ● | 甘いジャガイモ ➡ | サツマイモ |
| **sweet running** ● | 甘い走行 ➡ | なだらかな運転 |
| **sweet seventeen** ● | 甘い17歳 ➡ | 娘ざかりで、鬼も18番茶も出ばな |
| **sweet temper** ● | 甘い性質 ➡ | やさしい性質 |
| **sweet toil** ● | 甘い骨折り ➡ | 好きでする骨折り |
| **sweet tooth** ● | 甘い歯 ➡ | 甘い物好き |
| **sweets and bitters of life** ● | 人生の甘みと辛み ➡ | 苦楽 |
| **sweets of life** ● | 人生の甘いもの ➡ | 人生の楽しみ |

# white＝白い

★ white は「白い」。the White House「大統領官邸」はなるほど白い。

★「白い」は「けがれのない」。make one's name white again は「汚名をそそぐ」。white elephant は、国王が臣下を困らせるときに、神聖視された白象をあたえたことから、「やっかいもの」のこと。

★「白い」のは雪、だから「雪の」ということになる。Snowwhite は「白雪姫」。

★さらに人間に関していうと「白人の」になる。white negro は黒人であっても混血のぐあいで色が白い人のこと。

★また、赤（共産主義）に対する「反共の」、「反動の」。White Terror「白色テロ」。

★性格が白くなると、「公明正大な」、「善意の」。

white elephant

・白い象 → ・やっかいもの

| | | |
|---|---|---|
| **white book** | ● 白い本 ➡ 白書 | |
| **white chip** | ● 白い木切れ ➡ 確実な優良株 | |
| **white coal** | ● 白い石炭 ➡ 水力 | |
| **white collar** | ● 白いカラー ➡ サラリーマン | |
| **white devils** | ● 白い悪魔 ➡ 憂うつ | |
| **white feather** | ● 白い羽 ➡ 臆病ものの証拠（尾羽の白羽は弱い闘鶏） | |
| **white heat** | ● 白熱 ➡ 激情 | |
| **white horse** | ● 白い馬 ➡ 波頭 | |
| **white lie** | ● 白いうそ ➡ 罪のないうそ | |
| **white light** | ● 白日の光 ➡ 公平な判断 | |
| **white magic** | ● 白い（善の）魔法 ➡ 手品 | |
| **white man** | ● 白人 ➡ 公平な人 | |
| **white night** | ● 白い夜 ➡ 眠れぬ夜 | |
| **white rage** | ● 白い怒り ➡ 激怒 | |
| **white scourge** | ● 白い疫病 ➡ 肺結核 | |
| **white sheet** | ● 白い布 ➡ ざんげ（ざんげするとき白い布をかぶるので） | |
| **white slave** | ● 白色奴隷 ➡ 白人売春婦 | |
| **white war** | ● 白い戦争 ➡ 経済戦 | |
| **white way** | ● 白い道 ➡ 不夜城 | |
| **white witch** | ● 白い魔女 ➡ 善い事だけに力をかす魔女 | |

# woman ＝ 女性

★ woman は「女性」。そこから女性の特徴を表わす熟語がいろいろ生まれる。woman's reason は「女性の理屈」、"いやだからいやよ"式のあまり論理的でない理屈のこと。

★ woman の予備軍は girl。これは boy と同じく若い感じがある。girl wife といえば、「娘のような妻」で、それがやがては termagant wife「ガミガミ女房」に変身する（こともある）。

★ lady は尊敬した感じ。the first lady of the land といえば「米国大統領夫人」。

★ Lady は Lord に対する言葉。Lady with the Lamp はナイチンゲールのこと。

### lady's companion

女性の連れ → 手さげ袋

**girl Friday** ● 女のフライデー➡有能な女性助手

**girl guides** ● ガールガイド➡少女団員 (Girl Scoutsの前身)

**girl of the period** ● 時代の娘➡現代娘

**girl wife** ● 少女の妻➡子どものように若い妻

**Ladies and gentlemen!** ● 淑女および紳士！➡みなさん！(演説の呼びかけ)

**lady bird** ● 貴婦人の鳥➡テントウ虫

**lady bountiful** ● 惜しみなくあたえる女性➡女性慈善家(フランス戯曲から)

**lady doctor** ● 女性の医者➡女医

**lady help** ● 女性の手助け➡家政婦

**lady in waiting** ● かしずく貴婦人➡侍女

**lady of easy virtue** ● 品行のだらしない女➡売春婦

**lady of the house** ● 家の貴婦人➡主婦

**lady's companion** ● 女性の連れ➡手さげ袋

**lady's man** ● 貴婦人の男➡婦人にていねいな男

**woman movement** ● 婦人運動➡女権拡張運動

**woman of pleasure** ● 快楽好きの女➡自堕落な女

**woman of the town** ● 街の女➡売春婦

**woman of the world** ● 世なれた女➡社交家

**woman with a past** ● 過去のある女➡いわくつきの女

**woman's wit** ● 女の知恵➡洞察力、勘

・本書は一九六九年七月に光文社のカッパ・ブックスの一冊として刊行されました。
・本書のなかには、今日の人権感覚に照らして差別的ととられかねない箇所がありますが筆者が差別助長の意図で使用していないこと、故人であること、作品の時代的背景をかんがみ刊行時のままであることをご了承ください。また現在ではあまり使われないような語句や表現、当時の社会情勢への言及についても原文のままとしました。よろしくご理解のほどお願いいたします。

|  |  |
|---|---|
| 快楽としての読書 海外篇 | 丸谷才一 |
| 快楽としての読書 日本篇 | 丸谷才一 |
| ぼくは散歩と雑学がすき | 植草甚一 |
| いつも夢中になったり飽きてしまったり | 植草甚一 |
| こんなコラムばかり新聞や雑誌に書いていた | 植草甚一 |
| 雨降りだからミステリーでも勉強しよう | 植草甚一 |
| 真鍋博のプラネタリウム | 真鍋博 星新一 |
| 超発明 | 真鍋博 |
| 英単語記憶術 | 岩田一男 |
| 英語に強くなる本 | 岩田一男 |

ホメロスからマルケス、クンデラ、カズオ・イシグロ、そしてチャンドラーまで、古今の海外作品の熱烈に推薦する20世紀図書館第二弾。小説からエッセー、詩歌、批評まで、丸谷書評の精髄を集めた魅惑の20世紀図書館。
(鹿島茂)

読めば書店に走りたくなる最高の読書案内。1950〜60年代の欧米のミステリー作品の圧倒的で貴重な情報が詰まった一冊。独特の語り口で書かれた文章は何度読み返しても新しい発見がある。
(湯川豊)

ヴィレッジ・ヴォイスから筒井康隆まで夜を徹して読書三昧。大評判だった中間小説研究も収録したJ・J式ブックガイドで「本の読み方」を大公開!

男子の憧れJ・J氏。欧米の小説やジャズ、ロックへの造詣、ニューヨークや東京の街歩き。今なお新鮮さを失わない感性と膨大な知識、入門書的なエッセイ集。

1970年、遠かったアメリカ。その風俗、映画、本、音楽から政治までをフレッシュな感性と膨大な知識、貪欲な好奇心で描き出す幻の代表エッセイ集。

昭和を代表する天才イラストレーターが、唯一無二の名コンビ真鍋博と星新一。二人の最初の作品「おーい でてこーい」他、星作品に描かれた挿絵と小説冒頭をまとめた幻の作品集。
(川田十夢)

昭和を代表する天才イラストレーターが、唯一無二のSF的想像力と未来的発想で"夢のような発明品"129例を描き出す幻の作品集。
(真鍋真)

単語を構成する語源を捉えることで、語の成り立ちを理解することを説き、丸暗記では得られない体系的な英単語習得を提案する50年前の名著復刊。

昭和を代表するベストセラー、待望の復刊。暗記やテクニックではなく本質を踏まえた学習法は今も新鮮なわかりやすさをお届けします。
(晴山陽一)

|  |  |  |
|---|---|---|
| 尾崎翠集成（上） | 尾崎翠編 | 鮮烈な作品を残し、若き日に音信を絶った謎の作家・尾崎翠。この巻には代表作「第七官界彷徨」をはじめ初期短篇、詩、書簡、座談を収める。 |
| 尾崎翠集成（下） | 尾崎翠編 | 時間とともに新たな輝きを加えてゆく尾崎翠の文学世界。下巻には『アップルパイの午後』などの戯曲、映画評、初期の少女小説を収録する。 |
| 冥途——内田百閒集成3 | 内田百閒 | 無気味なようで、可笑しいようで、怖いようで。暖昧な夢の世界を精緻な言葉で描く、「冥途」「旅順入城式」など33篇の小説。(多和田葉子) |
| 私の「漱石」と「龍之介」 | 内田百閒 | 師・漱石を敬愛してやまない百閒が、おりにふれて綴った師の行動と面影とエピソード。さらに同門の友、芥川との交遊を収める。(武藤康史) |
| 七時間半 | 獅子文六 | 東京—大阪間が七時間半かかっていた昭和30年代、特急列車「ちどり」を舞台に乗務員とお客たちのドタバタ劇を描く隠れた名作が遂に甦る。(千野帽子) |
| 娘と私 | 獅子文六 | 文豪、獅子文六が作家としても人間としても激動の時間を過ごした昭和初期から戦後、愛娘の成長とともに自身の半生を描いた亡き妻に捧げる自伝小説。(平松洋子) |
| てんやわんや | 獅子文六 | 戦後のどさくさに慌てふためくお人好し犬丸順吉は社長の特命で四国へ身を隠すが、そこは想像もつかない楽園だった。しかしそこには……。(曽我部恵一) |
| コーヒーと恋愛 | 獅子文六 | 恋愛は甘くてほろ苦い。とある男女が巻き起こす恋模様をコミカルに描く昭和の傑作が、現代の「東京」によみがえる。 |
| 銀座旅日記 | 常盤新平 | 馴染みの喫茶店で珈琲と読書をたのしみ、黄昏の酒場に人生の哀歓をみる。散歩と下町が大好きな新平さんの風まかせ銀座旅歩き。文庫オリジナル。 |
| 土屋耕一のガラクタ箱 | 土屋耕一 | 広告の作り方から回文や俳句まで、「ことば」を操り、瑞々しい世界を見せるコピーライター土屋耕一のエッセンスが凝縮された一冊。(松家仁之) |

| | |
|---|---|
| コメント力 | 齋藤孝 |
| 段取り力 | 齋藤孝 |
| 質問力 | 齋藤孝 |
| おしゃべりの思想 | 外山滋比古 |
| 空気の教育 | 外山滋比古 |
| 異本論 | 外山滋比古 |
| アイディアのレッスン | 外山滋比古 |
| ライフワークの思想 | 外山滋比古 |
| 「読み」の整理学 | 外山滋比古 |
| 思考の整理学 | 外山滋比古 |

オリジナリティのあるコメントを言えるかどうかで優れたコメントに学べ！「おもしろい人」「できる人」という評価が決まる。

仕事でも勉強でも、うまくいかない時は「段取りが悪かったのではないか」と思えば道が開かれる。段取り名人からコツを伝授する！(池上彰)

コミュニケーション上達の秘訣は質問にあり！これさえ磨けば、初対面の人からも深い話が引き出せる。話題の本の、待望の文庫化。(齋藤兆史)

人前で話すのが上手な人はおしゃべりが多い？しかしことばの使い方次第で人生が大きく変わることもある。とばなたは話すことに自信がありますか？

子どもを包む家庭や学校の空気こそ、最も深いところに作用する。押し付けや口先だけの注意では子どもに話付かない。画期的な教育エッセイ。

表現は人に理解されるたびに変化する、それが異本である。読者は自由な読み方をしてよいのだ、著者の意図など考慮せずに。画期的な読者論。

しなやかな発想、思考を実生活に生かすには？たんなる思いつきを"使えるアイディア"にする方法をお教えします。『思考の整理学』実践篇。

自分だけの時間を作ることは一番の精神的肥料になる、前進だけが人生ではない──時間を生かしてライフワークの花を咲かせる貴重な提案。

読み方には、既知を読むアルファ(おかゆ)読みと、未知を読むベータ(スルメ)読みがある。リーディングの新しい地平を開く目からウロコの一冊。

アイディアを軽やかに離陸させ、思考をのびのびと飛行させる方法を、広い視野からシャープな論理で知られる著者が、明快に提示する。

|  |  |  |
|---|---|---|
| かかわり方のまなび方 | 西村佳哲 | 「仕事」の先には必ず人が居る。自分を人を十全に活かすこと。それが「いい仕事」につながる。その方策を探った働き方研究第三弾。 |
| 自分をいかして生きる | 西村佳哲 | 「いい仕事」には、その人の存在まるごと入ってるんじゃないか。『自分の仕事をつくる』から6年、長い手紙のような思考の記録。(向谷地生良) |
| 自分の仕事をつくる | 西村佳哲 | 仕事をすることは会社に勤めること、ではない。仕事を「自分の仕事」にできた人たちに学ぶ、働き方のデザインの仕方とは。(平川克美) |
| 校長先生になろう！ | 藤原和博 | あなたも校長先生になれる！ 公立中学の教育を再生してきた著者の試行錯誤の実践を集約した、日本初「学校教育」の経営書。(稲本喜則) |
| 人生の教科書[情報編集力をつける国語] | 藤原和博／重松清／橋本治 | コミュニケーションツールとしての日本語力＝情報編集力が国語。重松清の小説と橋本治の古典で実践教科書を完成。(鈴木寛) |
| 人生の教科書[人間関係] | 藤原和博 | 人間関係で一番大切なことは、相手に「！」を感じてもらうことだ。そのための、すぐに使えるヒントが詰まった一冊。(平田オリザ) |
| 人生の教科書[よのなかのルール] | 宮台真司 | "バカを伝染(うつ)さない"ための「成熟社会」へのパスポートです。大人と子ども、男と女と自殺のルールを考える。(茂木健一郎) |
| 味方をふやす技術 | 藤原和博 | 他人とのつながりがなければ、生きてゆけない。ほんとうに豊かな人間関係を築くために！ でも味方をふやすためには、嫌われる覚悟も必要だ。(重松清) |
| 齋藤孝の企画塾 | 齋藤孝 | 「企画」は現実を動かし、実現してこそ意義がある。成功の秘訣は初めだったかを学び、「企画力」の鍛え方を初級編・上級編に分けて解説する。(岩崎夏海) |
| 齋藤孝の速読塾 | 齋藤孝 | 二割読書法、キーワード探し、呼吸法から本の選び方まで著者が実践する「脳が活性化し理解力が高まる」夢の読書法を大公開！(水道橋博士) |

|  |  |  |
|---|---|---|
| 「幕末」に殺された女たち | 菊地 明 | 黒船来航で幕を開けた激動の時代に、心ならずも命を落としていった22人の女性たちを通して描く、もうひとつの幕末維新史。文庫オリジナル。 |
| 暴力の日本史 | 南條範夫 | 上からの暴力を通じて常に忍従を人々を苦しめてきた。それに対する庶民の暴力はいかに興り敗れてきたか。残酷物の名手が描く。(石川忠司) |
| 増補 転落の歴史に何を見るか | 齋藤 健 | 奉天会戦からノモンハン事件に至る34年間、日本は内発的改革を試みたが失敗し、敗戦に至った。近代史を様々な角度から見直し、その原因を追究する。(鎌田實) |
| 哀しいドイツ歴史物語 | 菊池良生 | どこで歯車が狂ったのか。何が運命の分かれ道だったのか。歴史の波に翻弄され、虫けらのごとく捨てられていった九人の男たちの物語。 |
| ハプスブルク家の光芒 | 菊池良生 | 帝国の威光が輝くほどに翳もまた深くなる。絶頂の極みから凋落の兆しが潜んでいた繰り広げられた祝祭空間には、すでに、凋落の兆しが潜んでいた。(菅笠次郎) |
| 倭国の時代 | 岡田英弘 | 世界史的視点から「魏志倭人伝」や「日本書紀」の成立事情を解明し、卑弥呼の出現、倭国王家の成立、日本国誕生の謎に迫る意欲作。 |
| 日本史の誕生 | 岡田英弘 | 「倭国」から「日本国」へ。そこには中国大陸の大きな政治のうねりがあった。日本国の成立過程を東洋史の視点から捉え直す刺激的論考。 |
| 世界史の誕生 | 岡田英弘 | 世界史はモンゴル帝国と共に始まった。東洋史と西洋史の垣根を超えた世界史を可能にした。東洋史と西洋史の垣根を超えた世界史を可能にした。中央ユーラシアの草原の民の活動。 |
| 自分のなかに歴史をよむ | 阿部謹也 | キリスト教に彩られたヨーロッパ中世社会の研究で知られる著者が、その学問的来歴をたどり直すことを通しての「歴史学入門」。(山内進) |
| ハーメルンの笛吹き男 | 阿部謹也 | 「笛吹き男」伝説の裏に隠された謎はなにか? 十三世紀ヨーロッパの小さな村で起きた事件を手がかりに中世における「差別」を解明。(石牟礼道子) |

|  |  |  |
|---|---|---|
| ひきこもりはなぜ「治る」のか？ | 斎藤 環 | 「ひきこもり」研究の第一人者の著者が、ラカン、コフートなどの精神分析理論でひきこもる人の精神病理を読み解き、家族の対応法を解説する。（井出草平） |
| 家族の痕跡 | 斎藤 環 | 様々な病の臨床ではあるが、他のどんな人間関係よりも、著者だからこそ書ける、最も刺激的にして愛情あふれる家族擁護論。（荻上チキ） |
| 戦闘美少女の精神分析 | 斎藤 環 | ナウシカ、セーラームーン、綾波レイ……「戦う美少女」たちは、日本文化の何を象徴するのか。「おたく」「萌え」の心理的特性に迫る。（東浩紀） |
| 生き延びるためのラカン | 斎藤 環 | 幻想と現実が接近しているこの世界で、リアルに生き延びるためのラカン解説書にして精神分析入門書。カバー絵・荒木飛呂彦 |
| ヒトラーのウィーン | 中島義道 | 最も美しいものと最も醜いものが同居する都市ウィーンで、二十世紀最大の「怪物」はどのような青春を送り、そして挫折したのか。（加藤尚武） |
| 哲学の道場 | 中島義道 | 哲学は難解で危険なものだ。しかし、世の中にはこの問いを必要とする人たちがいる。──死の不条理への問いを中心に、哲学の神髄を伝える。（小浜逸郎） |
| 人生を〈半分〉降りる | 中島義道 | 哲学的に生きるには〈半隠遁〉というスタイルを貫くしかない。「清貧」とは異なるその意味と方法を、自身の体験を素材に解き明かす。（中野翠） |
| ナショナリズム | 浅羽通明 | 新近代国家日本は、いつ何のために、創られたのか。日本ナショナリズムの起源と諸相を十冊のテキストを手がかりとして網羅する。（斎藤哲也） |
| 逃走論 | 浅田 彰 | パラノ人間からスキゾ人間へ、住む文明から逃げる文明への大転換の中で、軽やかに〈知〉と戯れるためのマニュアル。 |
| 世界がわかる宗教社会学入門 | 橋爪大三郎 | 宗教なんてうさんくさい!? でも宗教は文化や価値観の骨格であり、それゆえ紛争のタネにもなる。世界宗教のエッセンスがわかる充実の入門書。 |

## 14歳からの社会学 宮台真司

「社会を分析する専門家」である著者が、社会の「本当のこと」を伝え、いかに生きるべきか、に正面から答えた。重松清、大道珠貴との対話を新たに付す。

## 増補 サブカルチャー神話解体 宮台真司/石原英樹/大塚明子

少女カルチャーや音楽、マンガ、AVなど各種メディアの歴史を辿り、若者の変化を浮き彫りした前人未到のサブカル分析。

## 終わりなき日常を生きろ 宮台真司

「終わらない日常」と「さまよえる良心」——オウム事件直後出版の本書は、著者のその後の発言の根幹である。書き下ろしの長いあとがきを付す。

## 学校って何だろう 苅谷剛彦

「なぜ勉強しなければいけないの?」「校則って必要なの?」等、これまでの常識を問いなおし、学ぶ意味を再び摑むための基本図書。(小山内美江子)

## ひとはなぜ服を着るのか 鷲田清一

ファッションやモードを素材として、アイデンティティや自分らしさの問題を現象学的視線で分析する。「鷲田ファッション学」のスタンダード・テキスト。

## 哲学個人授業 鷲田清一/永江朗

哲学者のとぎすまされた言葉には、歌舞伎役者の切れる「見得」にも似た魅力がある。哲学者23人の魅惑の言葉。文庫版にも語り下ろし対談を追加。

## ちぐはぐな身体 鷲田清一

ファッションは、だらしなく着くずすことから始まる。中高生の制服の着崩し、コムデギャルソン、刺青等から身体論を語る。(永江朗)

## キャラクター精神分析 斎藤環

ゆるキャラ、初音ミク、いじられキャラetc.現代日本に氾濫する数々のキャラたち。その諸相を横断し、究極の定義を与えた画期的論考。(岡﨑乾二郎)

## 「ひきこもり」救出マニュアル〈実践編〉 斎藤環

「ひきこもり」治療に詳しい著者が、具体的な疑問に答えた、本当に役に立つ処方箋。〈文庫版〉補足と解説を付す。参考文献、実践編。

## 「ひきこもり」救出マニュアル〈理論編〉 斎藤環

「ひきこもり」治療に詳しい著者が、Q&A方式で、ひきこもりとは何か、どう対応すべきかを示している。すべての関係者に贈る明日への処方箋。

## 反社会学講座
パオロ・マッツァリーノ

恣意的なデータを使用し、権威的な発想で人に説教する困った学問「社会学」の暴走をエンターテイメントな議論で撃つ! 真の啓蒙は笑いである。

## 誰も調べなかった日本文化史
パオロ・マッツァリーノ

土下座のカジュアル化、先生という敬称の由来、全裸一面の広告。——イタリア人(自称)戯作者が、資料と統計で発見した知られざる日本の姿。

## 続・反社会学講座
パオロ・マッツァリーノ

あの「反社会学」が不抜にパワーアップ。お約束と権威主義に凝り固まった学者たちを笑い飛ばし、庶民に愛と勇気を与えてくれる待望の続編。

## 増補 経済学という教養
稲葉振一郎

新古典派からマルクス経済学まで、知っておくべき経済学のエッセンスを分かりやすく解説。本書を読めば筋金入りの素人になれる!?(小野善康)

## 新版 タイムトラベルの哲学
青山拓央

「流れる時間」という常識は本当なのか。SF小説などでおなじみのタイムトラベルを手掛かりに時間論の本質に迫るスリリングな入門書。(永井均)

## 風雅の虎の巻
橋本治

風雅とは何だろうか? 幽玄とは? 美とは? 和歌や茶道といった古典から現在政治やアートまでを、由緒正しい日本を橋本治が伝授する。(鶴澤寛也)

## 橋本治と内田樹
内田樹 橋本治

不毛で窮屈な議論をほぐし直し、「よきもの」に変える成熟した知性が、あらゆることを語りつくす。伝説の対談集ついに文庫化!

## 大江戸歌舞伎はこんなもの
橋本治

著者が三十年間惚れ続けている大江戸歌舞伎。イナセでスタイリッシュ! 今では誰もが見たことのない大江戸歌舞伎。一体どんな舞台だったのか?

## これで古典がよくわかる
橋本治

古典文学に親しめず、興味を持てない人たちは少なくない。どうすれば古典が「わかる」ようになるかを具体例を挙げ、教授する最良の入門書。

## 宮台教授の就活原論
宮台真司

社会のこと、働くこと、就職活動、すべてを串刺しにした画期的な就活論。これから社会に出る若者はもちろん、全社会人のための必読書。(常見陽平)

ちくま文庫

英熟語記憶術　重要5000熟語の体系的征服

二〇一五年七月十日　第一刷発行

著　者　岩田一男（いわた・かずお）
発行者　熊沢敏之
発行所　株式会社　筑摩書房
　　　　東京都台東区蔵前二-五-三　〒一一一-八七五五
　　　　振替〇〇一六〇-八-四一二三
装幀者　安野光雅
印刷所　株式会社精興社
製本所　株式会社積信堂

乱丁・落丁本の場合は、左記宛にご送付下さい。
送料小社負担でお取り替えいたします。
ご注文・お問い合わせも左記へお願いします。
筑摩書房サービスセンター
埼玉県さいたま市北区櫛引町二-一〇〇四　〒三三一-八五〇七
電話番号　〇四八-六五一-〇〇五三

© HIROSHI IWATA 2015 Printed in Japan
ISBN978-4-480-43279-7　C0182